Conrad Dietzschold

Die Hemmungen der Uhren

Verlag
der
Wissenschaften

Conrad Dietzschold

Die Hemmungen der Uhren

ISBN/EAN: 9783957004635

Auflage: 1

Erscheinungsjahr: 2015

Erscheinungsort: Norderstedt, Deutschland

Hergestellt in Europa, USA, Kanada, Australien, Japan
Verlag der Wissenschaften in Hansebooks GmbH, Norderstedt

Die
Hemmungen der Uhren,

ihre Entwicklung, Konstruktion,

Reparatur und Behandlung vor der Reglage,

nebst

zugehörigen Tabellen, zahlreichen Abbildungen und 6 Porträts.

Allgemein verständlich für Uhrmacher,
Ingenieure, Techniker u. s. w. bearbeitet

von

C. Dietzschold,

Maschinen-Ingenieur, k. k. Direktor i. P. der kaiserl. königl. österreich.
Uhrmacherschule, Ritter des k. k. österreich. Franz-Josefs-Ordens, Ehrenmitglied
der Budapester Uhrmacherkorporation und des ungarländischen Uhrmacher-
Gehilfenverbandes, etc. etc.

C. Dietzscholds Verlag.
Krems a. Donau, Nied.-Österr. 1905.

Inhalts-Verzeichnis.

Vorwort.

—

Im vorliegenden Buche übergebe ich der Öffentlichkeit den ersten Band der „Uhrmacherbibliothek", welche das ganze Gebiet der Uhrmacherei in praktischer und theoretischer Richtung umfassen soll.

Jeder Band bildet ein geschlossenes Ganzes und ist einzeln käuflich. Nach je 2—3 Monaten soll ein neuer Band erscheinen. Der Vorliegende umfaßt die Hemmungen. Der Umfang jedes Bandes wird in solchen Grenzen gehalten, daß er zu mäßigem Preise in die Hände des Käufers gelangt. Bei der außerordentlichen Fülle des Stoffes, welche in theoretischer und praktischer Hinsicht hier zu bewältigen ist, bin ich davon abgegangen, auch nur den Versuch zu machen, alles in einem Handbuche aufzunehmen, weil dies zu unförmig und zu teuer würde, anderseits aber auch der Uhrmacher erst nach und nach dazu zu kommen pflegt, die einzelnen Gebiete zu studieren. Zu Manchem kommt der ein oder andere überhaupt nicht und dieser Teil ist also ganz wertlos für ihn. Bei der Anordnung der Bibliothek, wie ich sie in Aussicht genommen, kann aber jedes Gebiet erschöpfend behandelt werden und man findet all das, was in einer Richtung zu wissen nötig, fast vollständig beieinander. Die Grundsätze der Neuherstellung, die häufigsten in der Reparatur vorkommenden Fehler und ihre Abhilfe, die Vorbereitung der Uhr für die Feinstellung, sowie die Durchführung der letzteren ist eingehend besprochen, die Berechnungen angegeben und durch Tabellen erleichtert.

Soweit es die mir zugänglichen Quellen gestatteten, sind auch die gewerbegeschichtlichen Angaben über Erfindungen und Verbesserungen auf jedem Gebiet eingefügt und die Bildnisse der bedeutendsten Männer unseres Faches — soweit ich sie erlangen konnte — bei ihren Schöpfungen gebracht, um das Ganze lebenswahr und lebenswarm zu gestalten und auch in diesem Schriftwerke den Großmeistern unserer Kunst den Tribut der Dankbarkeit darzubringen, den sie im arbeits- und strebensreichen Leben sich im reichlichsten Maße verdienten.

Ich habe es für meine Pflicht gehalten, das in 30 Jahren gesammelte und wiederholt umgearbeitete Material der Öffentlichkeit zu übergeben.

Der Inhalt jedes Bandes wird vorwiegend theoretisch oder praktisch sein, doch wird auch im letzteren Falle stets auf die allgemeinen wissenschaftlichen Grundlagen kurz verwiesen. Diese Behandlungsweise ist mir in früheren Arbeiten soweit gelungen, daß ich sagen darf, die meisten Praktiker und Theoretiker, welche sie lesen, haben sie mit Erfolg benutzt.

Gerade in den letzten zwei Monaten vor der Herausgabe dieses Buches habe ich in zwei Fällen besonders freudige Mitteilungen erhalten.

Ein Uhrmacher erzählte mir, daß er gelegentlich eines Ganges zu einem Turmuhrerzeuger diesen traf, wie er schnell noch einen Blick in den Text und Atlas eines meiner Bücher warf, während der Lehrling, am Feuer stehend, den Blasbalg trat. Nach kurzem Gruß nahm der Meister das indes glühend gewordene Eisenstück und schmiedete es, den Angaben meines Werkes entsprechend.

Wenige Wochen später schrieb mir ein Professor der Mathematik und Physik an einer k. k. Staatsrealschule, daß er nach meinen Angaben desselben Werkes eine Normaluhr für seine Anstalt berechnete, entwarf und von einem tüchtigen Uhrmacher habe ausführen lassen. Die Uhr funktioniere seit $1/_2$ Jahr schon tadellos.

Auch in der Bücherei werde ich mich bemühen, in gleicher Weise zu arbeiten.

Der Zweck derselben ist, wie aus obigem hervorgeht, also nicht allein dem Uhrmacher eine vollständige Zusammenstellung des zu behandelnden Stoffes, der Ratschläge für Reparaturen und Neuherstellung, sondern auch, dem Freunde der Mechanik Einblick in die herrliche Fein- und Kleinkunst, der Uhrmacherei, zu verschaffen und damit die Zahl der Freunde und Schätze dieses Gewerbes zu vermehren.

„Ohne Kunst keine Gunst!“

Nur dadurch, daß weitere Kreise dem Gewerbe wieder Verständnis für dessen Leistung entgegenbringen, kann es, wieder wie einst, zu alter Blüte gelangen und sein Bau schöner, prächtiger erstehen. Wenn meine Arbeit in dieser Hinsicht Erfolg haben und jeder Band einen Baustein zu dem neuen Gebäude bildet, ist ihre Aufgabe erfüllt.

Der erste Band umfaßt die Getriebe, welche die Hemmung enthält und welche man kurz als Gang oder Hemmung bezeichnet.

Es war keine leichte Aufgabe den Riesenstoff dieses Gebietes in das Prokrustesbett von 15 Druckbogen zu zwingen.

Nachdem die Technik die Uhr in weit umfassenderer Weise als vor wenig Dezennien in ihren Dienst gestellt, muß auch der Techniker, dem die Konstruktion von Uhrwerken obliegt, einen klareren Einblick in das Wesen derselben, besonders aber in das der Hemmung erhalten.

Da ich nicht glaube, daß meine Ausführungen Anspruch auf erschöpfende Vollständigkeit haben und gewiß auch hie und da Irrtümer unterlaufen sein könnten, denn

„Es irrt der Mensch, solang er strebt,“

bitte ich den gütigen Leser, er wolle mir gegenüber mit Ansichten über ihm nötig erscheinende Änderungen, Ergänzungen und Art der Behandlung nicht zurückhalten. Ich werde mich herzlich freuen, begründete, diesbezügliche Mitteilungen zu erhalten.

Zum Schlusse erfülle ich die angenehme Pflicht, denjenigen herzlich zu danken, welche mich bei der Herausgabe des Buches unterstützten.

Vorerst danke ich meinem lieben Schüler Johann Kotrbeletz, der nach längerer Tätigkeit in der Praxis, vorliegende Zeichnungen mit seltener Genauigkeit und Gewissenhaftigkeit, sowie die Schlußarbeit am Manuskript mit rastlosem Fleiße ausführte.

Meiner Tochter Tontschi danke ich ebenfalls herzlich für ihren außerordentlichen Fleiß, den sie bei Herstellung der Reinschrift und Besorgung des umfangreichen Schriftwechsels, welche die Abfassung dieses Buches erforderten und meines Augenleidens wegen ausschließlich von ihr besorgt werden mußten, entwickelte.

Herrn Marfels, dem Herausgeber der Deutschen Uhrmacher-Zeitung, Herrn Dr. S. Riefler in München, sowie Herrn M. Loeske, danke ich herzlich für die gütige Überlassung einer Anzahl Klischees und Autotypien.

Krems a. Donau, Nied.-Österreich, Heinemannstraße 10, im Juli 1905.

C. Dietzschold.

Einleitung.

Die Hemmung (Gang, französisch: echappement, englisch: escapement) umfaßt jene Getriebe, denen die Aufgabe zufällt

1. den Regulator, Pendel, Unruh u. s. w. in schwingender Bewegung zu erhalten, d. h. ihm regelmäßig einen Antrieb zu erteilen. Diese Getriebe sind meist Punkt-, selten Flächenverzahnungen;
2. das Räderwerk aufzuhalten;
3. das letztere frei zu geben, d. h. die Sperrung aufzuheben oder, wie der Uhrmacher sagt, auszulösen;
4. eine Anzahl Getriebe, denen die Sicherung der einzelnen Bewegungen und die Verhütung nicht gewollter zufällt.

Der deutsche Name Hemmung deutet auf die Sperrung, der französische „echappement“, sowie auch der englische „escapement“ auf die Auslösung hin, keiner aber auf die außerordentliche Vielseitigkeit, welche sie besitzt.

Zu allen Zeiten haben die Uhrmacher ihre Kunstfertigkeit und ihren Scharfsinn gerade an der Hemmung erprobt und da ein weites Feld ihrer Tätigkeit gefunden. Oft stand durch mehrere Menschenalter die Entwicklung tatsächlich oder doch scheinbar still, bis wieder ein genialer, gelernter oder geborener Uhrmacher neuen bedeutsamen Anstoß zur Weiterentwicklung gab. — Erst nach und nach, entsprechend dem Maße der wachsenden Erkenntnis von der Hemmung und ihrem Verhältnis zum Gangregler einerseits, und zum Räderwerk andererseits konnte dies geschehen.

In der Technik stellt sich die Aufgabe vollständig meist erst während der Lösung. Betrachten wir einmal bei der Spindelhemmung diesen Vorgang.

Sobald man den Ablauf des Räderwerkes durch einen schwingenden Körper zu regeln versuchte, hemmte man zunächst nur denselben und ließ ihn entsprechend der Zahl der erfolgten Schwingungen geschehen. Am geeignetsten erwieß sich hiezu ein Sperrad und Sperrkegel, welch letzterer für jede Schwingung einmal einfiel und durch den schwingenden Körper wieder herausgeführt, das Sperrad um einen gewissen Winkel sich weiter drehen ließ.

Das Hauptelementenpaar des Getriebes war demnach Sperrad und Sperrkegel; sein Name war „Die Hemmung.“

Zwei solcher Sperrkegel wurden zunächst beim Spindelgang auf die Welle gesetzt, welche den Regulator trug. Das Sperrad drehte sich für jede Schwingung um $1/2$ Teilung weiter.

Als Regulator diente die Balance auch Wage oder Schwengel genannt. Die Balance ist ein horizontal aufgehängter Balken mit Einschnitten, in denen Reguliergewichte in verschiedener Entfernung von der Drehungsachse aufgehängt werden können.

Die Schwingungsdauer vergrößerte sich, wenn man die Gewichte von der Achse weiter entfernt anbrachte. Diese rohe Einstellung und die entsprechende Ausführung der Wage ließ natürlich die Schwingungen nur sehr unregelmäßig erfolgen.

Wird von einem Sperradzahn der ihm entgegenschwingende Spindellappen getroffen, so hält letzterer einen Augenblick das Rad auf und drängt es dann in entgegengesetzter Richtung zurück. Der geometrische Grundgedanke dieser Hemmung ist sehr einfach. Die an einem Endpunkte des Durchmessers liegenden Zahnspitzen drehen sich nach rechts, die am anderen nach links. Dies kann zum Antriebe des schwingenden Regulators nach links und rechts benützt werden, wie es am Spindelgange geschieht.

Da ergibt sich aber schon die erste Schwierigkeit für die Ausführung. Wären die Achsen des Sperrades und des schwingenden Regulators parallel, so hätten letztere von dem um den Durchmesser weiter entfernten Zahn eine größere Entfernung als von den näheren. Die Aufhaltung an ersterem würde die Schwingung viel stärker beeinflussen als an letzterem; die Aufhaltungshebel — Lappen genannt — müssen daher gleich lang sein. Dies bedingt wieder, daß die Achsen von Rad und Regulator einander unter 90^0 kreuzen und die Entfernung des letzteren vom Sperradzahnspitzenkreis maßgebend wird. (Spitzenkreisebene.)

Nachdem der Sperradzahn den Spindelhebel aufgehalten, bleibt das Rad einen Augenblick ruhig. Da aber der Regulator der Sicherheit halber einen Überschwungswinkel durchstreichen muß, treibt er das Hemmungsrad noch ein Stück zurück, worauf die entgegengesetzte Schwingung erfolgt. Die bei der Schwingung verlorene Energie erhält nun der Regulator zurück, während der Gangradzahn den Spindellappen treibt.

Bei der Spindelhemmung ist so das ganze Räderwerk bald in einer, bald in entgegengesetzter Richtung in Bewegung. Dieses Räderwerk war sehr unvollkommen. Teilungs- und Zahnformenfehler wirkten zusammen, um die Widerstände höchst ungleich zu machen.

Das Abhelfen der Fehler in der Verzahnung wurde zur Kunstfertigkeit. Der Uhrmacher fand den einzelnen Zahn, der Ursache einer Unregelmäßigkeit einiger Regulatorschwingungen war, heraus und wußte mit Pfiff und Kniff die Uhr zu leidlichem Gange zu bringen.

Mit diesem Ausdrucke will ich sagen, daß die Abhilfen sich wohl begründen lassen, aber meist an der Grenze des Erlaubten hingingen; das Ziel wurde indeß erreicht, das Gangergebnis entsprach den gestellten Anforderungen.

Die geschilderte Wirkungsweise des Spindelganges der ersten Lösung des Hemmungsgetriebes für eine Uhr war naturgemäß noch eine sehr mangelhafte. Die Rückführung war eine sehr starke und das Räderwerk, wie schon bemerkt, bald in einer bald in anderer Richtung in Bewegung.

Der Antriebshebelarm wechselte während der Wirkung seine Länge in starkem Maße. Die Schwingungen der Unruh waren klein. Die Unruh konnte nur leicht sein, sodaß die veränderlich wirkenden Kräfte und Widerstände im Uhrwerke ein gleichmäßiges Schwingen der Unruh unmöglich machte.

Die Unruh war beständig in Verbindung mit dem Räderwerke bis auf den kleinen Zeitabschnitt, wo der Fall von der Zahnspitze durchmessen wurde, also der eine Zahn den Lappen eben verlassen hatte und der zweite zum anderen sich bewegte. Die Bewegungen im Hemmungsgetriebe erfolgten einmal mit eingehender, das andere Mal mit ausgehender Reibung.

In dieser Ährenlese von Mängeln der Spindelhemmung sind auch gleichzeitig die Aufgaben genannt, welche nach und nach die Uhrmacherei löste, um die Hemmungsgetriebe zur gegenwärtigen Vollkommenheit zu entwickeln. Die Spindelhemmung umfaßte nur zwei Getriebe, während der heutige Ankergang deren 16 zählt.

Der Spindelgang wirkte also sehr unvollkommen.

Die Erfindung der Spindelhemmung fällt mit der der Räderuhr zusammen und kann also in das elfte Jahrhundert verlegt werden. Sie ist wohl eine deutsche. Nur sollte man sie nicht mehr dem Bischof Gerbert von Magdeburg, dem nachmaligen Papst Sylvester II., zuschreiben, welcher wohl kunstvolle Sonnenuhren und astronomische Instrumente, aber keine Räderuhren gebaut oder angegeben hat.

Auch in den tragbaren Uhren, welche der Nürnberger Plattschlosser Peter Henlein 1500 erfand, und die man als „Oerrlein“, wie die Uhren anfangs hießen, in den Handel brachte, war Spindelgang und Ballance, letztere in Zapfen gelagert, um ihre sichere Tätigkeit in allen Lagen hervorzubringen, angewendet. Sattel- und Kutschuhren, welche wohl als Übergänge von der Wanduhr und Turmuhr zur Taschenuhr angesehen werden können, von denen aber leider alte Stücke nicht erhalten sind, hatten ebenfalls den Spindelgang. Auch in alten japanischen Uhren ist der Spindelgang verwendet, ob sie aber Eigenerfindung dieses gewerbefleißigen Inselvolkes sind, darüber fehlen mir genauere Angaben. Der außerordentliche Sparsinn derselben hat übrigens das mit diesen Uhren verbundene Schlagwerk als Gewicht beider Uhren verwenden lassen. Das sinkende Schlagwerk treibt beide.

Die 1675 von Christian Huyghens veröffentlichten „Gesetze der Schwingungen der Körper“ zeigten den Weg, auf dem eine größere Ganggenauigkeit der Uhren zu erreichen war. Er baute auch mit Hilfe von Uhrmachern Pendel- und Unruhuhren, letztere mit Spirale.

Eines seiner Standbilder zeigt auch eine von ihm ausgeführte Pendeluhr. Demnach war es erforderlich, die Pendel resp. die Unruhmasse tunlichst groß zu machen und möglichst entfernt von der Schwingungsachse anzubringen.

Die Schwingung sollte für das Pendel möglichst allein durch die Kraft der Erdanziehung, die der Unruh durch die Spannkraft der Spiralfeder erfolgen.

Kommen andere Kräfte zur Wirkung, so ändert dies die Schwingungsdauer. Es galt also, das Auftreten solcher Kräfte durch geeignete Anordnung der Hemmung zu vermindern, wenn es nicht ganz vermieden werden konnte. Beim Spindelgang war es unmöglich, auch bedarf er selber für das Pendel einen zu großen Schwingungswinkel, also sehr leichter Pendel, an denen die Wirkung der Erdanziehungskraft auf die Pendelmasse gegenüber den von Hemmung und Räderwerk übertragenen Kräften und Widerständen zu sehr zurücktrat. Für Pendeluhren war demnach der Spindelgang nicht mehr am Platze und mußte durch eine andere Hemmung ersetzt werden.

Im Laufe der Zeit hatte man gelernt, auch der Rückführung eine gute Seite abzugewinnen und machte sie um so stärker, je veränderlicher die Antriebskraft und die Widerstände in der Uhr waren. Und diese Veränderlichkeit war groß, in einer Zeit, wo der Uhrmacher sich seine Räder und Triebe selbst austeilen und ausfeilen mußte. Dabei waren 5zahnige Triebe allgemein üblich. Die Zapfen und Wellen waren gefeilt, die Federn vom Uhrmacher selbst hergestellt, sodaß die Uhren recht wechselnde Antriebe von der Hemmung auf den Regulator übertrugen.

Die regelnde Wirkung der mit dem Antrieb wachsenden Rückführung erfolgte dadurch, daß sie als Bremsung bei zunehmendem Regulatorausschwung diente und so die Schwingung nicht über ein gewisses Maß hinausgehen ließ.

Heute noch verwenden wir übrigens die Rückführung in gleichem Sinne, nur daß wir es in geringerem Maße als in den älteren Werken tun.

Es hat sich gezeigt, daß unter gewissen Verhältnissen die Rückführung unentbehrlich ist, wie wir bei Besprechung der rückführenden Ankerhemmung sehen werden.

Bei leichten Pendeln wird heute noch die Rückführung größer gemacht, als bei schwereren; bei schweren schaltet man sie ganz aus, d. h. verwendet die ruhende Hemmung.

Allerdings hat man in neuerer Zeit bei Turmuhren, die schwere Pendel haben, zur sogenannten halbruhenden Hemmung gegriffen. Bei stärkerem Antrieb wird dann die Schwingungsweite durch eine gewisse Rückführung verkleinert. Solche Hemmungen mit so geringer Rückführung nennen die Engländer halbruhende.

Mit dem Auftreten des rückführenden Ankerganges, oder wie man ihn nicht eben schön bezeichnete, des „Hakenganges", änderten sich also die Verhältnisse in den vorhin bezeichneten Sinn. Die Ganggenauigkeit der Uhr nahm innerhalb weniger Jahrzehnte derart zu, daß der Minutenzeiger immer mehr Aufnahme finden konnte. Bis dahin betrugen die täglichen Gangabweichungen bis $^3/_4$ Stunde, sodaß nach einigen Tagen die Zeitbestimmung durch Sonne und Sterne mittels Beobachtungen des Standes derselben erfolgen mußte. An den Kirchtürmen waren deshalb in früherer Zeit stets Sonnenuhren angebracht, nach denen man den Zeiger der Räderuhr einstellte.

Daß der Sonnenuhrzeiger die wahre oder Sonnenzeit angab, während die Räderuhr die mittlere Zeit zeigt, welche voneinander bis 20 Minuten abweichen können, kam bei der Größe der Gangabweichungen nicht in Betracht. Die Uhren hatten deshalb auch keinen Minutenzeiger, denn ihre Fehler betrugen so beträchtliche Teile einer Stunde, daß Minutenzeiger ebenso zwecklos gewesen wären, wie bei einem

zu Grundstückvermessungen dienenden Maßstabe, die An-
bringung von Millimeterteilungen.

Der größte Fehler des Spindelganges war die starke
Rückführung des Räderwerkes.

Wenn auch, so sagte man sich — die Rückführung nicht
ganz zu beseitigen ist, so suchte man sie doch wenigstens
zu verringern.

Dies Ziel ließ der Hakengang erreichen, welchen der
Physiker Robert Hooke 1675 (nach anderen der Londoner
Uhrmacher Clement) erfunden haben soll.

Hier sind, um die Schwingungen des Regulators verringern zu können und schwerere Pendel zu verwenden,
zum erstenmal schräge Hebflächen eingeschaltet.

Während beim Spindelgange an einem Hebel die Radzahnspitze den Antrieb unmittelbar dem Regulator erteilt,
tritt beim Hakengange — dem rückführenden Ankergange
eine schräge Hebfläche in Tätigkeit. Der Antrieb erfolgt
hier also mittelbar durch Einschaltung einer schiefen Ebene
(Zahnfläche). Beide, Spindelgang und Ankergang, sind zwar
als Punktverzahnung zu verzeichnen, aber wie wir später
sehen werden und im Abschnitt Verzahnungen und Hemmungen der Getrieblehre weiter ausgeführt ist, doch grund-
sätzlich verschieden. Siehe „Getriebelehre", Band II.

Die Ausführung der Hemmung in der Uhr bedingt der
geringen Kräfte wegen eine große Sorgfalt und Genauigkeit;
daß hiebei auch auf den äußeren Eindruck, welchen sie
macht, ein besonderer Wert gelegt wird, ist im Interesse des
Gewerbes nur zu begrüßen. Es genügte zwar, wenn die
Ausführung der Teile nur vom Nützlichkeitsstandpunkte aus
erfolgte, also z. B. nur diejenigen poliert werden, wo die
Reibung zu vermindern ist, während vieles andere ganz
roh bleiben könnte, was aber auch vielfach geschieht. Wie

der Mensch sich gefällig kleidet, sein Haus und Heim schmückt, so sollte dem Nützlichkeitstandpunkt in der Uhrmacherei nicht allzuweiter Spielraum gegeben werden. Die schöne Ausführung aller Teile bei den Werken, welche gut bezahlt werden, sollte Grundsatz sein und bleiben. Leider finden wir denselben recht oft unbeachtet; so sind namentlich die in der Technik häufig verwendeten Zähl- und Registrierapparate, welche ja sehr gut bezahlt sind, oft als abschreckende Beispiele zu bezeichnen und haben Hemmungen über deren Ausführung der Fachmann besser den Mantel christlicher Liebe breitet.

Bei der Ausbildung der Ankergänge galt es, die günstigsten Verhältnisse in mehreren Richtungen zu finden.

1. die günstigste Länge der Ankerarme;
2. die Entfernung der Drehungsachse von der des Gangrades.

War der Spindelgang der erste Schritt auf dem Entwicklungswege der

Gänge mit direktem Antriebe,

so ist der Hakengang der erste in der Reihe der

Gänge mit indirektem oder mittelbarem Antrieb,

bei denen die schiefe Ebene zur Anwendung gelangt.

Jede Hemmung können wir in eine der beiden Klassen einreihen, und daß es nur gleich ausgesprochen wird, in ihren bestdurchgebildeten Anordnungen leistet jede fast gleich vorzügliches. Die Wahl der besonderen Art der Hemmung erfolgt unter den Bedingungen, welche in dem einzelnen Fall gelten.

Solche sind, ob ein leichtes, schweres, kurzes oder langes Pendel vorhanden, welche Ansprüche an die Ganggenauigkeit der Uhr gestellt werden, ob die Uhr Erschütterungen ausgesetzt ist, wie alle tragbaren Uhren, oder nicht, ob die Uhr im geschützten Gehäuse sich befindet, ob das Pendel frei schwingt usw.

Zwei solcher schräger Ebenen, Zahnflächen sind mit Sperrkegeln zu einem Körper verbunden und heißen dann Anker. Bei einer Anzahl Hemmungen mit konstanter Kraft befinden sich Sperrteile und Hemmungszahnflächen an Eingangs- und Ausgangsseite an gesonderten Hebeln, wie bei Reids, Rüfferts und Denisons Hemmung.

Um das Jahr 1700 herum war, wie bemerkt, schon allgemein der Minutenzeiger verbreitet. Die Gangabweichungen der Uhr, welche bis dahin manchmal $\frac{1}{2}$ Stunde und mehr betragen haben, schrumpften auf wenige Minuten täglich zusammen und wurden durch die Regulierung der Uhren ins Mittel noch weniger bemerkbar.

Aus den von Huyghens 1675 entwickelten Schwingungsgesetzen wußte man, daß schwere Pendel und schwere Unruhen allein verläßliche Resultate ergeben können, man wußte auch, daß, je schwerer das Pendel, desto kleiner die Rückführung zu machen sei.

Um 1715 erfand der ausgezeichnete, englische Uhrmacher, Georg Graham den nach ihm benannten ruhenden Ankergang, der sich dadurch vom rückführenden unterschied, daß die Gangradzahnspitze bei der Auslösung einen kleinen Sicherungs-, den Ruhewinkel, durchlaufen mußte, ehe die Hebung beginnen konnte.

Durch Einführung des ruhenden Ankerganges gelang es Georg Graham, bei seinen Sekundenuhren die Gangabweichung auf ein sehr geringes Maß täglich herabzubringen. Es zeigte sich aber, daß die Uhren bei zunehmender Temperatur mehr und mehr nach, bei abnehmender mehr und mehr vorgingen, was Graham als Folge des Einflusses der

Temperatur auf die Längenänderung der Pendelstange erkannte. Dies war ihm Anlaß zur Konstruktion des Quecksilber-Kompensationspendels, welches die Gangabweichungen der Sekundenuhr auf wenige Bruchteile der Sekunde herabbrachte.

Schwingt das Pendel nur unter dem Einflusse der Schwerkraft, die Unruh nur unter dem der Feder (Spirale), so haben die Schwingungen gleiche Dauer, — wenn der Schwingungswinkel derselbe bleibt und wenn die Massen in gleicher Entfernung von der Achse sich befinden. Für den Uhrmacher stellt sich demnach die Aufgabe, möglichst den Einfluß von Unregelmäßigkeiten bei Auslösung und Antrieb in der Hemmung zu beseitigen.

Auch den Zylindergang verbesserte Graham, sodaß für Taschenuhren mit Unruh ein Gang vorhanden war, welcher die Gangradachse parallel zu den übrigen Achsen der Räder und Triebe hatte.

Dutertre erfand 1720 den Duplexgang, bei dem ein Hebel auf der Unruhwelle den Antrieb erhält. Derselbe Hebel diente aber nicht mehr, wie beim Spindelgange, zur Aufhaltung des Uhrwerkes, dies besorgte vielmehr die Unruhwelle selbst, auf welche sich bei der Sperrung ein Zahn des mit dem Antrieb oder Impulsrade verbundenen Ruherades legte. In der Hemmung waren demnach zwei Räder tätig, wovon sie auch ihren Namen Doppelradhemmung erhielt. In der Unruhwelle oder der auf sie geschobenen Ruherolle war ein Einschnitt, in den vor der Antrieberteilung die Ruheradzahnspitze eintrat und sich weiter bewegen konnte. Sobald die Zahnspitze diesen Einschnitt verließ, traf nach kurzer Fallbewegung ein Stoßradzahn den Antriebhebel und erteilte damit der Unruh den Impuls. Diese Hemmung ist eine ruhende, sie wird aber auch zu den rückführenden gezählt, weil bei der Rückschwingung des Regulators, wo ihm kein Antrieb erteilt wird, die Ruheradzahnspitze um die Einschnittsbreite, der Ruherolle, sich vorwärts bewegt, aber dann sogleich wieder zurückgedrängt wird, bis sie von neuem auf dem Umfang der Rolle aufliegt. Da diese Rückführung sich bei den früher üblichen, etwas zu kleinen Trieben natürlich bemerkbar machte, so rechnete der Uhrmacher diese Hemmung zu den rückführenden. Dies ist jedoch unberechtigt und müßte man den freien Taschenuhrankergang, wie auch den Chronometergang, da bei ihnen der Zug verwendet ist, ebenfalls als rückführenden bezeichnen, was man jedoch nicht tut.

Das Merkmal der Ankergänge ist, wie bereits bemerkt, die Verwendung schräger Hebflächen, während wir Spindel, Duplexgang und den später zu besprechenden Chronometergang als Hemmungen mit unmittelbarem oder direktem Antriebe bezeichnen wollen.

Beide Anordnungen erfuhren nun wesentliche Ausbildung. Zunächst die mit unmittelbarem Antriebe, welche man für die tragbaren Uhren verwendete, während die mit schrägen Hebflächen fast ausschließlich für die Pendeluhr und Unruhuhren gebraucht wurden.

Die Duplexhemmung kann man als aus der Spindelhemmung hervorgegangen betrachten, indem nur ein Antriebhebel beibehalten wurde — wodurch die Notwendigkeit der Winkelanordnung entfiel. Die Aufhaltung geschah nun nicht, wie bemerkt, auf den Antriebhebel.

Daß das Ruherad größer als das Stoßrad war, gewährte auch den Vorteil, daß der Druck gegen die Unruhwelle viel kleiner ist, als der, welchen das Stoßrad ausüben würde.

John Arnold lebte 1744—1799. Er war ein ausgezeichneter englischer Chronometermacher, zuerst Schlosser und fertigte eine Anzahl wertvoller Uhren. 1775 erfand er die zylindrische Spirale, 1782 nahm er ein Patent für seine freie Chronometerhemmung und kompensierende Unruh. Später gründete er in Chizwell, Grafschaft Essex, Schottland, eine Fabrik zur Erzeugung von Chronometern.

Später setzte man auf die Unruhwelle eine kleine Steinrolle, was die Reibung der Ruheradzahnspitze verringerte.

Der Druck auf die Unruhwelle, so klein er auch ist, erscheint jedoch durch die Kraftzerlegung vergrößert auf die Unruhwelle übertragen. Deshalb legte etwa 1780 Arnold die Ruhe auf das Ende eines besondern Sperrkegels, der sich um ein Blattfedergelenk dreht. Er benützte auch nur ein Gangrad, welches nun die Wirkungen eines Ruherades und Stoßrades in sich vereinigte.

Jürgensen griff jedoch wiederum auf die beiden Räder zurück, um durch Anwendung des größeren Ruherades einen geringeren Auslösungswiderstand zu erhalten. Er blieb indeß vereinzelt. Siehe Fig. 61, Seite 181. Seine Duplexhemmung mit der Feder wurde nach ihm nicht mehr ausgeführt.

Die Sperrung übernimmt beim Chronometergang ein besonderer Sperrkegel, dessen Ende wir als Ruhestein bezeichnen. Entweder ist der Ruhestein an einer flachen Feder oder an einem drehbaren Hebel, den eine Spirale in die rechte Lage drängt, angebracht.

Demnach unterscheiden wir den Chronometergang

    a) mit der geraden Feder*),

    b) mit der Wippe.

Letzteren hat Louis Berthoud und nach ihm sein Schüler Henri Motel in Paris für Seechronometer angeordnet.

Da nur 1 Antriebhebel sich auf der Unruhwelle befand, so konnte sie nur nach einer Seite schwingend einen

---

*) Der Grundgedanke stammt von dem französischen Uhrmacher Pierre le Roy, und wurde vom englischen Chronometermacher Arnold, siehe Portrait Seite 13, der Hemmung im wesentlichen die heutige Gestalt gegeben.

Antrieb erhalten, weshalb die Unruh für jede zweite Schwingung, sowohl beim Duplex- als auch beim Chronometergang, einen Antrieb empfängt. Dies ist ein Mangel, der sich auf einfache Weise nicht beseitigen läßt.

Die Auslösfeder des Chronometerganges muß bei der verlorenen Schwingung ausweichen, da ein Weitergehen des Gangrades nicht erfolgen soll, nach der anderen Seite angetrieben, aber den Hebel, welcher den Ruhestein trägt und damit diesen selbst wegschieben. Dies erreicht man mit Hilfe einer Feder, welche nach einer Seite ausweichen kann, nach der anderen Seite aber in der Nähe des Angriffspunktes gestützt, die Sperrung wegrückt.

Gannery, ein Engländer, setzte 1819 die Feder auf eine auf der Unruhwelle befestigte Scheibe. Da die Scheibe nicht groß und damit die Feder nur kurz sein konnte, wurde die Anordnung nicht weiter beibehalten und die Feder an den Ruhesteinhebel angebracht, wodurch sie länger sein konnte.

Ein bis heute noch unbehobener weiterer Nachteil des Duplex- und des Chronometerganges ist die Unmöglichkeit einer Begrenzung zu Weiterschwingungen, was z. B. beim freien Ankergange durch Anschlagen des Hebsteines an der Rückseite des Gabelhornes erreicht wird.

Die Unruh bewegt sich aber außer der Zeit der Auslösung und des Antriebes ohne Verbindung mit dem Räderwerk, deshalb bezeichnen wir die Chronometerhemmung als freie Hemmung.

Zu den freien Hemmungen für tragbare Uhren gehört auch der freie Ankergang. Die freien Hemmungen gestatten ein außerordentlich hohes Maß von Ganggenauigkeit zu erreichen, da die Schwingungen der Unruh auf über 1½ Umgang ausgedehnt werden können und verhältnismäßig schwere Unruhen anwendbar sind.

Wir haben nun bisher rückführende, ruhende und freie Hemmungen kennen gelernt.

Wie man sieht, führen die Betrachtungen über die Wirkungsweise der genannten Hemmungen stets auf die in der Uhrmacherei übliche Einteilung zurück.

Und nun wollen wir von dieser Einteilung abgehen und uns der Entwicklung der Hemmungen zuwenden, deren Merkmal die Benützung der schrägen Hebfläche zur Übertragung des Antriebes bildet.

Es ist eine stattliche Reihe von Hemmungen, welche hier in Betracht kommen. Höchst lehrreich ist es, den Faden zu verfolgen, wie der Einfluß der Hemmung oder gar des Räderwerkes auf die Schwingungen des Regulators mehr und mehr zurückzutreten hat, damit diese stets unabhängiger, allein unter dem Einflusse der Schwere oder der Federkraft erfolgen.

Der Uhrmacher war früher gewöhnt, wenigstens die Unruh, deren Welle auch noch Gangteile trägt, als Bestandteil der Hemmung aufzufassen. Bei Spindel- und Zylinderuhrgängen ist stets der Regulator mitgenannt und beschrieben. Bei Anker- und Chronometergängen hat man in neuerer Zeit nur die Wellen mit Recht in die Hemmungsbeschreibung aufgenommen.

Die Zusammenwirkung der Unruhmassen und der Federwirkung der Spirale bildet heutzutage den Gegenstand eigener Betrachtungen.

Die Abmessung der Teile der Hemmung muß jedoch denen der Unruh entsprechen und wird meist dadurch ausgedrückt, daß die Durchmesser von Gangrad und Unruh in gewissem Größenverhältnis zueinander stehen.

Um die Mitte des 18. Jahrhunderts sehen wir auf dem Gebiete der Hemmungen solche ausgebildet, welche die Uhr als Präzisionszeitmesser zu verwenden gestattet, den ruhenden Ankergang für Pendeluhren, den Chronometergang für tragbare Uhren, vornehmlich für Seechronometer. Für die Handelsware diente bei ersteren der rückführende Ankergang, für die Taschenuhr der Spindelgang, dessen Herrschaft erst Mitte des 19. Jahrhunderts gebrochen wurde.

Graham verbesserte 1720 den Zylindergang, welcher einen Ankergang über ½ Teilung darstellt, aber die Messinggangräder waren zu plump, der Zylinder von zu großem Durchmesser, um bessere Gangergebnisse als der Spindelgang zu liefern.

Anfang des 19. Jahrhunderts suchte man die Zylinderhemmung durch Benützung von Steinzylindern zu besserer Wirkung zu bringen. Bekanntlich wurde Ingold seiner hohen Geschicklichkeit in Steinarbeiten wegen gedrängt, in der Schweiz zu bleiben, er aber wandte sich nach England. —

Abbé Hautefeuille, ein Zeitgenosse Huyghens, benützte zuerst den Ankergang für tragbare Uhren. Er setzte die Unruh auf ein Trieb, welches einen mit dem Anker fest verbundenen Rechen hin und her bewegte, Fig. 1, sodaß während der ganzen Unruhschwingung sich der Anker bewegte, ähnlich wie der Pendeluhranker bei der Schwingung des Pendels.

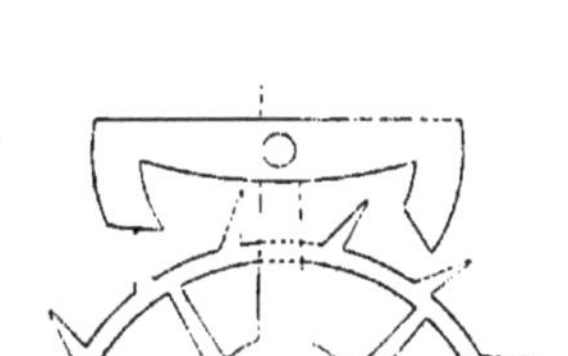

Fig. 1.

Mudge behielt von dem Triebe einen Zahn, genau genommen zwei Seitenflächen eines Zahnes, vom Rechen ebenfalls, [und ließ sie nun gegeneinander wirken. Die Flanken standen nicht in einer Ebene, sondern übereinander. Fig. 21, S. 96. Es war die erste freie Ankerhemmung. Sie besaß ein 20 zähniges Gangrad, dessen Anker 4½ Teilungen übergriff. Da er die außerordentlich günstigen Erfolge von Grahams ruhendem Ankergang vor Augen hatte, führte er den freien Ankergang für Taschenuhren ebenfalls ruhend aus. Doch erwies es sich im Laufe der Zeit, daß sich derselbe für Taschenuhren nicht eigne, besonders da noch die vorteilhaftesten Abmessungen erst durch langjährige Beobachtungen und Erfahrungen sich ergeben mußten; auch der Unruh mangelte die Durchbildung.

Erst die 1825 durch Georg August Lechot erfolgte Einführung des Zuges an die bisherigen Ruheflächen, machte den freien Ankergang für tragbare Uhren brauchbar. Am Seechronometer hatte der Ruhestein bereits den Zugwinkel, welcher der schrägen Ebene am Sperrkegel entspricht und dessen Wirkung sichert. Der Zugwinkel ist demnach für tragbare Uhren an dem Teil, welcher die Sperrung übernimmt, unerläßlich, sei es nun am Anker oder am Ruhezylinder.

In den letzten Jahrzehnten des neunzehnten Jahrhunderts ist der freie Ankergang ebenbürtig an Seite des Chronometerganges getreten, den er für tragbare Uhren wohl überflügeln wird, da er dessen Mängel nicht teilt und bei richtig aufgesetzter Spirale von selbst wieder angeht, ferner kein Galoppieren, kein Überschwingen usw. kennt.

Von den genannten Hemmungen, die natürlich für besondere Fälle abgeändert worden sind, haben wir die wichtigsten Vertreter schon erwähnt.

Die Ausbildung der einzelnen Hemmungsteile, die Sicherungen, welche sich bald für notwendig erwiesen, haben naturgemäß ein außerordentliches Maß von fachmännischer Arbeit, von Scharfsinn und Beobachtungen erforderlich gemacht, ehe man zur heutigen Höhe der Entwicklung gelangte. Ihre Ausbildung ist selbstverständlich noch nicht abgeschlossen. Für die große Massenerzeugung, welche auf dem Gebiete der Pendel- und Taschenuhrmacherei eingetreten, finden trotz der großen Zahl neuerer Ganglösungen, die oft eine gründliche Verböserung bedeuten, letztere nur sehr schwer weitere Aufnahme, da ein dringendes Bedürfnis für Neuerungen nicht vorliegt. Anderseits hat auch der Uhrmacher bei den heutigen Geschäftsverhältnissen wenig Zeit, sich mit dem Einarbeiten in andere Lösungen [zu befassen, sodaß auch von dieser Seite die Einführung von Neuheiten keinen günstigen Boden findet. Am Schlusse dieses Buches wird übrigens eine Anzahl solcher kurz berührt.

Die Einteilung der Hemmungen in rückführende, ruhende, freie, und Hemmungen mit konstanter Kraft, ist, wie schon früher gesagt, aus der Entwicklung der Hemmungen entstanden.

Bei den Hemmungen mit schrägen Hebflächen ist die Hebfläche, wenn der Antrieb gleichförmig mit der Drehung des Gangrades erfolgt, an der Ausgangspalette eine verlängerte, an der Eingangspalette eine verkürzte Cycloide. (Ausführliches siehe Band II, Getriebelehre).

Bei den Hemmungen mit direktem Antrieb wird auf gleichmäßige Übersetzung verzichtet, was, da die Wirkung in der Nähe der Achsenebene oder Mittellinie geschieht, nicht ins Gewicht fällt.

Eine große Zahl hervorragender Uhrmacher hat dem Gedanken folgend, — wenn der Regulator einen stets gleichbleibenden Antrieb erhält, die Schwingungen gleiche Größe behalten und in gleicher Zeit erfolgen müssen, — Hemmungen mit konstanter Kraft — wie sie meist genannt werden — angeordnet.

Diese Aufgabe war ja scheinbar nicht schwer zu lösen, man brauchte nur den Antrieb durch ein kleines Gewicht, einen in seine stabile Gleichgewichtslage drängenden Hebel oder durch eine vom Räderwerke gespannte Feder hervorzubringen und die Aufgabe schien ganz einfach gelöst.

Die Ideen sind ja immer sehr einfach! Erstere hat Winnerl in seinem Kugelgang, die zweite Denison, Rüffert u. a. in ihrem Schwerhebelantriebsgang, die dritte z. B. Reid in seiner Federhemmung benützt.

Die Aufgabe ist jedoch viel schwerer zu lösen als es anfangs schien, denn wie überall erkennt man den ganzen Umfang der Aufgabe erst während der Lösung.

Auch andere haben sich mit dieser Art Hemmungen beschäftigt, jedoch ohne Ergebnis, denn sie mußten, weil sie die den größeren Schwierigkeiten entsprechende nötige Mehrteiligkeit der Hemmung nicht anordnen wollten, die Sache stehen lassen. Sie verbreiteten dann in ihren Kreisen die Meinung, daß derartige Hemmungen wertlos seien.

Die meisten Hemmungen mit konstanter Kraft haben sich aus der Ankerhemmung entwickelt und auch wir wollen sie im Anschlusse an diese behandeln. Die 3 meistgenannten Hemmungen mit konstanter Kraft sind, wie gesagt,

Winnerls Kugelgang,

Reids Hemmung,

Denisons Schwerkrafthemmung,

Rüfferts Hemmung, Fig. 2.

Auch die Hemmung des freischwingenden Pendels, wie sie Joh. Mannhardt angeordnet, gehört hierher.

Taschenuhrgänge mit konstanter Kraft werden ebenfalls ausgeführt. Doch begnügt man sich meist mit Hilfsaufzug,

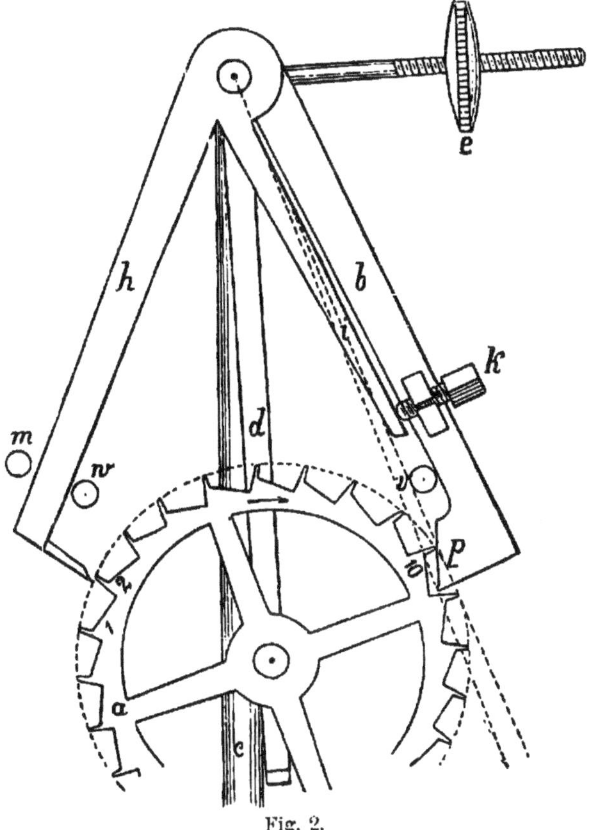

Fig. 2.

bei dem eine Spiralfeder das Sekundenrad antreibt. Die Hoffnung, welche man auf die genannten Hemmungen für Taschenuhren und Chronometer gesetzt, erfüllte sich bisher nicht.

Alle Hemmungen mit konstanter Kraft haben schräge Hebflächen, sind also den Ankergängen zuzuzählen, und ist der Anker — außer bei Winnerls Kugelgang — in zwei für sich drehbare Arme zerlegt.

Bei Denisons Dreistifthemmung und dem Westminstergange kommen keine schrägen Hebflächen zur Anwendung, dagegen sind Ruheflächen vorhanden. Eine Abart dieser Hemmungen, Fig. 65, hat besondere Hebflächen. Beim eigentlichen Westminstergange fehlen sie, weil dem Erfinder die Aufgabe gestellt war, eine Hemmung ohne zu ölende Flächen herzustellen, denn, die erste Hemmung war für Fredrikstown, einem Orte, wo zeitweilig die Temperatur auf -50° C herabsinkt, zu liefern.

In kalten Gegenden hilft man sich dadurch, daß man die Zapfenlager und andere Reibungsflächen mit Graphit einreibt. Denison aber wollte dies in der Hemmung vermeiden.

Jedenfalls können wir auch die Westminsterhemmung zu den Ankerhemmungen rechnen, da ihre Konstruktion, wie die der übrigen genannten Hemmungen, nach den Grundsätzen der Ankerhemmung erfolgt.

Da die Hebung bei dieser Anordnung ohne Verbindung mit dem Regulator geschieht, so wirkt das Räderwerk ohne dessen Einflußnahme und könnte deshalb auch einmal über die Stränge schlagen, d. h. sich zu schnell bewegen, weshalb für diesen Moment eine Sicherung geschaffen ist. Diese besteht in einem Windfang, welcher auf die letzte Welle des Räderwerkes gesetzt ist und dafür sorgt, daß durch allzu schnelles Drehen des Gangrades der bei der Hebung oder Aufhaltung hervorgebrachte Stoß den Hemmungsteil zur Seite schleudert. Alle diese Hemmungen haben gute Resultate ergeben. Die Betriebskraft der Uhr muß des Windfanges wegen größer sein als ohne denselben.

Bei Turmuhren, wo auf die gewaltige Einwirkung von Wind und Wetter zu rechnen ist, oder wenn eine Eis- und Schneekruste die Zeiger hindert, sich über dem Zifferblatt zu bewegen, muß stets auch ein Mehrantrieb des Werkes vorhanden sein. Bei besseren Uhren legt man Hilfsgewichte auf, wenn die Witterung es erfordert. Hier ist infolge der stark wechselnden Antriebe oft ein bedeutender Überschwungswinkel vorhanden, der verringert werden kann, wenn nicht der ruhende, sondern wie schon bemerkt, der in England zuerst ausgeführte halbruhende Ankergang, (half dead escapement) angewendet wird. Die Ruheflächen sind bei diesem nicht ganz konzentrisch, sondern etwas rückführend, etwa so, daß auf 10 mm Bewegung, 1 mm Rückführung kommt. Dies entspricht einem Rückführungswinkel von 5,73°, da bei 10 mm. 1 mm, und bei 57,3 mm. 5,73 mm Rückführung entfällt. — Die Uhren sollen besseren Gang zeigen als die mit ganz ruhendem Gange.

Fig. 19, Seite 79 zeigt die Paletten des Turmuhrstiftenganges halbruhend.

Um das Uhrwerk nur während der Auslösung in Verbindung mit dem Regulator bewegen zu lassen und um die Bewegung des Ankers für den Überschwungswinkel auszuschließen, hat Dr. S. Riefler eine Hemmung konstruiert, bei der das Gangrad während des Überschwungswinkels stillsteht. Der Einfluß der Hebung auf die Pendelschwingung ist geringer als bei den ruhenden Hemmungen, die Pendelgabel entfällt, weil hier das Pendel in einem Rahmen gelagert ist, der sich dreht, die Pendelfeder spannt und damit dem Pendel einen Antrieb erteilt, ähnlich, wie wenn man einen Stock zwischen dem Daumen und Zeigefinger haltend schwingen läßt, indem man die Hand dreht und so ihn antreibt.

Die vorzüglichen Gangergebnisse zeigten die Rieflerschen Uhren von dem Augenblicke ab, als er das neue Mannesmannrohrpendel mit Quecksilberfüllung verwendete.

Riefler suchte die beweglichen Teile einerseits zu vermindern, indem er die Pendelgabel ausschaltete und den Anker unmittelbar auf die Pendelfeder wirken ließ, und ihn mit dem Gestell verband, in welchem das Pendel hängt. Dieses Gestell schwingt um Schneiden, wodurch bei vielen Uhrmachern die Meinung entstand, daß der genannte Erfinder eine Schneidenaufhängung des Pendels verwendet.

Als Ingenieur hat er seine Aufgabe in schöner Weise gelöst. Er hat die Verbindung mit dem Pendel, welche sonst die Pendelgabel darstellt, erspart. Er bildete den Antrieb derart aus, daß er auf die Pendelfeder erfolgt, und das Pendel wie frei schwingt. Es wird die schöne Lösung seitens mancher Praktiker als nicht so viel erreichend aufgefaßt, als den aufgewandten Mitteln entspricht.

Der große Erfolg der Rieflerschen Uhren liegt wohl auch in der Tat in erster Reihe in der vorzüglichen Konstruktion und sorgfältigen Herstellung des Pendels, — früher des Quecksilberpendels mit Mannesmannrohr und heute des Nickelstahlpendels. Wer die Wirkung der Hemmung beobachtet, findet, daß die Auslösung einmal früher, einmal später erfolgt, je nach der Größe des Auslösungswiderstandes, denn ist der Widerstand größer, so gehört schon eine stärkere Federspannung dazu, um ihn zu überwinden.

Dies zeigt, daß auch diese Hemmung mit konstanter Kraft wohl für jede Schwingung denselben Antrieb erteilt, aber da das Pendel für die Auslösung verschiedene Arbeitsgrößen aufwenden muß, so ist der wirksame Antrieb der Hemmung-Hebungsantriebsarbeit — Auslösungswiderstandsarbeit, doch kein konstanter Kraftantrieb.

Dieselbe Beobachtung wird folgerichtig auch die Strassersche Hemmung ergeben, ebenso wie Winnerls

Kugelgang, bei dem die Kugel bei der Auslösung in verschiedene Höhe gehoben sein kann, ehe der Abfall erfolgt.

Direktor Strasser hat die sichere Lagerung des Ankers im Zapfen und die sichere, stabile Aufhängung des Pendels in einem an der Gestellwand befestigten Kloben beibehalten. Dadurch kann die Uhr am Werktische vollständig zusammengesetzt werden und braucht man nur noch die Verbindung der Hilfsfeder mit dem Pendel herzustellen.

Vom Standpunkte der Getriebelehre ist wohl der Grahamgang der beste.

Wie sind nun Versuche — und nur solche können hier entscheiden — anzustellen?

Nur dadurch, daß man an Versuchsuhren, Grahamgänge, sowie Riefler- und Strassersche nach einander einsetzt und die Ergebnisse beurteilt und genau verzeichnet.

Welche Gangergebnisse lieferten nun die Uhren mit Grahamhemmung? Welche, als die neuen Hemmungen eingesetzt wurden?

Jedenfalls ist die Behandlung der neuen Hemmungen viel schwieriger.

Die Aufgabe der Hemmung wird durch eine Zusammenstellung von Hebelgetrieben, offenen und geschlossenen Ketten gelöst. Man zählt etwa 200 verschiedene Gänge, von denen sich jedoch nur wenige allgemeine Geltung errangen. Die Mehrzahl sind wertlose Erfindungen, geschaffen, um etwas Neues ins Feld zu stellen, nicht aber um einem tatsächlichen Bedürfnisse abzuhelfen.

Die Hemmungen sind vom Standpunkte der Getriebelehre, Gesperre und Stellwerke, soweit Aufhaltung und Auslösung der Räderwerksbewegung in Frage kommt. Dagegen wirken sie bei der Hebung nach den Gesetzen der Verzahnung, und zwar fast ausschließlich als Punktverzahnung, da diese die geringsten Reibungswiderstände findet.

Entweder, es wirken die Gangradzahnspitzen oder Stifte im Gangrade an der Ankerhebfläche, oder die Radzahnhebflächen an Ankerkanten oder kreiszylindrischen Stiften im Anker. Wir haben aber auch noch den dritten Fall, wenn an beiden, am Anker und am Radzahn, Hebflächen vorhanden sind. Hierbei ist in den meisten Fällen Grundsatz, daß nur je ein Punkt die Fläche berührt, wie beim Kolbenzahnankergang eingehender behandelt wird.

In der vorstehenden Einleitung wurden die Grundgedanken dargelegt, wie sie sich folgerichtig ausgestalteten bis sie die derzeitige, man kann sagen, hohe Stufe der Entwicklung erreichten.

Wir schließen nun die einleitenden, im wesentlichen fachgeschichtlichen Betrachtungen.

Ankergang.

— —

Allgemeine Konstruktion.

Ehe ich zur Aufzeichnung der verschiedenen Arten der Ankerhemmungen übergehe, will ich eine allgemeine Zeichnung des Ankerganges ausführen, welche alle gemeinsamen Momente enthält, so daß man den Zusammenhang daran leicht erkennt, ihre Unterschiede in konstruktiver Hinsicht mit einem Blicke übersieht.

Fig. 3 ist die allgemeine Zeichnung, die grundlegende oder prinzipielle.

Wir nehmen hier an, daß die Hebflächen zunächst ausschließlich am Anker sich befinden.

Eine geringe Abänderung derselben ließe sich zeigen, wie einfach die Sache gestaltet, wenn die Hebflächen teils am Anker, teils am Gangrade sind.

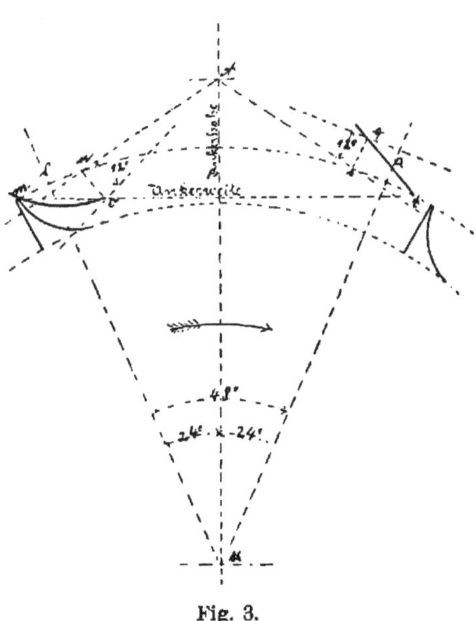

Fig. 3.

Zeichnen wir zunächst den äußeren Zahnspitzenkreis auf.

Gegeben durch die Verhältnisse, oder durch die Erfahrung für den besonderen Fall als am günstigsten ist die Zahl der übergriffenen Teilungen, welche stets eine ganze Zahl von Teilungen vermehrt um eine halbe beträgt, also z. B. bei astronomischen Uhren $6\,^{1}/_{2}$ Teilungen bei 30 Zähnen.

Stets muß gegeben sein:

 1. Gangradzahnzahl,

 2. Gangraddurchmesser,

 3. Zahl der übergriffenen Teilungen.

Hiernach berechnen wir zunächst den Ankeröffnungs-

$$\text{winkel} = \frac{\text{Zahl der übergriffenen Teilungen}}{\text{Zahnzahl} \times 360^{0}}.$$

$$\text{Eingriffsentfernung} = \frac{7}{12} \times \text{Gangraddurchmesser.} \left(\frac{7}{12} \times D\right)$$

Weiter unterscheidet man gleicharmigen und ungleicharmigen Anker. Bei letzterem fällt die Gangradzahnspitze in derselben Entfernung von der Ankerachse auf, bei ersterem nicht.

Der Zahnspitzen-Wirkungsweg ist bei den meisten Ankergängen gleichmäßig gegen den Schnittpunkt der Schenkel des Ankeröffnungswinkels verteilt und an der Eingangs- und Ausgangspalette gleich, bei dem Schwarzwäldergange ist jedoch an der Eingangspalette der Wirkungsweg halb so groß, als am Ausgange, beim Rollengang ist er an der Eingangspalette 0, an der Ausgangspalette so groß, als sonst an der Eingangs- und Ausgangspalette zusammen genommen.

Der Ankeröffnungswinkel ist meist symmetrisch zur Mittellinie AM. Durch A und M gehen in der Zeichnungsebene die auf ihr senkrecht stehenden Drehungsachsen des Ankers und des Gangrades.

Die Linie MA zeichnen wir nun gleichlaufend mit der linken Kante des Zeichenblattes. Es geschieht teils des gefälligen Aussehens der Zeichnung wegen, teils aber, weil bei Ausführung der Seitenansicht, letztere klarer hervortritt. In manchen Fällen, z. B. bei Stundenschlaguhren steht der Anker auch schief gegen die genannte Linie, dann denken wir uns, wenn der Anker allein gezeichnet wird, die die Radmittel M und Ankermittel A enthaltende Linie soweit gedreht, daß sie senkrecht steht.

Nun zeichnen wir uns den Ankeröffnungswinkel symmetrisch gegen MA an, d. h. so, daß MA ihn halbiert, nach jeder Seite von MA die Hälfte, also in unserem Beispiele wo der Winkel 48^0, ist nach jeder Seite $\dfrac{48^0}{2} = 24^0$.

Winkel zeichnen wir ohne Transporteur mit Hilfe des Zirkels und eines guten Maßstabes, indem wir davon ausgehen, daß ein Kreis mit

Halbmesser $= 57{,}26$ oder rund $57{,}3$ mm

einen Umfang von 360 mm hat und setzen den Winkel aus 60^0 Winkeln und kleineren zusammen, welche bis 16^0 genommen werden können. Bei 16^0 ist der Fehler 0,1 mm, welcher dadurch entsteht, daß wir die Sehne abtragen, während es doch eigentlich mit dem Bogen geschehen soll.

Wollen wir hier 48^0 aufzeichnen, so bilden wir

$$48^0 \text{ aus } 60^0 - 12^0$$

indem wir einen 60^0 Winkel zeichnen und 12^0 davon abnehmen.

Wir wollen hier den Ankeröffnungswinkel zeichnen und brauchen die Punkte, in denen seine Schenkel die Radzahnspitze schneiden. Dies geschieht, wenn der Radhalbmesser 100 mm — Fig. 3 ist verkleinert — in 100 mm Entfernung von M. Würden wir nun den Winkel mit 57,3 mm Halbmesser konstruieren und die Schenkel dann verlängern bis sie den

Zahnspitzenkreis schneiden, so wächst ein hierbei gemachter Fehler fast auf das Doppelte an.

Um letzteren würde e und a zu weit oder zu nah liegen. Deshalb nehmen wir $2 \times 57,3 = 114,6$ mm als Halbmesser und dort, wo nun des 2×360 mm großen Umfanges wegen auf 2 mm Bogenlänge erst 1^0 entfällt, für 1^0 2 mm rechnen müssen. — Wir schlagen also mit 114,6 mm als Halbmesser um M einen Bogen und tragen darauf den Halbmesser als Sehne ein. Die Endpunkte derselben mit M verbunden ergeben einen 60^0 Winkel. Tragen wir von einem Ende 2×12 mm $= 24$ mm zurück, so gehört der bleibende Bogen zu $60^0 - 12^0 = 48^0$. Denselben halbieren wir, tragen ihn von dem Schnittpunkte mit der Linie MA je zur Hälfte nach links und rechts ab und verbinden die Punkte mit M, wodurch wir den Anker-öffnungswinkel 48^0 symmetrisch gegen MA gezeichnet.*)

Wir gehen nun zu den einzelnen Ankerhemmungen über.

Der rückführende Ankergang.

Der rückführende Ankergang, welchen der Physiker Robert Hooke, nach anderen der Londoner Uhrmacher Clement erfunden haben soll, ist bei den einfachen Pendeluhren des täglichen Gebrauches verwendet. Während die Benützung des Stockuhrankers mehr und mehr sich mindert, behaupten sich die 3 anderen rückführenden Anker wohl, weil in ihrem Verwendungskreise andere Hemmungen versagen würden.

Der Hakengang wird in Uhren mit Pendeln von weniger als 50 cm Länge oder mehr als 5000 Schwingungen in einer Stunde mit Vorteil benützt.

---

*) Weiteres s. C. Dietzschold, Winkelkonstruktion, D. U.-Ztg. 1885.

Vielfach ersetzt ihn die Fabrikation durch den ruhenden Ankergang, — das ist aber durchaus zu verwerfen.

Die Technik schätzt ihn richtiger und höher ein, denn es wird keinem Konstrukteur von Meß- oder Zählapparaten, die regelmäßig ablaufende Räderwerke besitzen, einfallen, eine ruhende Ankerhemmung zu benützen. Er braucht „Gehwerke", nicht „Stehwerke", d. h. gehende, statt oft stehende Uhren. Leicht versagen aber alle Uhren mit ruhendem Gange, die kurze und leichte Pendel haben.

Auch in anderer Richtung fordert die Erfahrung, daß der ruhende Ankergang an unrechter Stelle nicht mehr verwendet werde, und zwar weil die Paletten des ruhenden Ankers oft schon nach einem Jahre eingeschliffen sind, während der Stockuhranker 50 Jahre genügt hätte, ohne Schaden zu leiden.

Der Uhrmacher sollte sich gegen diese falschen Fortschritte verwahren. Er allein hat den Schaden zu tragen, das Publikum macht ja nur ihn verantwortlich.

Die Rückführung veranlaßt, wie bemerkt, beim Weiterschwingen des Pendels eine Zurückbewegung des Gangrades und damit des Räderwerkes, deren Ausmaß so gewählt wird, daß eine Regelung des Ganges der Uhr dadurch erzielt wird, daß die durch größeren Antrieb wachsenden Schwingungswinkel stets wieder durch die bei der Rückführung an der Hemmung auftretenden verstärkten Widerstände verkleinert werden.

Die Rückführungsflächen sind entweder Verlängerungen der Hebflächen oder an einem anderen Teile angeordnet, wie z. B. bei Coles rückführendem Ankergang für Taschenuhren oder beim rückführenden Stiftenanker am Gangrade, während die Hebfläche sich am Anker befindet.

Wir besprechen in Folgendem die vier wichtigsten Anordnungen des rückführenden Ankers. (Siehe Fig. 3.)

Der Ankeröffnungswinkel $e\,M\,a$ schneidet den Zahnspitzenkreis in e und a. e ist links an der Eingangs-, a rechts an der Ausgangsseite. Stets nehmen wir an, das Gangrad bewege sich im Sinne des Uhrzeigers.

Weiter gebrauchen wir immer an selber Stelle dieselben Benennungen und zeichnen den Anker stets so, daß die Gangradzahnspitze eben an die Eingangspalette angefallen.

Für die allgemeine Konstruktion nehmen wir den Ankermittelpunkt auf $M\,A$ liegend an. Meist wird er genau oder doch annähernd auf die mittlere Tangente, d. h. an dem Schnittpunkt der in e und a an den Zahnspitzenkreis gezogenen Tangenten liegend, angenommen. Wir nehmen in der Zeichnung den Ankermittelpunkt $A = 14$ mm vom Zahnspitzenkreise entfernt.

Die Wirkungswege der Gangradzahnspitzen nehmen wir beiderseits 8 mm lang und tragen von e und a symetrisch diese Größe an, sodaß

$$m\,e = n\,e = s\,a = t\,a = \frac{8}{2}\ \text{mm} = 4\ \text{mm}$$
$$m\,n = s\,t = 8\ \text{mm}.$$

Nun konstruieren wir, da der Anfangspunkt m der Eingangspalette und der Endpunkt t der Ausgangspalette gegeben ist, den Endpunkt der Eingangs- und den Anfangspunkt der Ausgangspalette.

Der Hebungswinkel sei 12^0.

Der Endpunkt o der Hebfläche der Eingangspalette kommt, wenn der Anker um den Hebungswinkel 12^0 sich im Uhrzeigersinne gedreht hat, nach n, jetzt liegt er noch

um 12⁰ unter *n*. Wir tragen deshalb an *A n* den Hebungswinkel *n A o* = 12⁰ nach unten an, indem wir mit 57,3 mm
um *A* einen Kreisbogen ziehen und von dem Punkt ab, wo
die Linie *A n* ihn schneidet, auf ihm 12⁰ mm nach unten abtragen und durch den Endpunkt die Linien *A o* zeichnen.
o ist der Endpunkt der Hebfläche der Eingangspalette. Die
Hebfläche erhalten wir für rückführende Gänge, indem wir
m und *o* in Fig. 4 *m* und *p* durch eine gebogene Linie verbinden, welche von der Zahnspitze bei *m* gesehen als konvex,
d. h. erhaben erscheint.

Von der Hebfläche der Ausgangspalette ist der
Endpunkt *t* bekannt, der Anfangspunkt ist durch die
Hebung um 12⁰ vom Punkte *s* aus, wo er bei Beginn der
Hebung lag, nach oben gedrängt. Wir tragen deshalb an *A s*
mit *A* als Scheitel nach oben 12⁰ ab. Der Anfangspunkt *q* der
Hebfläche liegt auf dem Schnittpunkte des mit *A s* als Halb-
messer um *A* gezogenen Bogen mit dem Schenkel *A q* des
12⁰ Winkels. Wir verbinden nun *q* und *t* durch eine gerade
Linie, welche die Hebfläche für die meisten rückführenden
Hemmungen darstellt.

Bei den ruhenden Hemmungen bildet *m* nicht den Anfang der Hebfläche an der Eingangspalette, sondern es ist hier
noch ein sogenannter Ruhewinkel von ¹/₂⁰ — 2⁰ angeordnet,
um den der Ankerarm nach außen schwingen muß, um die
Zahnspitze an den Beginn der Hebflächen gelangen zu
lassen.

Die Rückführungs-Ruhe und Zugflächen schließen sich
an die Hebfläche an der Seite an, wo die Gangradzahnspitze
auftrifft.

Die Rückführungsfläche ist von Pendellänge und Gewicht
abhängig. Je leichter ersteres ist, desto größer ist die

Rückführung. Probeausführungen, beziehungsweise reiche Erfahrungen, geben dem Uhrmacher, der zu einem neuen Uhrenmodell den rückführenden Ankergang herstellt, das rechte Ausmaß.

Zur Übertragung der Hebflächen auf das Metall, welche keineswegs so einfach ist, daß man, wie es gewöhnlich geschieht, — keine Angaben benötigte, tragen wir auf pt (Fig. 4) zunächt von A aus t ab, indem wir in der Zeichnung das Maß für M vermerken und mit M auf dem Streifen t abtragen, während wir um A mit M einen Kreisbogen schlagen, der auf dem um die Ankerhöhe von A vorübergehenden pt einschneidet.

Nun gilt es, die Eingangspalette zu zeichnen. Zu dem Zwecke suchen wir zunächst m. m liegt um pm ebenso und um Am von A entfernt. Wir schlagen mit dieser Strecke als Halbmesser aus p und t Kreisbögen, in deren Schnittpunkten m liegt.

mp selbst ist eine schwach erhabene Linie. Wir suchen durch Probieren den Krümmungskreis derselben und schlagen mit dessen Halbmesser durch p und m einen Kreisbogen, den wir der Zeichnung entsprechend über m hinaus verlängern.

Die anschließende Linie ist kein Kreisbogen mehr. Siehe Fig. 4 und 5.

Die Rückseiten der Klauen an p und t anschließend, werden nun der Zeichnung entsprechend geformt. Meist ist pk nahezu konzentrisch zu A aber doch eine, gegen die konzentrische Linie zurücktretende.

Man findet indeß ax auch konzentrisch und sogar mit einem Ansatz um die Eingangspalette auszuwägen, damit der Anker im Gleichgewicht bleibe.

Der Stockuhranker.

Der Stockuhranker wird in der Massenerzeugung mittels Pressen herausgestanzt, dann reingefräßt, gehärtet, geschliffen und an der Heb- und Rückführungsfläche poliert.

In der Reparatur nimmt man Stahlblech aus dem er herausgearbeitet werden kann, glüht es gut aus, schleift es mit Ölstein glatt ab, damit es keine Risse hat. Dann legt man es in Benzin, um das Fett zu beseitigen läßt es dunkelblau an, damit die vorgezeichneten Begrenzungslinien beim Einreißen mittels Reißnadel oder spitzer Reibahle weiß und deutlich erscheinen und führt die Zeichnung aus, deren Maße von einer genaueren größeren Zeichnung zu entnehmen sind.

Wenn auch die Hebfläche des Stockuhrankers an der Eingangsseite erhaben, an der Ausgangsseite gerade gemacht wird, so können wir sie für die Vorzeichnung beiderseits zunächst gerade vorreißen, sodaß also $m\,p$ und $q\,t$ gerade Linien bilden.

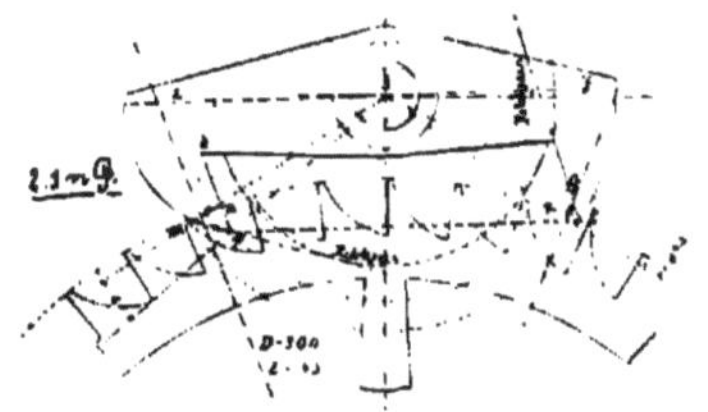

Fig. 4.

Ziehen wir die Geraden $m\,p$ und $q\,t$ und verlängern sie über p und q hinaus, so gehen sie in gewisser Entfernung am Ankermittelpunkt A vorüber. Wir ziehen deshalb 2 Kreise, die die verlängerten Linien der Hebflächen $m\,p$ und $q\,t$ berühren. Sie heißen Hebflächenkreise oder kurz Hebkreise. Der Hebkreis für die Eingangshebfläche $m\,p$ ist etwas größer als der für die Ausgangshebfläche $q\,t$. In Fig. 4 beträgt der Unterschied 1,5 mm.

Zur genauen Herstellung des Ankers ziehen wir um A durch t einen Kreis, der auch durch m geht.

Verbinden wir p mit t so heißt diese Linie die Ankerweite, die Entfernung der Ankerachse von $p\,t$ die Ankerhöhe.

Tragen wir von t die Strecke $p\,t$ ab, so haben wir Punkt p gefunden (Fig. 5).

Schieben wir nun auf einen schlanken Drehstift die Ankerkreisscheibe und die beiden Hebkreisscheiben und ziehen mit einem Lineal, berührend zur Hebkreisscheibe durch t und p Linien, so sind dies die Hebflächen $m\,p$ und $q\,t$.

Wir können uns aber die Ausführung der Hebkreisscheibe für die Reparatur, wo ja bekanntlich schnell gearbeitet werden muß, ersparen und folgendes Verfahren einschlagen:

Nachdem die Zeichnung des Ganges entsprechend Fig. 4 gemacht ist — denn dieselbe muß uns wie gesagt, genaue Maße liefern — gilt es, zunächst die Ankerweite auszuführen.

Da es oft zuviel Mühe verursacht, die Ankerscheibe mit der Laubsäge aus Blech herauszuschneiden und dann abzudrehen, so wählen wir einen gefügigeren Stoff, z. B. Kartonpapier, wie es zu Adreßkarten usw. benutzt ist. Auf der weißen Fläche einer solchen Karte ziehen wir den äußeren Ankerkreis, sowie den für die Ankerwelle, was mit einem Spitzzirkel geschehen kann. Außerdem ziehen wir die beiden Hebkreise.

Es gilt nun, zunächst den Punkt t zu bestimmen; wir ziehen deshalb die Linie $p\,t$ in einer Entfernung $=$ der Ankerhöhe vom Ankermittelpunkt A und erhalten an der Ausgangsseite t, in der Entfernung $p\,t$ die Ankerweite von t Punkt p. Durch t ziehen wir die Tangente an den Hebkreis für die Ausgangspalette, durch p die an den Hebkreis für die Eingangspalette. Letztere schneidet den Ankerkreis in m. $m\,p$ führen wir dann nicht gerade, sondern etwas erhaben aus.

Zu $p\,t$ gleichlaufend können wir den Ankersteg, dessen Eingriffsentfernung $= \frac{7}{12} \times D$ zu $\frac{2}{15} \times D$ angenommen werden kann, symmetrisch zu der Mittellinie $x\,y$ des Ankersteges der durch A gleichlaufend zu $p\,t$ geht und führen

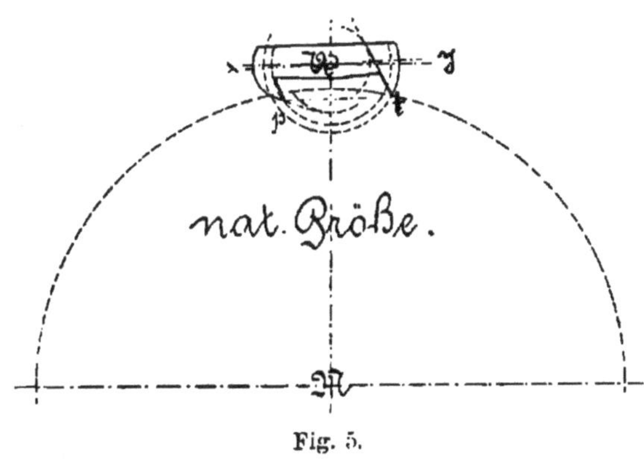

Fig. 5.

den Einschnitt für $q\,t$ bis zur unteren Stegkante. Diesen Einschnitt machen wir etwa 3 mm breit, damit wir beim Vorzeichnen von $q\,t$ deutlich sehen können.

Noch ist es notwendig dafür zu sorgen, daß in der Ankerscheibe ein genaues, quadratisches Viereck vorhanden sei, welches, wie der Anker auf die Welle paßt. Von dem Quadrat haben wir den umschriebenen Kreis, der den Wellenquerschnitt darstellt. Wir legen nun ein Lineal genau an $m\,p$ an oder verschieben einen 45° Winkel, dessen größte Seite wir an das Lineal anlegen, sodaß wir an der kürzeren Seite hingehend durch den Ankermittelpunkt 2 Linien ziehen, die gegen die Ankerweite um 45° geneigt sind. In den 4 Schnittpunkten mit dem Wellenkreise liegen die Ecken des Quadrates, auf das der Anker aufgeschlagen wird, von denen

2 Seiten parallel zu $p\,t$ der Ankerweite sind. Dieses Quadrat können wir nun herausschneiden, entweder mit einem geeigneten Messer oder mit Hilfe eines scharfkantigen Schraubenziehers ausstemmen. Wir schneiden nun mit einer Schere die Ankerscheibe aus und können sie zum Vorreißen der Hebflächen auf das Blech auflacken aus dem der Anker gemacht werden soll. Die Scheibe wird zum Viereck rundlaufend, wenn dieselbe richtig herausgearbeitet ist.

Die Stegbegrenzung körnen wir durch eine Papierscheibe, und zwar je zwei Punkte. Sie genügen für die obere und für die untere Begrenzung.

Auf der Hebscheibe macht man sich folgende Angaben
Raddurchmesser $D =$,
Zahnzahl $=$, übergriffene Teilungen $=$,
Hebungswinkel $=$,
Ankerkreis und Hebscheibendurchmesser $=$
z. B.
$$D = 28 \text{ mm}$$
$$Z = 36$$
$$\text{Hebungs} \measuredangle = 8^{\,0}$$

Hat man die zugehörige Zeichnung in fünffacher Größe ausgeführt, so kann man rechnen, daß die gemachten Fehler nur 0,2 mm für die Scheibe $\dfrac{0,2}{5} = 0,05$ mm betragen, eine für die Praxis hinreichende Genauigkeit, vorausgesetzt, daß nicht neue Fehler beim Übertragen gemacht werden.

$q\,t$ wird so gerade gefeilt, wie es von der Ankerscheibe übertragen wurde, dagegen $m\,p$ wohl gerade aufgerissen, dann aber erhaben gefeilt.

Bei Ausführung des Ankers und dessen Vorzeichnung hat man zu beachten, daß das Ankerviereck den Ausgangspunkt bilden muß und der Anker genau zu diesen die richtigen Hebflächenanlagen usw. haben. Deshalb ist zunächst das Viereck der Welle genau herzustellen, am besten so, daß durch Abfeilen des Zylinderkreisabschnittes vier genaue Quadratseiten entstehen und die Quadratkanten auf der kreiszylindrischen Welle liegen. Man muß schon beim Steg feilen auf die rechte Fläche acht haben und lasse zunächst A, wie Wellendicke stehen, feilt dann an der entgegengesetzten Fläche ebensoviel ab, dann erst die dazwischen liegenden beiden Quadratflächen. Ferner sorge man, daß die untere und obere Stegfläche zu $p\,t$ und den Viereckflächen gleichlaufend zu stehen kommen.

Wie beim Zeichnen, so ist auch beim Vorreißen vom Anfang an alles genau zu machen.

Wenn der Baumeister den Grundriß nicht richtig viereckig, sondern dreieckig anlegt, kann kein viereckiges Haus entstehen. Wenn das Viereck nicht scharf auf der Welle und das quadratische Blech verdreht am Anker sich befindet, so kann letzterer nicht der Zeichnung entsprechend werden.

Wer glaubt, er kann eines genau, anderes fahrlässig machen, der darf sich dann nicht wundern, wenn schließlich nichts zusammengeht und er beim Probieren im Eingriffzirkel findet, daß es vorn und hinten nicht stimmt. Der Theorie darf er die Schuld nicht geben, obgleich Leute, die Theorie in eigener Regie betreiben, gewöhnt sind, alles auf erstere zu schieben, während sie das eigene Kerbholz zu belasten haben.

Man sieht, daß die Übertragung des rückführenden Stockuhrankers auf das Metall nicht so einfach ist, wie es scheint. Einfache Körperumrisse übertragen sich verhältnismäßig oft schwer.

Man vergesse übrigens nicht, daß bei der Übertragung in natürlicher Größe leicht Fehler entstehen, die einander wohl ganz oder teilweise aufheben können, daß sie sich aber auch addieren, weshalb das Probieren des auch vorgearbeiteten Ankers im Eingriffszirkel mit dem Gangrade sich empfiehlt, und erst dann sollte zum Schleifen, Härten und Polieren desselben übergegangen werden.

Liderliche, gedankenlose Übertragung einer Konstruktion ist Pfusch und Murkserei wie jede andere. Man kann mit Bleistift und Reißnadel ebenso elend und gedankenlos arbeiten wie mit Stichel und Feile.

Fehler des Stockuhrankers.

Derselbe kann zu eng oder zu weit sein, oder nicht genug Hebung haben.

Ist er zu weit, d. h. $p\,t$ beim fertigen Anker zu groß, so daß kein oder zu wenig Fall ist, so muß bei m und bei t abgenommen werden, bezüglich nur an einer Seite, wenn dort der Hebungswinkel zu groß ist.

Ist der Anker zu eng, so ist der Fall zu groß; man beobachtet, ob an Ausgangs- und Eingangspalette die Hebung groß genug ist, worauf man an einer oder beiden Seiten den Steg streckt, beziehungsweise von der Rückseite der Eingangspalette abnimmt.

Die Abhilfen können nicht gut hier beschrieben werden, da muß die Erfahrung des Uhrmachers den Weg zeigen, denn das Rezeptieren hilft hier nicht.

Ein zu seicht gestellter Anker erscheint zu eng, ein zu tief stehender zu weit. Die Vergleichung mit einer Zeichnung würde sogleich angeben, ob der Anker richtig und nur die

Eingriffsentfernung falsch ist. Probieren im Eingriffszirkel und unter Benützung des Gradbogens hilft da meist schnell ab.

Zur Untersuchung der Winkelbewegung für Hebung dient der Gradbogen, der fest gegen die Welle im Eingriffszirkel steht und der Zeiger, welcher mit dem Anker oder Gangrad etc. verbunden, über ihn schwingt, so daß man die von dem genannten Teile für Ruhe oder Hebung oder Fall gemachte Winkelbewegung abliest. Der Gradbogen und Zeiger ist von höchster Wichtigkeit und darf in der Einrichtung eines Uhrmachers, welcher Tüchtiges leisten will, nicht fehlen, sonst ist man, wie so oft, in der Praxis nur auf Probieren angewiesen. Die Schätzung irrt oft sehr. Nur genaue Größen, welche die Zeichnung oder Rechnung ergaben, haben Wert.

Oft begnügt man sich damit, den weiten Anker bei p und t abzunehmen, um dieses kürzer zu machen, wenn das Seichtersetzen nicht hilft. Hierbei wird dann die Hebung meist verringert, was ungünstig ist. Zu enge Anker dagegen setzt man tiefer und vergrößert damit den Hebungswinkel.

Dieses Tiefersetzen und der damit vergrößerte Hebungswinkel kann an die Betriebskraft der Feder oder des Gewichtes zu hohe Anforderungen stellen und die Uhr wird gleich oder nach einiger Zeit nicht mehr gehen.

Der Schwarzwälder-Ankergang

ist aus 0,6—0,8 mm starkem Stahlblech ausgeführt. Man findet ihn in den Schwarzwälderuhren, Weckern, Elektrizitätszählern u. s. w.

Die Hemmung wird mit kurzem und langem Anker ausgeführt; ersterer übergreift etwa $\frac{1}{10}$, letzterer etwa $\frac{1}{6}$ Umfang des Gangrades.

Eigenartig ist hier, daß der Wirkungsweg an der Ausgangspalette im Mittel doppelt so groß als an der Eingangspalette ist.

Beträgt der Wirkungsweg für beide Seiten zusammen $\frac{7}{10} \times$ Teilung

$$= \text{Teilung} - 2 \times \text{Zahnspitzenstärke} - 2 \times \text{Fall} =$$
$$2 \times 0{,}35 \text{ Teilung} = 0{,}7 \text{ Teilung, so entfällt}$$

Wirkungsweg an der Eingangsseite $= \frac{1}{3} \times 0{,}7 = 0{,}233$ Teilung

an der Ausgangsseite $\frac{2}{3} \times 0{,}7 = 0{,}467$ Teilung.

Alles andere bleibt.

Auf Grund dieser Angaben können wir mit Zuhilfenahme der allgemeinen Konstruktion unter Berechnung die Aufzeichnung durchführen.

1. Beipiel Fig. 6.

Schwarzwälderanker-Zeichnung.

Gegeben:

    Raddurchmesser $D = 300$ mm

    Radzahnzahl $Z = 45$, $4\frac{1}{2}$ Teilungen übergriffen.

    Hebungswinkel $= 12^0$

Wir berechnen zunächst

Ankeröffnungswinkel $= \frac{4\frac{1}{2}}{45} \times 360^0 = 36^0$

Eingriffsentfernung $= A\,M = \frac{7}{12} \times D = 175$ mm

Zahnspitzenwirkungsweg $mn = 0{,}233 \times t = 4{,}876$ mm

$$st = 0{,}467 \times t = 9{,}776 \text{ mm}$$

$$\text{Teilung} = \frac{D \times \pi}{Z} = \frac{300 \times 3{,}14}{45} = 20{,}93 \text{ mm.}$$

Wir zeichnen den Zahnspitzenkreis um M, zeichnen den Ankeröffnungswinkel symetrisch zu AM ein, tragen symetrisch

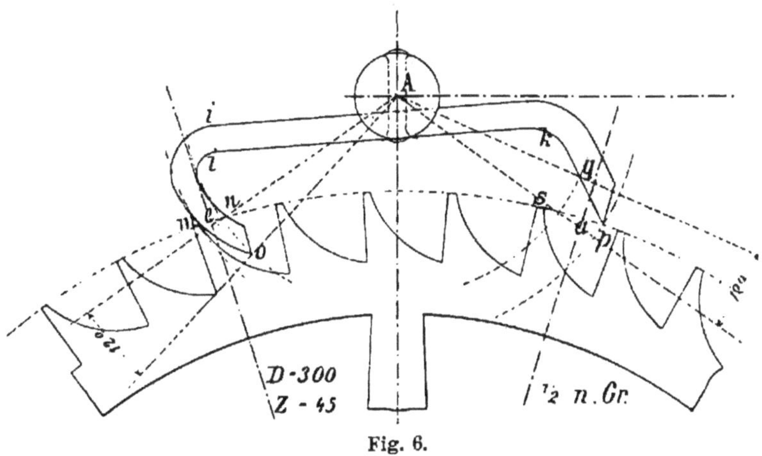

Fig. 6.

zu c und a, beziehungsweise die Wirkungswege mn und sp auf, ziehen An und diese Linie nach innen, den Hebungswinkel $nAo = 12^{0}$.

Ebenso tragen wir an As nach oben den Hebungswinkel $sAq = 12^{0}$.

Ziehen an mo und qp die Hebflächen gerade, dann aber machen wir mo etwas erhaben.

Hierauf verlängern wir die Hebflächen und ziehen um A die beiden Hebkreise, welche sie berühren.

Den Steg lassen wir zu po und durch den oberen Ankerwellenkreis gleichlaufend hinziehen, die obere Stegkante und dazu gleichlaufend in 6 mm Entfernung die untere (da wir annehmen, daß das Ankerblech 6 mm stark ist.)

$q\,p$ schneidet sie in k und parallel dazu zeichnen wir die obere Begrenzung der Ausgangspalette. $m\,o$ ziehen wir etwas erhaben, schließen daran die Rückführungsfläche und führen sie in den Fig. 6 entsprechenden Bogen in die obere Ankerstegbegrenzung über.

Wenn der Anker fertig ist, wird eine entsprechende Einfeilung in die Welle gemacht, der Anker auf die gerade Fläche genietet, und noch die anstoßende Wellenbegrenzung übernietet, damit der Anker fester sitzt. Dann ist der Anker fertig.

Ähnlich ist die Konstruktion und Ausführung des langarmigen Schwarzwälderankers Fig. 7. Er braucht geringere Antriebskraft und wird in 8 Tag-Gewichtsuhren, und wie der vorhergehende in den sogenannten Schottenuhren*) verwendet.

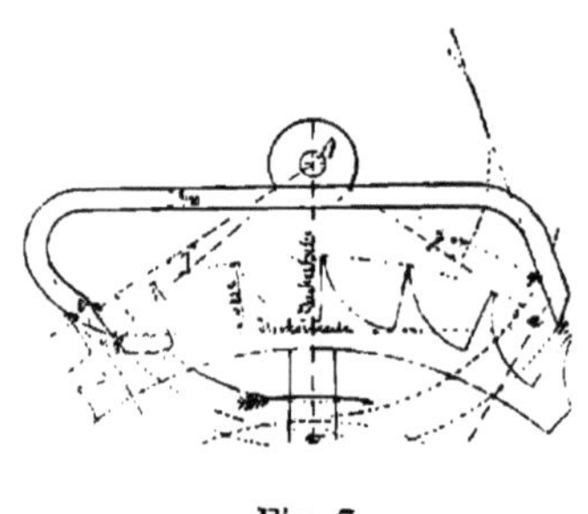

Fig. 7.

Der rückführende Stiftengang.

Der hier zu behandelnde rückführende Ankergang findet sich in den kleinen 8 Tag-Federzugwerken, in Blechgehäusen angebracht, welche in den Küchen und Bureauuhren vielfach Anwendung finden. Hier ist an Material möglichst gespart. Das Pendel sitzt unmittelbar auf der Ankerwelle, wodurch die Pendelgabel entfällt. Man könnte auch sagen, es sei eine mit Beschwerungsscheibe versehene Gabel vorhanden. Dieses Pendel bewegt sich um möglichst schwach zu haltende Zapfen.

---

*) Die Schottenuhren erhielten den Namen nach ihrem ersten Erzeuger Kaspar Schott und fanden ihrer geringen Größe wegen im Handel große Verbreitung.

Der Anker ist ungleicharmig, sodaß die Ruhe in derselben Entfernung vom Ankermittel erfolgt.

Trotz der einfachen Uhren in denen diese Hemmung gebraucht wird, ist doch der Forderung, daß Aufhaltungs und Auslösungswiderstand an der Ausgangs und Eingangsseite möglichst gleich sein soll, Rechnung getragen. Man sieht, daß theoretische Anforderungen auch bei einfachen Ausführungen berücksichtigt werden, wenn — nun wenn eben keine besonderen Auslagen entstehen. Die Rückführungsfläche befindet sich an

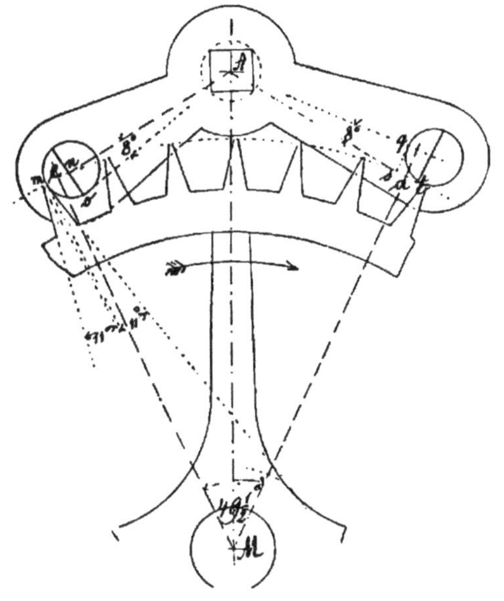

Fig. 8.

den Radzähnen der Schwäche der Stiften wegen, welche die Hebfläche tragen.

Damit vom zylinderischen Palettenstift keine wirkungslose Palettenfläche vorhanden sei, ist nur $^1/_3$ der Stärke des kreiszylindrischen Stiftes als Palette stehen gelassen und sein Durchmesser ist gleich dem freien Zwischenraum zwischen 2 Zähnen — auf dem Zahnspitzenkreis gemessen.

Für die Konstruktion Fig. 8, 5fach vergrößert, ist gegeben:

Gangraddurchmesser $D = 19{,}2$ mm

Gangradzahnzahl $Z = 40$

Hebungswinkel $= 8^0$

Anker über $5^1/_2$ Zähne.

Wir berechnen wieder

$$\text{Ankeröffnungswinkel} = \frac{5\frac{1}{2}}{40} \times 360^0 = 49\frac{1}{2}^0$$

$$\text{Teilung} = \frac{19,2 \times 3,14}{40} = 1,51 \text{ mm,}$$

$$\text{wirksame Palettenstärke} = 0,32 \times t = 0,32 \times 1,51$$
$$= 0,483 = 0,5 \text{ mm}$$

$$\text{Eingriffsentfernung} = \frac{7}{12} \times D = 11,2 \text{ mm.}$$

Wir zeichnen den Radzahnspitzenkreis $= 5 \times 9,6$ mm $= 48$ mm Radius; des Raumes wegen ist er $5 : 1$ d. n. Gr.

Hierauf tragen wir symmetrisch zu e und a von rechts die Palettenstärke ab.

Wir müssen nun die Punkte q und o bestimmen. Zu diesem Zwecke tragen wir an $A\,n$ nach unten Hebungswinkel $= 8^0$.

An $A\,a$ nach oben denselben und zeichnen um $A\,n$ nach unten und mit $A\,a$ nach oben um A Kreisbögen, welche den zweiten Schenkel des Hebungswinkels an der Eingangspalette o und q an der Ausgangspalette schneiden.

Da der Stiftendurchmesser gleich $0,95 \times t = 1,4345 \times 5 = 7,2$ mm so schlagen wir mit der halben Stiftenstärke Kreisbögen, welche durch die Punkte m und o an der Eingangspalette und durch die Punkte q und t an der Ausgangspalette gehen und die Länge des Hebstiftes bezeichnen. Der Ankerkörper wird in der Fig. 8 angegebenen Weise ausgeführt.

Zur Regulierung des Abfalles wird der betreffende Palettenstift mit der Flachzange gedreht.

Die Abmessungen des Gangrades sind in der Figur ersichtlich. Da die Rückführungsflächen nicht am Anker angebracht werden können, erhält sie der Gangradzahn, wodurch die in der Zeichnung dargestellte Form entsteht.

Die Hemmung, welche sehr billig in Massen herzustellen ist — die Stifte werden aus Draht gefräßt, die Ankerkörper durch Pressen aus Abfallmessing hergestellt — tut den für die betreffenden einfachen Uhren genügenden Dienst.

Der Rollengang

wird bei Weckeruhren mit sehr kurzen Pendeln verwendet. Da die Schwingungsdauer eine verhältnismäßig kleine, etwa $\frac{1}{4}$ Sek. ist, so muß zur Ersparung an Räderwerk das Gangrad möglichst viel Zähne erhalten (es sind im vorliegenden Fall 52). Dies bedingt eine verhältnismäßig feine Teilung des Rades und einen kurzen Zahnspitzen-Wirkungsweg. Aus diesem Grunde legt man die an Eingangs- und Ausgangsseite ent-

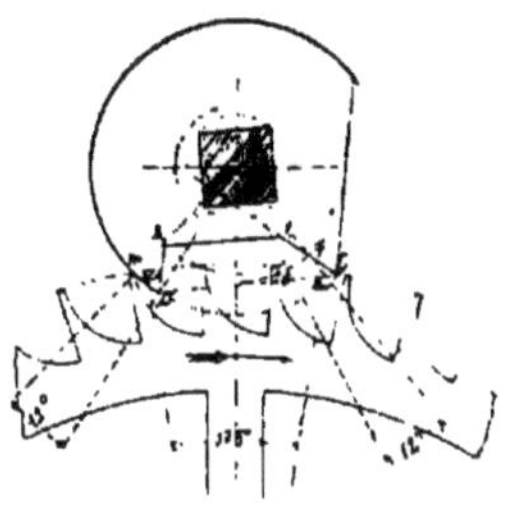

Fig. 9.

fallende Wirkung an letztere zusammen, sodaß hier Wirkungsweg $0,7 \times t$ entsteht.

Zur Aufzeichnung gehen wir in üblicher Weise vor. Zahnspitzenkreis $D = 20,6$ mm,

$$\text{Eingriffsentfernung} = \frac{7}{12} \times D = 12,01 \text{ mm,}$$

$$\text{Hebungs} \measuredangle = 12^0$$

Ankeröffnungswinkel für $2\frac{1}{2}$ von 52 übergriffenen

$$\text{Teilungen} = \frac{2\frac{1}{2}}{52} \times 360^0 = 17,3^0$$

$$t = \frac{20,6 \times 3,14}{52} = 1,25 \text{ mm.}$$

Wollten wir $0,7 \times t$ den für beide Seiten entfallenden Zahnspitzenwirkungsweg symmetrisch an $a\,e$ antragen, so würde $A\,t$ größer als $A\,e$, auf dem an der Eingangsseite die Ruhe erfolgte, sein, und t und m und der Anker konnte nicht als zu A konzentrischen Kreisscheibe zur Ausführung gelangen.

Wenn $em = at = \dfrac{1}{4} \times 0{,}7\,t = 0{,}175\,t = 0{,}22$ mm gemacht wird und $st = 0{,}7 \times t = 0{,}8715$ mm.

Zur Zeichnung des Ankers legen wir durch m und t um A gezogen einen Kreisbogen.

Ist das Gangrad eben in m angefallen, so liegt o um 12^0 unter m, weshalb wir $mAo = 12^0$ an Am antragen.

Um q zu finden, zeichnen wir an As den Hebungswinkel $sAq = 12^0$ nach oben und ziehen tq gerade und die Begrenzung der Ausfräsung parallel zu ot zu dem auch die Kanten des Ankerwellen-Viereckes gleichlaufend gemacht werden.

Weitere rückführende Ankergänge zu besprechen, halte ich des Raumes wegen nicht angezeigt. Die genannten sind derzeit die meistverwendeten und erprobten und gibt es noch viele neu erfundene, über welche die Fachzeitungen berichten.

Ruhende Ankergänge.

Der ruhende Ankergang.

Während alle Hemmungen, die wir kennen gelernt, eine lange Entwicklungszeit brauchten, um höheren Anforderungen zu genügen, ist der ruhende Ankergang, wie Pallas Athene aus dem Haupte des Zeus, aus Grahams Hand vollkommen hervorgegangen und hat keine Verbesserungen erfahren. Heute, nachdem er fast zwei Jahrhunderte besteht, sind die Meinungen, welche über ihn in den weitesten Fach- und Gelehrtenkreisen bestehen, dieselben geblieben. Es läßt sich erwarten, daß er für Sekundenregulatoren in seiner Einfachheit, und man könnte sagen, edlen Schlichtheit, so bald nicht vor einem zweiten zurücktreten wird.

Wohl leisten die Uhren mit den von Riefler und Strasser ausgeführten Gängen Vorzügliches, bisher noch nicht Dagewesenes, aber, da gleichzeitig Rieflers Quecksilber-Kompensationspendel auf den Plan getreten, muß erst der Beweis erbracht werden, ob letzterem nicht vornehmlich die Krone gebührt.

Merkwürdigerweise hat augenblicklich auch die Nickelstahl-Kompensationsunruh so eminente Fortschritte in den Gangergebnissen der tragbaren Uhren hervorgebracht, daß man annehmen könnte, daß der Einführung von Nickelstahl in Pendel oder Unruh die Erfolge zuzuschreiben sind und daß der Grahamgang seine alte Führerrolle behalten werde.

Als ruhende Ankerhemmungen sind zu bezeichnen:

1. der ruhende Ankergang auch Grahamgang genannt;
2. der ruhende Stiftengang, dessen beste Anordnung der Brocotgang ist;
3. der Turmuhrstiftengang.

Der wichtigste derselben ist der Grahamgang Fig. 10. Die Hebflächen sind ausschließlich an den Paletten.

Die allgemeinen Gesichtspunkte für die Anordnung und für die Zeichnung wurden bereits festgestellt.

Der ruhende Ankergang wurde schon in der Einleitung bei den Gängen mit schrägen Hebflächen besprochen.

Seine Bedeutung liegt darin, daß er für kleine Schwingungswinkel, also für schwere Pendel verwendbar ist, wenn auch Hemmungen mit konstanter Kraft in hochfeinen Uhren mehrfach schon an seine Stelle getreten sind, dürfte er, so lange diese nicht noch bedeutend vereinfacht werden, noch lange das Feld behaupten.

Bei ruhenden Ankergängen sind kleine Hebungswinkel und die Hebfläche steht so nahe der Senkrechten gegen den Radspitzenweg, daß bei einem Antreffen der Hebfläche auf die Spitze dieser nicht seitlich ausweicht, sondern ein festes Hindernis gegen das Weiterschwingen des Ankers und damit des Pendels bilden.

Über die Ruhefläche wurde schon gesprochen. Die Vorfall- oder Zugfläche kommt bei den Ankergängen der tragbaren Uhren, den sogen. freien Ankergängen zur Verwendung. Sie ist eigentlich eine Zahnfläche, welche man den Sperrkegeln zu geben pflegt, damit sie sich im Augenblicke der Sperrwirkung sicher in die Zahnlücke hineinziehen, daher der Ausdruck „Zugwinkel."

Georg Graham, geb. 1673 in Horsgill, gest. 1751 in London, ist der berühmteste Uhrmacher der Welt. Er erfand den ruhenden Ankergang, der nach ihm kurz Grahamgang genannt wurde, das Quecksilberkompensationspendel, verbesserte den Zylindergang, machte Versuche für das Rostpendel. Er war auch ein guter astronomischer Beobachter und veröffentlichte zwei Merkurdurchgänge, mehrere Finsternisbeobachtungen und Sternbedeckungen, wozu er bedeutender mathematisch-astronomischer Kenntnisse bedurfte. Er fertigte für die Sternwarte in Greenwich ein Instrument an und schuf 1715 ein selbstbewegliches Planetarium.

Die Anordnung der Hebflächen kann nun bei den ruhenden Gängen, teils am Anker, teils am Gangrade erfolgen. Denkt man sich, Fig. 10, den Anker um den Ruhewinkel gedreht, so erscheint die Hebfläche nicht als Gerade, sondern als Gebrochene.

Die Hebflächen am Gangrad und Anker dürfen nach Ansicht der meisten Uhrmacher nie als Flächen einander berühren. So sollen nicht z. B. im Anfange oder Ende der Hebung eine gerade Linie bilden oder aneinander in der Mitte berühren, so daß die Halbierungspunkte zusammen fallen.

Die Konstruktion der Hebflächen kann unter gewissen Annahmen erfolgen, z. B. unter der, daß im gleichen Maße

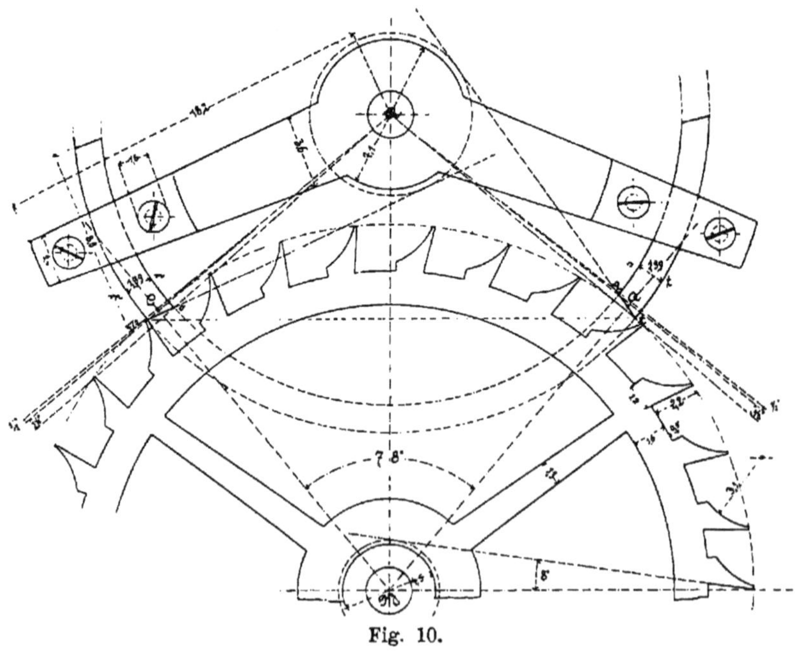

Fig. 10.

wie die Zahnspitze auf dem Wirkungswege fortschreitet, auch die Hebung erfolgt, z. B. für ¼ Wirkungsweg ¼ der Gesamthebung statt hat. Diese Bedingung ist bei ruhenden

Hemmungen nahezu erfüllt. (Grahamgang mit Kolbenzähnen Seite 73.)

Zeichnung des Grahamganges für einen Sekunden-Regulator: (Fig. 10.)

Gegeben $D = 87$ mm, $Z = 30$, $6^1/_2$ übergriffene Teilungen,

Ruhewinkel $^1/_2{}^0$,

Hebungswinkel $1^1/_2{}^0$,

Wirkungsweg $0,42\,t = 3,83$ mm

$$t = \frac{\text{Durchmesser} \times \pi}{\text{Zahnzahl}} = 9,12 \text{ mm}$$

Ankeröffnungswinkel $= 78^0$

Der Anker wird bis zu $^1/_3$ Radumfang übergreifend auf die Tangente angeordnet.

Zahnspitzenkreis. Ankeröffnungswinkel symmetrisch zu $M\,A$.

Hiernach die Tangente in e und a, in deren Schnittpunkt der Ankermittelpunkt A liegt, tragen den der Palettenbreite gleichen Zahnspitzenwirkungsweg $m\,n$ und $s\,t$ symetrisch zu e und a ein.

Diese Anker werden stets gleicharmig gemacht. Man trägt an die Tangente nach innen den Ruhewinkel $= ^1/_2{}^0$ und an diesen, den

Gesamtbewegungswinkel $= ^1/_2{}^0 + 1^0 = 1^1/_2{}^0$ an.

Hierdurch erhalten wir p. op ist die Eingangshebfläche. Um q zu finden, tragen wir an $t\,A$

Hebungswinkel $t\,A\,q = 1^1/_2{}^0$ nach oben an und ziehen die Ausgangspalettenhebfläche $q\,t$.

Die verlängerten Hebflächen $o\,p$ und $q\,t$ werden aus A als Mittel von den Hebkreisen berührt. Der mittlere von beiden ist der für Eingangs- und Ausgangspalette benützte.

Die Form des Ankers und Gangrades erfolgt der Zeichnung entsprechend.

II. Beispiel. Fig. 11.

Bei diesem Anker ist die Eingriffsentfernung, schon nahezu dem Durchmesser des Gangrades, bei $10\frac{1}{2}$ und

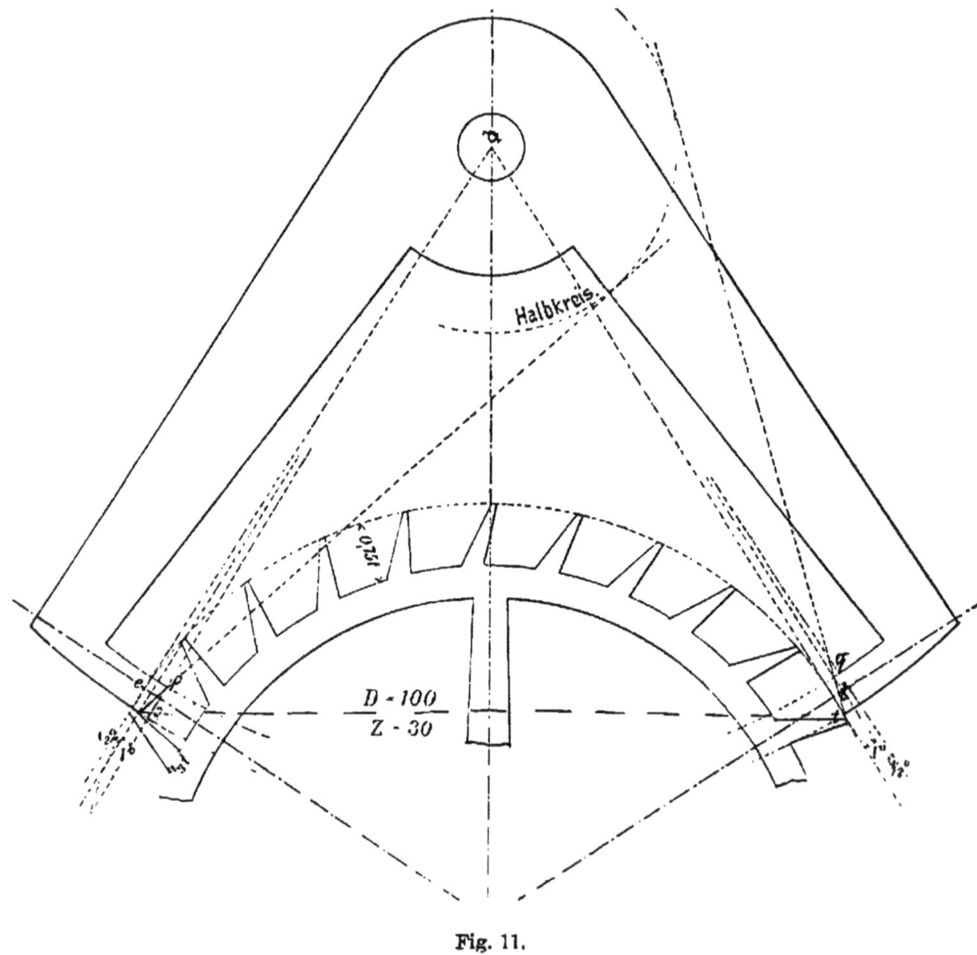

Fig. 11.

mehr übergriffenen Teilungen gleich dem Gangraddurchmesser.

Man nimmt Eingriffsentfernung = Raddurchmesser an.

Langer Anker über $9^1/_2$ von 30 Teilungen; also $E = D = 100$ mm.

Gegeben $D = 100$ mm, $Z = 30$ Ruhewinkel $= ^1/_2{}^0$ Hebungswinkel $= 1^0$.

Die Aufzeichnung nehmen wir mit $R = 50$ mm vor. (Die Abbildung ist des Raumes wegen kleiner.)

Stets ist Zeichnung und Rechnung zusammen zu verbinden. Die Rechnung fördert, da unnötiger Aufenthalt vermieden wird, die Konstruktion ungemein.

Stets zeichnen wir auch hier einen Gangradzahn an der Eingangspalette angefallen und benützen immer wieder dieselben Bezeichnungen, was das Einarbeiten sehr erleichtert. Wenn irgend möglich sind die Benennungen die Anfangsbuchstaben der bezeichneten Worte z. B. Mittelpunkt $= M$, Ankermittel $= A$, e Eingangs $= a$ Ausgangsschnittpunkt der Schenkel Ankeröffnungswinkel mit dem Zahnspitzenkreis.

Der Grahamanker wird entweder mit festen Ankerklauen, welche ein Stück mit dem Ankerkörper bilden, in feinen Uhren sogar schon heute in Handelsware mit eingeschobenen Paletten ausgeführt.

Vom Standpunkte der Festigkeit und Sicherheit wären die festen Klauen vorzuziehen, aber angesichts der wirksamen geringen Kräfte und der genauen Arbeit, welche heute sogar die Massenfabrikation zu liefern vermag, ist das Ergebnis beider Arten das gleiche.

Die eingeschobenen Klauen von Stahl, bei feineren Uhren mit Steineinsatz, an dem die Zahnradspitze wirkt, der vergoldete Ankerkörper, die fein polierten Ankerteile machen einen prächtigen Eindruck.

Die Form des Ankers ist nur darnach bedingt, daß er so starr als möglich sei, alle Federungen ausgeschlossen bleiben. Wesentlich ist nur, daß Hebe- und Ruheflächen genau der Konstruktion entsprechen, daß sie hart und gut poliert seien.

Die Ankerform hat im Laufe der Zeit Änderungen erfahren, zum Teil in Folge anderer Herstellungsweise und weil man die heutige Form als die beste erkannte. Heute ist man bei sehr einfachen Formen angelangt, während man ihn früher unter anderen auch nachstellbar zu machen suchte, und die runde Form, bei der die Kraftwirkung bei der Hebung eine Federung nicht ausschließt, vorzog. Fig. 12

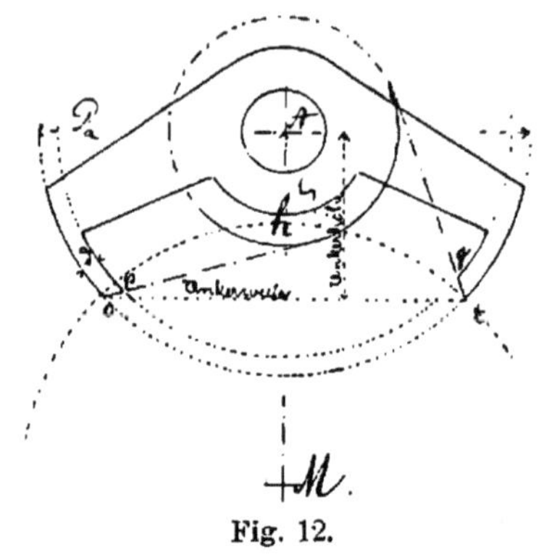
Fig. 12.

ist die heute verwendete dreieckige Form, bei der die Kraftwirkung bei der Hebung in Richtung der Ankerarme erfolgt, also Federungen demnach entfallen.

Also ist bei der neueren Form sowohl den mechanischen Gesetzen als auch dem Grundsatz der Materialersparnis Rechnung getragen.

Gott sei Dank ist die Uhrmacherei heute noch ein Kunstgewerbe, das leider vielfach durch gewissenlose Konkurrenz bedrängt wird, aber seine besseren Arbeiten stehen in einer Schönheit, Reinheit und Güte da, daß man auch wünschen muß, daß es so bleibe.

Herstellung des ruhenden Ankerganges nach Zeichnung und nach Tabellen. Fig. 13 u. 14.

Viele Uhrmacher glauben auch, daß der ruhende Ankergang unter allen Umständen der beste ist. Das ist nicht der Fall. Jeder bewährt sich unter anderen Verhältnissen.

Die Fabrikanten gehen meist zum Grahamankergang über, weil dadurch ihre Uhren wertvoller aussehen. Für

den Uhrmacher wiederum sind die Klauen leichter zu be-
schaffen und zu ersetzen. Aber wo der ruhende Ankergang
nicht hingehört, sollte er auch wiederum gemieden werden.

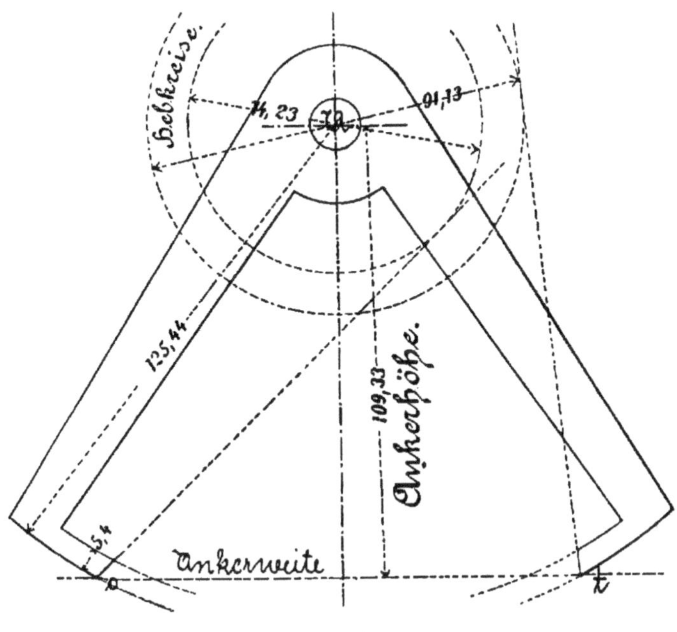

Fig. 13.

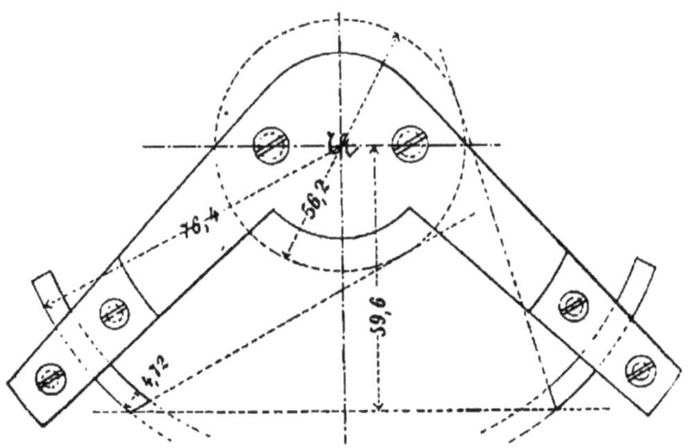

Fig. 14.

Allgemein geht man derzeit mehr und mehr zur Verwendung des ruhenden Ankerganges über und verläßt die Stockuhranker.

Das Einschlagen der Ankerklauen geschieht am stärksten bei Benützung eines Messinggangrades.

Wir beobachten das „Einschlagen" sehr häufig an den Uhren, so z. B. bei Ankerklauen, Triebzähnen und den Auslösefedern der Chronometer.

Merkwürdigerweise werden stets die härteren Teile glasharter Stahl, Steine usw. angegriffen und zwar deshalb, weil sich der scharfkantige harte Staub als Schleifmittel in den weicheren Teil einlegt, der dann wie eine Schleiffeile wirkt.

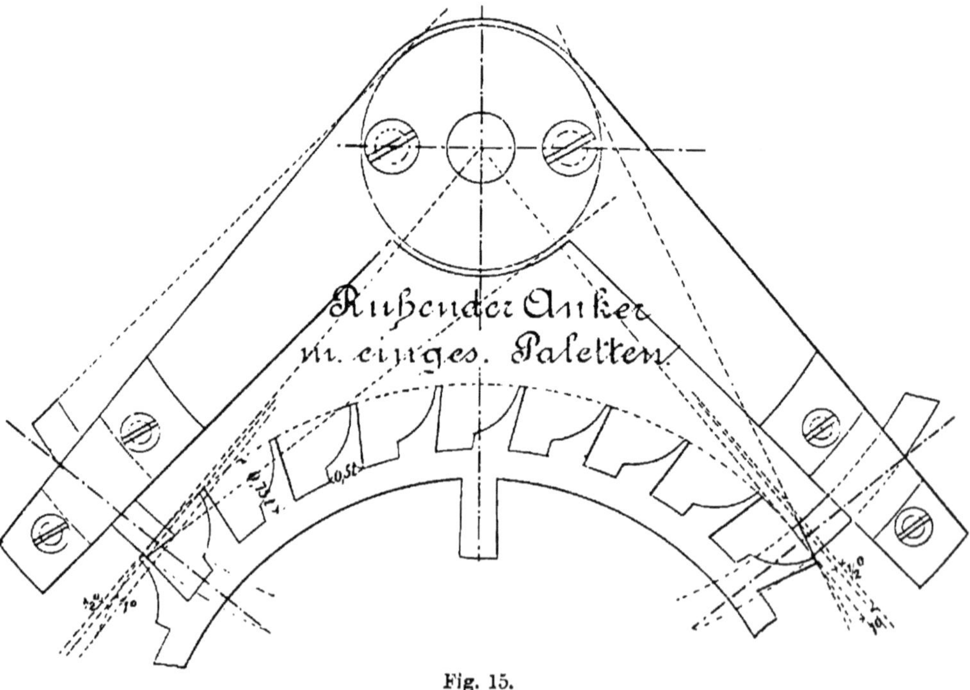

Fig. 15.

Das Einschleifen der Ankerklauen erfolgt da, wo während des Überschwungwinkels der Gangradzahn mit eingehender Reibung sich bewegt, nicht am Ruhe- oder Sicherungsbogen, wo nur ausgehende Reibung besteht.

Bei der Auslösfeder des Chronometerganges muß statt Stahl eine Goldfeder benützt werden, weil Stahl sich zu schnell abschleift. Hier legt sich der Staub an den Auslösstein und schleift den Stahl, nicht aber die Goldfeder aus.

Tabellen des ruhenden Ankerganges.

Zur Benützung nachfolgender Tabellen mögen einige Beispiele durchgeführt werden.

1. Für ein Gangrad von 25 Zähnen ist der dazugehörige Anker über $6\frac{1}{2}$ Zähne zu berechnen.

Die Nachmessung des Gangrades ergiebt, daß Durchmesser $= 23$ mm ist.

In der Tabelle finden wir die Abmessungen für die Gangraddurchmesser von 1—10 für jeden Millimeter Raddurchmesser Zuwachs, von 10—50 jedoch nur für jeden zehnten Millimeter. Die Zwischenweite müssen wir uns also bestimmen.

23 mm liegt zwischen 20 und 30 mm.

Da wir zur Bestimmung nur 5 der Werte brauchen, so schreiben wir uns etwa 15 mm von links anfangend, dieselben nebeneinander und zwar:

	Äußerer Ankerkr.-Durchm.	Klauenstärke	
Es ist für 20 mm D.	23,760	0,982	
für 3 mm D.	3,270	0,147	
also für 23 mm D.	27,030 mm	1,129 mm	
	Hebkr.-Drchm. z. B. $1\frac{1}{2}$ Hbg.	Ankerh.	Eingriffsentf.
Es ist für 20 mm D.	6,756	8,966	15,148
für 3 mm D.	1,013	1,345	2,272
also für 23 mm D.	7,769 mm	10,311 mm	17,420 mm.

Man nimmt nur die Summe der Werte von Durchmessern $20 + 3 = 23$ mm.

2. Bei der Reparatur ist in einer Uhr der Anker zu ersetzen, dessen Eingriffs-Entfernung gleich 17 mm, Radzahnzahl = 30 und Anker über 7½ Zähne.

Aus der Tabelle, Seite 65 finden wir für gegebene Eingriffsentfernung, Zahnzahl und übergriffene Teilung wie genannt, daß

	äußerer Ankerkr.-Durchm.	Klauenstärke
für 10 mm	13,196	0,609
für 7 mm	9,237	0,426
also für 17 mm E. E.	22,433 mm	1,033 mm

	Hebkr.-Drchm. f. 2⁰ Hebg.	Ankerh.	Raddurchm.
für 10 mm	4,359	4,197	15,543
für 7 mm	3,051	2,938	10,880
also für 17 mm E. E.	7,410 mm	7,135 mm	26,423 mm

Den Durchmesser des Rades muß man auch rechnen, weil er bei dem vorhandenen Rade auch falsch sein kann.

Ebenso leicht, wie die Berechnung, wenn ganze Zahlen sind, sind auch die, die Dezimalstellen enthalten.

Z. B.: Zu einer Pendeluhr ist ein Anker zu machen, der über 8½ Zähne greifen soll.

Der Gangraddurchmesser ist 38,6 mm, die Zahnzahl 32.

Hierzu benötigen wir die Tabelle auf Seite 69.

Wir rechnen nun wieder wie zuvor:

	Klauenstärke	äußerer Ankerkr.-Durchm.
für 30 mm ist	1,05	17,02
für 8 mm	0,279	4,536
für 0,6 mm*)	0,0209	0,3402
also für D. = 38,6 mm	1,3499 mm	21,8962 mm

	Hebkr.-Durchm. f. 2⁰ Hbg.	Ankerh.	E. E.
für 30 mm ist	15,96	12,71	22,31
für 8 mm	4,256	3,392	5,953
für 0,6 mm*)	0,3192	0,2544	0,4464
also für D. = 38,6 mm	20,5352 mm	16,3564 mm	28,7084 mm

Auf diese Weise kann man dann alle Beispiele berechnen und sind auch die weiteren Tabellen so anzuwenden.

*) Hier nehmen wir die Werte für 6 mm und setzen einfach den Dezimalpunkt um eine Stelle weiter nach rechts.

Grahamgang.

Rad mit 24 Zähnen, Anker über 6½ Zähne.

a) Gegeben der Raddurchmesser.

Raddurchmesser	Durchmesser der Ankerkreise		Klanenstärke	Durchmesser der Hebekreise für		Ankerhöhe (Segmenthöhe)	Eingriffsentfernung
	Innerer	Äußerer		1½°	2°		
1	1,090	1,188	0,049	0,338	0,524	0,448	0,757
2	2,180	2,376	0,098	0,676	1,047	0,897	1,515
3	3,270	3,564	0,147	1,013	1,571	1,345	2,272
4	4,360	4,752	0,196	1,351	2,094	1,793	3,030
5	5,450	5,940	0,245	1,689	2,618	2,242	3,787
6	6,539	7,128	0,294	2,027	3,141	2,690	4,544
7	7,629	8,316	0,344	2,365	3,665	3,138	5,302
8	8,719	9,504	0,393	2,702	4,188	3,586	6,059
9	9,809	10,692	0,442	3,040	4,712	4,035	6,817
10	10,899	11,880	0,491	3,378	5,235	4,483	7,574
20	21,798	23,760	0,982	6,756	10,470	8,966	15,148
30	32,697	35,640	1,472	10,134	15,705	13,449	22,722
40	43,596	47,520	1,963	13,512	20,940	17,932	30,296
50	54,495	59,400	2,454	16,890	26,175	22,415	37,870

b) Gegeben die Eingriffsentfernung.

Eingriffsentfernung	Durchmesser der Ankerkreise		Klanenstärke	Durchmesser der Hebekreise für		Ankerhöhe (Segmenthöhe)	Raddurchmesser
	Innerer	Äußerer		1½°	2½°		
1	1,439	1,568	0,065	0,446	0,691	0,592	1,320
2	2,878	3,137	0,130	0,892	1,382	1,184	2,641
3	4,317	4,706	0,194	1,338	2,074	1,776	3,961
4	5,756	6,274	0,259	1,784	2,765	2,368	5,281
5	7,195	7,843	0,324	2,231	3,456	2,960	6,602
6	8,633	9,411	0,389	2,677	4,147	3,551	7,922
7	10,072	10,980	0,454	3,123	4,838	4,143	9,242
8	11,511	12,548	0,518	3,569	5,530	4,735	10,562
9	12,950	14,117	0,583	4,015	6,221	5,327	11,883
10	14,389	15,685	0,648	4,461	6,912	5,919	13,203
20	28,778	31,370	1,296	8,922	13,824	11,838	26,406
30	43,167	47,055	1,944	13,383	20,736	17,757	39,609
40	57,556	62,740	2,592	17,844	27,648	23,676	52,812
50	71,945	78,425	3,240	22,305	34,560	29,595	66,015

Grahamgang.

Rad mit 26 Zähnen, Anker über 7¹/₂ Zähne.

a) Gegeben der Raddurchmesser.

Rad-durch-messer	Durchmesser der Ankerkreise		Klauen-stärke	Durchmesser der Hebekreise für		Ankerhöhe (Segment-höhe)	Eingriffs-entfernung
	Innerer	Äußerer		$1^1/_2{}^0$	$2^1/_3{}^0$		
1	1,230	1,320	0,045	0,440	0,666	0,522	0,810
2	2,460	2,641	0,091	0,881	1,333	1,043	1,620
3	3,689	3,961	0,136	1,321	1,999	1,564	2,430
4	4,919	5,282	0,181	1,761	2,666	2,086	3,240
5	6,149	6,602	0,226	2,202	3,332	2,607	4,050
6	7,379	7,922	0,272	2,642	3,998	3,129	4,859
7	8,609	9,243	0,317	3,083	4,665	3,650	5,669
8	9,838	10,563	0,362	3,523	5,331	4,172	6,479
9	11,068	11,884	0,408	3,963	5,997	4,693	7,289
10	12,298	13,204	0,453	4,404	6,664	5,215	8,099
20	24,596	26,408	0,906	8,807	13,328	10,429	16,198
30	36,894	39,612	1,359	13,211	19,991	15,644	24,297
40	49,192	52,816	1,811	17,614	26,655	20,858	32,396
50	61,490	66,020	2,264	22,018	33,319	26,073	40,495

b) Gegeben die Eingriffsentfernung.

Ein-griffs-ent-fernung	Durchmesser der Ankerkreise		Klauen-stärke	Durchmesser der Hebekreise für		Anker-höhe	Rad-durch-messer
	Innerer	Äußerer		$1^1/_2{}^0$	$2^1/_2{}^0$		
1	1,518	1,630	0,056	0,544	0,823	0,644	1,235
2	3,037	3,261	0,112	1,088	1,646	1,288	2,469
3	4,555	4,891	0,168	1,631	2,468	1,932	3,704
4	6,074	6,521	0,224	2,175	3,291	2,576	4,939
5	7,592	8,152	0,280	2,619	4,114	3,220	6,174
6	9,110	9,782	0,335	3,263	4,937	3,863	7,408
7	10,629	11,412	0,391	3,807	5,760	4,507	8,643
8	12,147	13,042	0,447	4,350	6,582	5,151	9,878
9	13,666	14,673	0,503	4,894	7,405	5,795	11,112
10	15,184	16,303	0,559	5,438	8,228	6,439	12,347
20	30,368	32,606	1,118	10,876	16,456	12,878	24,694
30	45,552	48,909	1,677	16,314	24,684	19,317	37,041
40	60,736	65,212	2,236	21,752	32,912	25,756	49,388
50	75,920	81,515	2,795	26,190	41,140	32,195	61,735

Grahamgang.

Rad mit 26 Zähnen, Anker über 9½ Zähne.

a) Gegeben der Raddurchmesser.

Rad-durch-messer	Durchmesser der Ankerkreise		Klauen-stärke	Durchmesser der Hebekreise für		Ankerhöhe (Segment-höhe)	Eingriffs-entfernung
	Innerer	Äußerer		1½°	2½°		
1	2,174	2,265	0,045	1,198	1,620	1,035	1,217
2	4,349	4,530	0,091	2,396	3,240	2,070	2,434
3	6,523	6,795	0,136	3,594	4,860	3,104	3,651
4	8,698	9,060	0,181	4,792	6,480	4,139	4,868
5	10,872	11,325	0,227	5,990	8,101	5,174	6,085
6	13,046	13,590	0,272	7,187	9,721	6,209	7,302
7	15,221	15,855	0,317	8,385	11,341	7,244	8,519
8	17,395	18,120	0,362	9,583	12,961	8,278	9,736
9	19,570	20,385	0,408	10,781	14,581	9,313	10,953
10	21,744	22,650	0,453	11,979	16,201	10,348	12,170
20	43,488	45,300	0,906	23,958	32,402	20,696	24,340
30	65,232	67,950	1,359	35,937	48,603	31,044	36,510
40	86,976	90,600	1,812	47,916	64,804	41,392	48,680
50	108,72	113,25	2,265	59,895	81,005	51,74	60,85

b) Gegeben die Eingriffsentfernung.

Ein-griffs-ent-fernung	Durchmesser der Ankerkreise		Klauen-stärke	Durchmesser der Hebekreise für		Ankerhöhe (Segment-höhe)	Rad-durch-messer
	Innerer	Äußerer		1½°	2½°		
1	1,787	1,861	0,037	0,984	1,331	0,850	0,822
2	3,573	3,722	0,074	1,969	2,662	1,701	1,643
3	5,360	5,584	0,112	2,953	3,994	2,551	2,465
4	7,147	7,445	0,149	3,937	5,325	3,401	3,287
5	8,934	9,306	0,186	4,922	6,656	4,252	4,109
6	10,720	11,167	0,223	5,906	7,987	5,102	4,930
7	12,507	13,028	0,260	6,890	9,318	5,952	5,752
8	14,294	14,890	0,298	7,874	10,650	6,802	6,574
9	16,080	16,751	0,335	8,859	11,981	7,653	7,395
10	17,867	18,612	0,372	9,843	13,312	8,503	8,217
20	35,734	37,224	0,744	19,686	26,624	17,006	10,643
30	53,601	55,836	1,116	29,529	39,936	25,509	24,651
40	71,468	74,448	1,488	39,372	53,248	34,012	32,868
50	89,335	93,060	1,860	49,215	66,560	42,515	41,085

Grahamgang.

Rad mit 30 Zähnen, Anker über 6¹/₂ Zähne.

a) Gegeben der Raddurchmesser.

Rad-durch-messer	Durchmesser der Ankerkreise		Klauen-stärke	Durchmesser der Hebekreise für			Anker-höhe (Seg-ment-höhe)	Eingriffs-ent-fernung
	Innerer	Äußerer		1°	1¹/₂°	2°		
1	0,771	0,849	0,039	0,144	0,211	0,274	0,270	0,643
2	1,541	1,698	0,078	0,289	0,422	0,548	0,540	1,287
3	2,312	2,547	0,118	0,433	0,633	0,822	0,810	1,930
4	3,082	3,396	0,157	0,577	0,844	1,096	1,080	2,574
5	3,853	4,245	0,196	0,721	1,055	1,370	1,350	3,217
6	4,624	5,094	0,235	0,866	1,265	1,645	1,621	3,860
7	5,394	5,943	0,274	1,010	1,476	1,919	1,891	4,504
8	6,165	6,792	0,314	1,154	1,687	2,193	2,161	5,147
9	6,935	7,641	0,353	1,299	1,898	2,467	2,431	5,791
10	7,706	8,490	0,392	1,443	2,109	2,741	2,701	6,434
20	15,41	16,98	0,78	2,89	4,22	5,48	5,40	12,87
30	23,12	25,47	1,18	4,33	6,33	8,22	8,10	19,30
40	30,82	33,96	1,57	5,77	8,44	10,96	10,80	25,74
50	38,53	42,45	1,96	7,21	10,55	13,70	13,50	32,17

b) Gegeben die Eingriffsentfernung.

Eingriffs-ent-fernung	Durchmesser der Ankerkreise		Klauen-stärke	Durchmesser der Hebekreise für			Anker-höhe (Seg-ment-höhe)	Rad-durch-messer
	Innerer	Äußerer		1°	1¹/₂°	2°		
1	1,198	1,320	0,061	0,223	0,328	0,436	0,420	1,554
2	2,396	2,639	0,122	0,445	0,656	0,872	0,839	3,109
3	3,594	3,959	0,183	0,668	0,983	1,308	1,259	4,663
4	4,792	5,278	0,244	0,891	1,311	1,744	1,679	6,217
5	5,990	6,598	0,305	1,114	1,639	2,180	2,099	7,772
6	7,188	7,918	0,365	1,336	1,967	2,615	2,518	9,326
7	8,386	9,237	0,426	1,559	2,295	3,051	2,938	10,880
8	9,584	10,557	0,487	1,782	2,622	3,487	3,358	12,434
9	10,782	11,876	0,548	2,004	2,950	3,923	3,777	13,989
10	11,980	13,196	0,609	2,227	3,278	4,359	4,197	15,543
20	23,96	26,39	1,22	4,45	6,56	8,72	8,39	31,09
30	35,94	39,59	1,83	6,68	9,83	13,08	12,59	46,63
40	47,92	52,78	2,44	8,91	13,11	17,44	16,79	62,17
50	59,90	65,98	3,05	11,14	16,39	21,80	20,99	77,72

Grahamgang.

Rad mit 30 Zähnen, Anker über 7½ Zähne.

a) Gegeben der Raddurchmesser.

Rad-durchmesser	Durchmesser der Ankerkreise		Klauen-stärke	Durchmesser der Hebekreise für			Anker-höhe (Segment-höhe)	Eingriffs-entfernung
	Innerer	Äußerer		1°	1½°	2°		
1	0,961	1,039	0,039	0,217	0,316	0,406	0,369	0,707
2	1,922	2,078	0,078	0,434	0,633	0,812	0,738	1,414
3	2,882	3,118	0,118	0,651	0,949	1,218	1,107	2,121
4	3,843	4,157	0,157	0,868	1,265	1,624	1,476	2,828
5	4,804	5,196	0,196	1,085	1,581	2,030	1,845	3,535
6	5,765	6,235	0,235	1,302	1,898	2,437	2,215	4,243
7	6,726	7,274	0,274	1,519	2,214	2,843	2,584	4,950
8	7,686	8,314	0,314	1,736	2,530	3,249	2.953	5,657
9	8,647	9,353	0,353	1,953	2,847	3,655	3,322	6,364
10	9,608	10,392	0,392	2,170	3,163	4,061	3,691	7,071
20	19,22	20,78	0,78	4,34	6,33	8,12	7,38	14,14
30	28,82	31,18	1,18	6,51	9,49	12,18	11,07	21,21
40	38,43	41,57	1,57	8,68	12,65	16,24	14,76	28,28
50	48,04	51,96	1,96	10,85	15,81	20,30	18,45	35,35

b) Gegeben die Eingriffsentfernung.

Eingriffs-entfernung	Durchmesser der Ankerkreise		Klauen-stärke	Durchmesser der Hebekreise für			Anker-höhe (Segment-höhe)	Rad-durchmesser
	Innerer	Äußerer		1°	1½°	2°		
1	1,359	1,470	0,055	0,307	0,447	0,574	0,522	1,414
2	2,718	2,939	0,111	0,614	0,895	1,149	1,044	2,828
3	4,076	4,409	0,166	0,921	1,342	1,723	1,566	4,243
4	5,435	5,878	0,222	1,228	1,789	2,297	2,088	5,657
5	6,794	7,348	0,277	1,534	2,236	2,871	2,609	7,071
6	8,153	8,817	0,332	1,841	2,684	3,446	3,131	8,485
7	9,512	10,287	0,388	2,148	3,131	4,020	3,653	9,899
8	10,870	11,757	0,443	2,455	3,578	4,594	4,175	11,314
9	12,229	13,226	0,499	2,762	4,026	5,169	4,697	12,728
10	13,588	14,696	0,554	3,069	4,473	5,743	5,219	14,142
20	27,18	29,39	1,11	6,14	8,95	11,49	10,44	28,28
30	40,76	44,09	1,66	9,21	13,42	17,23	15,66	42,43
40	54,35	58,78	2,22	12,28	17,89	22,97	20,88	56,57
50	67,94	73,48	2,77	15,34	22,36	28,71	26,09	70,71

Grahamgang.

Rad mit 30 Zähnen, Anker über 8½ Zähne.

a) Gegeben der Raddurchmesser.

Rad-durchmesser	Durchmesser der Ankerkreise		Klauenstärke	Durchmesser der Hebekreise für		Ankerhöhe (Segmenthöhe)	Eingriffsentfernung
	Innerer	Äußerer		$1\frac{1}{4}°$	$2°$		
1	1,195	1,273	0,039	0,469	0,697	0,4965	0,794
2	2,379	2,546	0,079	0,938	1,394	0,993	1,588
3	3,584	3,820	0,118	1,407	2,091	1,490	2,382
4	4,799	5,093	0,157	1,876	2,788	1,986	3,176
5	5,974	6,366	0,196	2,345	3,485	2,483	3,970
6	7,168	7,639	0,236	2,814	4,182	2,979	4,763
7	8,363	8,912	0,275	3,283	4,879	3,476	5,557
8	9,558	10,186	0,314	3,752	5,576	3,972	6,351
9	10,752	11,459	0,353	4,221	6,273	4,469	7,145
10	11,947	12,732	0,393	4,690	6,970	4,965	7,939
20	23,894	25,464	0,785	9,380	13,940	9,930	15,878
30	35,841	38,196	1,178	14,070	20,910	14,895	23,817
40	47,788	50,928	1,570	18,760	27,980	19,860	31,756
50	59,735	63,660	1,963	23,450	34,850	24,825	39,695

b) Gegeben die Eingriffsentfernung.

Eingriffsentfernung	Durchmesser der Ankerkreise		Klauenstärke	Durchmesser der Hebekreise für		Ankerhöhe (Segmenthöhe)	Rad-durchmesser
	Innerer	Äußerer		$1\frac{1}{2}°$	$2°$		
1	1,505	1,604	0,0495	0,591	0,878	0,625	1,260
2	3,010	3,207	0,099	1,182	1,756	1,251	2,519
3	4,514	4,811	0,149	1,772	2,634	1,876	3,779
4	6,019	6,415	0,198	2,363	3,512	2,502	5,038
5	7,524	8,019	0,248	2,954	4,390	3,127	6,298
6	9,029	9,622	0,297	3,545	5,267	3,752	7,558
7	10,534	11,226	0,347	4,136	6,145	4,378	8,817
8	12,038	12,830	0,396	4,726	7,023	5,003	10,077
9	13,543	14,433	0,446	5,317	7,901	5,629	11,336
10	15,048	16,037	0,495	5,908	8,779	6,254	12,596
20	30,096	32,074	0,990	11,816	17,558	12,508	25,192
30	45,144	48,111	1,485	17,724	26,337	18,762	37,788
40	60,192	64,148	1,980	23,632	35,116	25,016	50,384
50	75,240	80,185	2,475	29,540	43,895	31,270	62,980

Grahamgang. Rad mit 30 Zähnen, Anker über 11½ Zähne.
Gegeben Eingriffsentfernung = Steigraddurchmesser.

Steigraddurchm. u. Eingriffsentfernung	Klauenstärke	Halbmesser d. Ankerkreise		Halbmesser der Hebekreise für						Ankerhöhe
				Eingangspalette			Ausgangspalette			
		Innerer	Äußerer	1°	2°	3°	1°	2°	3°	
1	0,0415	0,9235	0,9649	0,571	1,062	1,408	0,701	1,191	1,462	0,811
2	0,0830	1,847	1,930	1,142	2,124	2,816	1,402	2,382	2,924	1,682
3	0,1245	2,771	2,895	1,713	3,186	1,224	2,103	3,573	4,386	2,523
4	0,1660	3,694	3,860	2,284	4,248	5,632	2,804	4,764	5,848	3,364
5	0,2075	4,618	4,825	2,855	5,310	7,040	3,505	5,955	7,310	4,205
6	0,2490	5,541	5,790	3,426	6,372	8,448	4,206	7,146	8,772	5,046
7	0,2805	6,475	6,754	3,997	7,434	9,856	4,907	8,337	10,234	5,887
8	0,3320	7,388	7,719	4,568	8,496	11,264	5,608	9,528	11,696	6,728
9	0,3735	8,312	8,684	5,139	9,558	12,672	6,309	10,719	13,158	7,569
10	0,415	9,235	9,649	5,710	10,62	14,080	7,010	11,91	14,62	8,410
20	0,830	18,47	19,30	11,42	21,24	28,16	14,02	23,82	29,24	16,82
30	1,245	27,71	28,95	17,13	31,86	42,24	21,03	35,73	43,86	25,23
40	1,660	36,94	38,60	22,84	42,48	56,32	28,04	47,64	58,48	33,64
50	2,075	46,18	48,25	28,55	53,10	70,40	35,05	59,55	73,10	42,05
60	2,490	55,41	57,90	34,26	63,72	84,48	42,06	71,46	87,72	50,46
70	2,805	64,75	67,54	39,97	74,34	98,56	49,07	83,37	102,34	58,87
80	3,320	73,88	77,19	45,68	84,96	112,64	56,08	95,28	116,96	67,28
90	3,735	83,12	86,84	51,39	95,58	126,72	63,09	107,19	131,58	75,69
100	4,15	92,35	96,49	57,10	106,2	140,80	70,10	119,1	146,2	84,10

Grahamgang. Rad mit 30 Zähnen, Anker über 12½ Zähne.
Gegeben Eingriffsentfernung = Steigraddurchmesser.

Steigraddurchm. u. Eingriffsentfernung	Klauenstärke	Halbmesser d. Ankerkreise		Halbmesser der Hebekreise für						Ankerhöhe
				Eingangspalette			Ausgangspalette			
		Innerer	Äußerer	1°	2°	3°	1°	2°	3°	
1	0,0413	0 8713	1,0180	0,1640	0,8680	1,3290	0,8010	1,3050	1,5640	0,8960
2	0,0826	1,743	2,036	0,328	1,736	2,638	1,602	2,610	3,128	1,792
3	0,1239	2,614	3,054	0,492	2,604	3,987	2,403	3,915	4,692	2,688
4	0,1652	3,485	4,072	0,656	3,472	5,316	3,204	5,220	6,256	3,584
5	0,2065	4,357	5,090	0,820	4,340	6,645	4,005	6,525	7,820	4,480
6	0,2478	5,228	6,108	0,984	5,208	7,974	4,806	7,830	9,384	5,376
7	0,2891	6,099	7,126	1,148	6,076	9,303	5,607	9,135	10,948	6,272
8	0,3304	6,970	8,144	1,312	6,944	10,632	6,408	10,440	12,512	7,168
9	0,3717	7,772	9,162	1,476	7,812	11,961	7,209	12,745	14,076	8,064
10	0,413	8,713	10,180	1,640	8,680	13,290	8,010	13,050	15,64	8,960
20	0,826	17,43	20,36	3,28	17,36	26,38	16,02	26,10	31,28	17,92
30	1,239	26,14	30,54	4,92	26,04	39,87	24,03	39,15	46,92	26,88
40	1,652	34,85	40,72	6,56	34,72	53,16	32,04	52,20	62,56	35,84
50	2,065	43,57	50,90	8,20	43,40	66,45	40,05	65,25	78,20	44,80
60	2,478	52,28	61,08	9,84	52,08	79,74	48,06	78,30	93,84	53,76
70	2,891	60,99	71,26	11,48	60,76	93,03	56,07	91,35	109,48	62,72
80	3,304	69,71	81,44	13,12	69,44	106,32	64,08	104,40	125,12	71,68
90	3,717	77,72	91,62	14,76	78,12	119,61	72,09	127,45	140,76	80,64
100	4,130	87,13	101,80	16,40	86,80	132,90	80,10	130,50	156,40	89,60

G r a h a m g a n g. Rad mit 32 Zähnen, Anker über 6 $\frac{1}{2}$ Zähne.
Gegeben der Raddurchmesser.

Rad-durch-messer	Klauen-stärke	Halbmesser der Ankerkreise		Halbmesser der Hebekreise für			Anker-höhe	Eingriffs-ent-fernung
		Innerer	Äußerer	1°	2°	3°		
1	0,0349	0,353	0,388	0,124	0,2573	0,3598	0,2340	0,6225
2	0,070	0,776	0,776	0,248	0,515	0,720	0,468	1,245
3	0,105	1,060	1,165	0,373	0,772	1,079	0,702	1,868
4	0,140	1,413	1,552	0,496	1,029	1,439	0,936	2,490
5	0,175	1,765	1,940	0,620	1,287	1,799	1,170	3,113
6	0,209	2,118	2,328	0,764	1,544	2,159	1,404	3,735
7	0,244	2,471	2,716	0,868	1,801	2,519	1,638	4,357
8	0,279	2,824	3,004	0,992	2,058	2,878	1,872	4,980
9	0,314	3,177	3,492	1,116	2,316	3,238	2,106	5,603
10	0,349	3,53	3,88	1,24	2,573	3,598	2,340	6,225
20	0,70	7,76	7,76	2,48	5,15	7,20	4,68	12,45
30	1,05	10,60	11,65	3,73	7,72	10,79	7,02	18,68
40	1,40	14,13	15,52	4,96	10,29	14,39	9,36	24,90
50	1,75	17,65	19,40	6,20	12,87	17,99	11,70	31,13
60	2,09	21,18	23,28	7,64	15,44	21,59	14,04	37,35
70	2,44	24,71	27,16	8,68	18,01	25,19	16,38	43,57
80	2,79	28,24	30,04	9,92	20,58	28,78	18,72	49,80
90	3,14	31,77	34,92	11,16	23,16	32,38	21,06	56,03
100	3,49	35,30	38,80	12,4	25,73	35,98	23,40	62,25

G r a h a m g a n g. Rad mit 32 Zähnen, Anker über 7 $\frac{1}{2}$ Zähne.
Gegeben der Raddurchmesser.

Rad-durch-messer	Klauen-stärke 0,35 t	Halbmesser der Ankerkreise		Halbmesser der Hebekreise für			Anker-höhe	Eingriffs-ent-fernung
		Innerer	Äußerer	1°	2°	3°		
1	0,0349	0,436	0,471	0,188	0,388	0,508	0,3192	0,6748
2	0,070	0,872	0,942	0,376	0,777	1,017	0,638	1,350
3	0,105	1,307	1,442	0,563	1,166	1,526	0,958	2,024
4	0,140	1,744	1,784	0,752	1,554	2,035	1,277	2,699
5	0,175	2,180	2,355	0,940	1,943	2,544	1,596	3,374
6	0,209	2,616	2,826	1,128	2,332	3,052	1,915	4,049
7	0,244	3,052	3,297	1,316	2,720	3,561	2,234	4,724
8	0,279	3,488	3,768	1,504	3,109	4,070	2,554	5,398
9	0,314	3,924	4,239	1,692	3,497	4,578	2,873	6,073
10	0,349	4,36	4,71	1,88	3,88	5,08	3,192	6,748
20	0,70	8,72	9,42	3,76	7,77	1,017	6,38	13,50
30	1,05	13,07	14,12	5,63	11,66	15,26	9,58	20,24
40	1,40	17,44	17,84	7,52	15,54	20,35	12,77	26,99
50	1,75	21,80	23,55	9,40	19,43	25,44	15,96	33,74
60	2,09	26,16	28,26	11,28	23,32	30,52	19,15	40,49
70	2,44	30,52	32,97	13,16	27,20	35,61	22,34	47,24
80	2,79	34,88	37,68	15,04	31,09	40,70	25,54	53,98
90	3,14	39,24	42,39	16,92	34,97	45,78	28,73	60,73
100	3,49	43,6	47,1	18,8	38,8	50,8	31,92	67,48

Grahamgang.

Rad mit 32 Zähnen, Anker über $8^1/_2$ Zähne.

Gegeben der Raddurchmesser.

Rad-durchmesser	Klauen-stärke	Durchmesser der Ankerkreise		Halbmesser der Hebekreise für			Anker-höhe	Eingriffs-ent-fernung
		Innerer	Äußerer	1^0	2^0	3^0		
1	0,0349	0,5323	0,5670	0,278	0,532	0,712	0,424	0,744
2	0,070	1,065	1,134	0,456	1,064	1,424	0,848	1,488
3	0,105	1,597	1,702	0,834	1,596	2,136	1,271	2,231
4	0,140	2,129	2,268	1,112	2,128	2,848	1,696	2,976
5	0,175	2,661	2,835	1,390	2,560	3,560	2,120	3,720
6	0,209	3,194	3,402	1,668	3,192	4,272	2,544	4,464
7	0,244	3,726	3,969	1,946	3,724	4,984	2,968	5,108
8	0,279	4,258	4,536	2,224	4,256	5,696	3,392	5,952
9	0,314	4,791	5,113	2,502	4,788	6,408	3,816	6,696
10	0,349	5,323	5,670	2,78	5,32	7,12	4,24	7,44
20	0,70	10,65	11,34	4,56	10,64	14,24	8,48	14,88
30	1,05	15,97	17,02	8,34	15,96	21,36	12,71	22,31
40	1,40	21,29	22,68	11,12	21,28	28,48	16,96	29,76
50	1,75	26,61	28,35	13,90	25,60	35,60	21,20	37,20
60	2,09	31,94	34,02	16,68	31,92	42,72	25,44	44,64
70	2,44	37,26	39,69	19,46	37,24	49,84	29,68	51,08
80	2,79	42,58	45,36	22,24	42,56	56,96	33,92	59,52
90	3,14	47,91	51,13	25,02	47,88	64,08	38,16	66,96
100	3,49	55,323	56,70	27,8	53,2	71,2	42,4	74,4

Grahamgang.

Rad mit 36 Zähnen, Anker über $7^1/_2$ Zähne.

a) Gegeben der Raddurchmesser.

Rad-durchmesser	Durchmesser der Ankerkreise		Klauen-stärke	Durchmesser der Hebekreise für			Anker-höhe (Seg-ment-höhe)	Eingriffs-ent-fernung
	Innerer	Äußerer		2^0	$2^1/_2^0$	3^0		
1	0,737	0,798	0,031	0,308	0,369	0,421	0,246	0,630
2	1,474	1,596	0,061	0,616	0,737	0,843	0,491	1,260
3	2,210	2,393	0,092	0,924	1,106	1,264	0,737	1,891
4	2,947	3,191	0,122	1,232	1,474	1,686	0,982	2,251
5	3,684	3,989	0,153	1,541	1,843	2,107	1,228	3,151
6	4,421	4,787	0,183	1,849	2,212	2,528	1,474	3,781
7	5,158	5,585	0,214	2,157	2,580	2,950	1,719	4,411
8	5,894	6,382	0,244	2,465	2,949	3,371	1,965	5,042
9	6,631	7,180	0,275	2,773	3,317	3,793	2,210	5,672
10	7,368	7,978	0,305	3,081	3,686	4,214	2,456	6,302
20	14,74	15,96	0,61	6,16	7,37	8,43	4,91	12,60
30	22,10	23,93	0,92	9,24	11,06	12,64	7,37	18,91
40	29,47	31,91	1,22	12,32	14,74	16,86	9,82	25,21
50	36,84	39,89	1,53	15,41	18,43	21,07	12,28	31,51

b) Gegeben die Eingriffsentfernung.

Eingriffsentfernung	Durchmesser der Ankerkreise		Klauenstärke	Durchmesser der Hebekreise für			Ankerhöhe	Raddurchmesser
	Innerer	Äußerer		2^0	$2\frac{1}{2}^0$	3^0		
1	1,169	1,266	0,048	0,489	0,585	0,669	0,390	1,588
2	2,338	2,532	0,097	0,978	1,170	1,337	0,779	3,175
3	3,508	3,798	0,145	1,467	1,755	2,006	1,169	4,763
4	4,677	5,064	0,194	1,956	2,340	2,675	1,559	6,350
5	5,846	6,330	0,242	2,445	2,925	3,344	1,949	7,938
6	7,015	7,596	0,290	2,933	3,509	4,012	2,338	9,526
7	8,184	8,862	0,339	3,422	4,094	4,681	2,728	11,113
8	9,354	10,128	0,387	3,911	4,679	5,350	3,118	12,701
9	10,523	11,394	0,436	4,400	5,264	6,018	3,507	14,288
10	11,692	12,660	0,484	4,889	5,849	6,687	3,897	15,876
20	23,38	25,32	0,97	9,78	11,70	13,37	7,79	31,75
30	35,08	37,38	1,45	14,67	17,55	20,06	11,69	47,63
40	46,77	50,64	1,94	19,56	23,40	26,75	15,59	63,50
50	58,46	63,30	2,42	24,45	29,25	33,44	19,49	79,38

Grahamgang.

Rad mit 36 Zähnen, Anker über $8\frac{1}{2}$ Zähne.

a) Gegeben der Raddurchmesser.

Raddurchmesser	Durchmesser der Ankerkreise		Klauenstärke	Durchmesser der Hebekreise für			Ankerhöhe	Eingriffsentfernung
	Innerer	Äußerer		2^0	$2\frac{1}{2}^0$	3^0		
1	0,886	0,947	0,031	0,425	0,502	0,566	0,323	0,678
2	1,772	1,894	0,061	0,850	1,004	1,132	0,646	1,356
3	2,657	2,840	0,092	1,276	1,505	1,698	0,969	2,035
4	3,543	3,787	0,122	1,701	2,007	2,264	1,292	2,713
5	4,429	4,734	0,153	2,126	2,509	2,830	1,615	3,391
6	5,315	5,681	0,183	2,551	3,011	3,395	1,937	4,069
7	6,201	6,628	0,214	2,976	3,513	3,961	2,260	4,747
8	7,086	7,574	0,244	3,402	4,014	4,527	2,583	5,426
9	7,972	8,521	0,275	3,827	4,516	5,093	2,906	6,104
10	8,858	9,468	0,305	4,252	5,018	5,659	3,229	6,782
20	17,72	18,94	0,61	8,50	10,04	11,32	6,46	13,56
30	26,57	28,40	0,92	12,76	15,05	16,98	9,69	20,35
40	35,43	37,87	1,22	17,01	20,07	22,64	12,02	27,13
50	44,29	47,34	1,53	21,26	25,09	28,30	16,15	33,91

b) Gegeben die Eingriffsentfernung.

Eingriffs-entfernung	Durchmesser der Ankerkreise		Klauen-stärke	Durchmesser der Hebekreise für			Ankerhöhe (Segment-höhe)	Rad-durch-messer
	Innerer	Äußerer		2°	2½°	3°		
1	1,306	1,396	0,045	0,627	0,740	0,834	0,476	1,475
2	2,612	2,792	0,090	1,254	1,480	1,669	0,952	2,949
3	3,919	4,189	0,135	1,881	2,220	2,503	1,428	4,424
4	5,225	5,585	0,180	2,508	2,960	3,338	1,904	5,898
5	6,531	6,981	0,225	3,135	3,700	4,172	2,381	7,373
6	7,837	8,377	0,270	3,762	4,440	5,006	2,857	8,848
7	9,143	9,773	0,315	4,389	5,180	5,841	3,333	10,322
8	10,450	11,170	0,360	5,016	5,920	6,675	3,809	11,797
9	11,756	12,566	0,405	5,643	6,660	7,510	4,285	13,271
10	13,062	13,962	0,450	6,270	7,400	8,344	4,761	14,746
20	26,12	27,92	0,90	12,54	14,80	16,69	9,52	29,49
30	39,19	41,89	1,35	18,81	22,20	25,03	14,28	44,24
40	52,25	55,85	1,80	25,08	29,60	33,38	19,04	58,98
50	65,31	69,81	2,25	31,35	37,00	41,72	23,81	73,73

Grahamgang.

Rad mit 40 Zähnen, Anker über 8½ Zähne.

a) Gegeben der Raddurchmesser.

Rad-durch-messer	Durchmesser der Ankerkreise		Klauen-stärke	Durchmesser der Hebekreise für			Ankerhöhe (Segment-höhe)	Eingriffs-entfernung
	Innerer	Äußerer		1½°	2°	2½°		
1	0,760	0,817	0,028	0,269	0,344	0,408	0,254	0,637
2	1,520	1,633	0,057	0,539	0,688	0,817	0,509	1,273
3	2,280	2,450	0,085	0,808	1,032	1,225	0,763	1,910
4	3,040	3,267	0,114	1,077	1,376	1,634	1,017	2,547
5	3,800	4,083	0,142	1,346	1,719	2,042	1,271	3,183
6	4,560	4,900	0,170	1,616	2,063	2,450	1,526	3,820
7	5,320	5,717	0,199	1,885	2,407	2,859	1,780	4,457
8	6,080	6,534	0,227	2,154	2,751	3,267	2,034	5,094
9	6,840	7,350	0,256	2,424	3,095	3,676	2,289	5,730
10	7,599	8,167	0,284	2,693	3,439	4,084	2,543	6,367
20	15,20	16,33	0,57	5,39	6,88	8,17	5,09	12,73
30	22,80	24,50	0,85	8,08	10,32	12,25	7,63	19,10
40	30,40	32,67	1,14	10,77	13,76	16,34	10,17	25,47
50	38,00	40,83	1,42	13,46	17,19	20,42	12,71	31,83

b) Gegeben die Eingriffsentfernung.

Eingriffs-entfernung	Durchmesser der Ankerkreise		Klauen-stärke	Durchmesser der Hebekreise für			Anker-höhe (Segment-höhe)	Rad-durch-messer
	Innerer	Äußerer		$1\frac{1}{2}°$	$2°$	$2\frac{1}{2}°$		
1	1,194	1,283	0,045	0,423	0,540	0,641	0,399	1,571
2	2,387	2,566	0,089	0,846	1,080	1,283	0,799	3,141
3	3,581	3,848	0,134	1,269	1,621	1,924	1,198	4,712
4	4,774	5,131	0,178	1,692	2,161	2,566	1,597	6,282
5	5,968	6,414	0,223	2,115	2,701	3,207	1,996	7,853
6	7,162	7,697	0,268	2,538	3,241	3,849	2,396	9,424
7	8,355	8,980	0,312	2,961	3,781	4,490	2,795	10,994
8	9,549	10,262	0,357	3,384	4,322	5,132	3,194	12,565
9	10,742	11,545	0,401	3,807	4,862	5,773	3,594	14,135
10	11,936	12,828	0,446	4,230	5,402	6,415	3,993	15,706
20	23,87	25,66	0,89	8,46	10,80	12,83	7,99	31,41
30	35,81	38,48	1,34	12,69	16,21	19,24	11,98	47,12
40	47,74	51,31	1,78	16,92	21,61	25,66	15,97	62,82
50	59,68	64,14	2,23	21,15	27,01	32,07	19,96	78,53

Grahamgang.

Rad mit 40 Zähnen, Anker über $9\frac{1}{2}$ Zähne.

a) Gegeben der Raddurchmesser.

Rad-durch-messer	Durchmesser der Ankerkreise		Klauen-stärke	Durchmesser der Hebekreise für			Anker-höhe (Seg-ment-höhe)	Eingriffs-ent-fernung
	Innerer	Äußerer		$1\frac{1}{2}°$	$2°$	$2\frac{1}{2}°$		
1	0,896	0,953	0,028	0,362	0,457	0,535	0,325	0,681
2	1,792	1,906	0,057	0,725	0,913	1,070	0,650	1,362
3	2,688	2,858	0,085	1,087	1,370	1,605	0,975	2,043
4	3,584	3,811	0,114	1,450	1,826	2,140	1,300	2,724
5	4,480	4,764	0,142	1,812	2,283	2,675	1,625	3,404
6	5,376	5,717	0,170	2,174	2,740	3,211	1,950	4,085
7	6,272	6,670	0,199	2,537	3,196	3,746	2,275	4,766
8	7,168	7,622	0,227	2,899	3,653	4,281	2,600	5,447
9	8,064	8,575	0,256	3,262	4,109	4,816	2,925	6,128
10	8,960	9,528	0,284	3,624	4,566	5,351	3,250	6,809
20	17,92	19,06	0,57	7,25	9,13	10,70	6,50	13,62
30	26,88	28,58	0,85	10,87	13,70	16,05	9,75	20,43
40	35,84	38,11	1,14	14,50	18,26	21,40	13,00	27,24
50	44,80	47,64	1,42	18,12	22,83	26,75	16,25	34,04

b) Gegeben die Eingriffsentfernung.

Eingriffs-entfernung	Durchmesser der Ankerkreise		Klauen-stärke	Durchmesser der Hebekreise für			Anker-höhe (Segment-höhe)	Rad-durch-messer
	Innerer	Äußerer		$1\frac{1}{2}°$	$2°$	$2\frac{1}{2}°$		
1	1,316	1,399	0,042	0,532	0,671	0,786	0,477	1,469
2	2,632	2,799	0,083	1,064	1,341	1,572	0,954	2,937
3	3,948	4,198	0,125	1,596	2,011	2,357	1,432	4,406
4	5,264	5,597	0,167	2,128	2,682	3,143	1,909	5,874
5	6,580	6,996	0,208	2,661	3,352	3,929	2,386	7,343
6	7,895	8,396	0,250	3,193	4,023	4,715	2,863	8,812
7	9,211	9,795	0,292	3,725	4,693	5,501	3,340	10,280
8	10,527	11,194	0,334	4,257	5,364	6,286	3,818	11,749
9	11,844	12,594	0,375	4,789	6,034	7,072	4,295	13,217
10	13,159	13,993	0,417	5,321	6,705	7,858	4,773	14,686
20	26,32	27,99	0,83	10,64	13,41	15,72	9,54	29,37
30	39,48	41,98	1,25	15,96	20,11	23,57	14,32	44,06
40	52,64	55,97	1,67	21,28	26,82	31,43	19,09	58,74
50	68,80	69,96	2,08	26,61	33,52	39,29	23,86	73,43

Grahamgang mit Kolbenzähnen.

Derselbe wurde zuerst von J. B. Schwilqué 1838 verwendet.

Schwilqué, der Erbauer der letzten neuesten Uhr des Straßburger Münsters, wollte den Wirkungsweg der Gangradzähne möglichst vergrößern, und die Gangradzähne kräftiger machen, weshalb er entsprechend den Kolbenzähnen des Taschenuhrankerganges, einen Teil der Hebfläche an die Gangradzähne verlegte. H. G. Weule, Turmuhrenfabrik in Bockenem, benützt heute diesen Gang. Seine Anwendung empfiehlt sich für größere Uhren. — für Sekundenregulatoren weniger, da bei 1,5 mm Wirkungsweg auf dem äußeren Zahnspitzenkreise des Gangrades gemessen, nur $\frac{1}{3}$, d. i. 0,5 mm auf die Hebfläche des Gangradzahnes entfällt, was eine sehr heikle Herstellung bedingt. Auch die Klauen für die eingeschobenen Paletten werden nur 1 mm im Mittel stark, was keineswegs günstig ist und Künsteleien bedingt, die man besser vermeidet.

Das Ersparnis an Zuggewicht kommt dem Mehraufwand von Mühe bei der Herstellung des Ganges nicht gleich.

Die ruhenden Stiftengänge.

Die Gangräder sind wie die des Grahamganges ausgeführt und wirken nur mit der Zahnspitze. Die Hebfläche und Ruhefläche bildet der kreizylindrische Umfang der Stiften, soweit die Zahnspitze an ihr hingleitet.

Die drei Punkte $m\,o\,p$ und $e\,q\,t$ bestimmen die Kreislinie des Zylinderumfanges, da sie ja durch diese 3 Punkte gehen muß.

Da nur je $^1/_3$ der Stiftenstärke stehen bleiben darf und anderseits die Stiftenstärke $=$ der Zahnlücke $= \dfrac{19}{20}$ Gangradteilung sein muß, so wäre nicht jeder Stift geeignet, für die besondere Anordnung die notwendige Hebung hervorzubringen. Die Mathematik bezeichnet einen solchen Fall als Überbestimmung, kurz gesagt, müssen die Anker für stärkere Hebungen kürzer gemacht werden als für kleinere. Die beistehende Tabelle gibt einen Überblick der einschlägigen Verhältnisse der ruhenden Stiftengänge.

Jedenfalls ist für den Stiftengang ein großer Nachteil, daß beide Hebflächen erhaben sind. Dies fällt bei der Ausgangsseite umsomehr ins Gewicht, da sie dort für gleichbleibende Übersetzung bekanntlich hohl sein sollte.

Diesem Fehler hilft der von dem französischen Uhrmacher Brocot erfundene Stiftengang ab.

Tabelle für Stiftengang.

		Stiftstärke = Teilung. Gangrads-Durchmesser = 1.			Gang über die Tangente.			Gang: Eingriffsentfernung = Steigrad-Durchmesser.		
Zahnzahl des Steigrades	Zahl der vom Anker übergriffenen Teilung	Anker-öffnungs-winkel	Stiften-durch-messer	Stiften-stärke	Eingriffs-entfernung	Armlänge (Stift-mittel-punkt)	Erzielter Hebungs-winkel	Eingriffs-entfernung	Armlänge (als Stift-mittel-punkt)	Erzielter Hebungs-winkel
30	6 1/2	78°	0,1084	0,0349	0,6434	0,4049	4° 54′	1,00	0,6613	3° 36′
30	8 1/2	102°	0,1084	0,0349	0,7950	0,7792	4° 4′	1,00	0,7781	2° 45′
30	10 1/2	126°	0,1084	0,0349	0,8748	1,1555	2° 2′	1,00	0,8967	1° 57′
32	6 1/2	73° 6′	0,0982	0,0327	0,6224	0,3963	4° 12′	1,00	0,9952	3° 5′
32	9 1/2	106° 22′	0,0982	0,0327	0,8167	0,6554	3° 33′	1,00	0,8026	2° 35′
32	11 1/2	65°	0,0982	0,0327	1,1693	1,1978	1° 58′	1,00	0,9163	2° 1′
36	6 1/2	85°	0,0873	0,0291	0,5928	0,3185	4°	1,00	0,6012	2° 26′
36	8 1/2	105°	0,0873	0,0291	0,6770	0,4570	1° 48′	1,00	0,6923	1° 34′
36	10 1/2	85° 30′	0,0873	0,0291	6,8214	0,6156	1° 20′	1,00	0,7942	1° 8′
40	6 1/2	94° 30′	0,0786	0,0262	0,6809	0,4622	2° 6′	1,00	0,6956	1° 32′
40	10 1/2		0,0786	0,0262	0,7366	0,5409	1° 8′	1,00	0,7362	1° 2′

Bei dieser Stiftenhemmung ist die Hebfläche durch Abfeilen oder Fräsen gerade gemacht. Die Stiftstärke ist
infolgedessen nicht mehr von Wichtigkeit und der Stift-

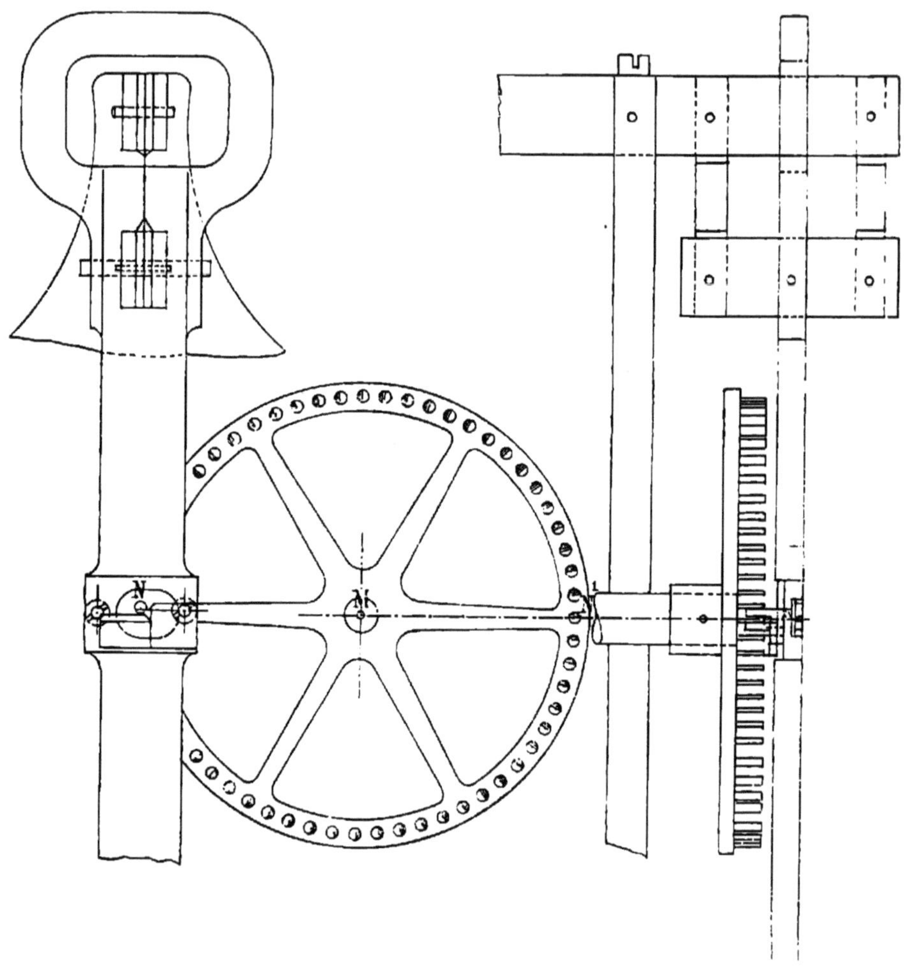

Fig. 16.

mittelpunkt wird nur auf die Linie $A\,m$ beziehungsweise $A\,l$
gelegt.

Die Hemmung, welche leichter als der Grahamgang
auszuführen ist, kommt diesem in der Wirkung gleich.
Man kann sie bei dem Anker auf der Tangente nach den-

selben Tabellen ausführen, da die Eingriffsentfernung, Ankerkreis, Hebkreis, Ankerhöhe und Ankerweite dieselben
bleiben.

Der Turmuhrenstiftengang von J. Mannhardt. (Fig. 16).

Eine Hemmung für Großuhren, bei der ein Teil der
Hebfläche sich an dem Gangrade befindet, ist Mannhardts
Turmuhrstiftengang.

Derselbe stellt eine Verbesserung des früher üblichen
Stiftenganges dar, bei dem der Anker mit Hebflächen den
Halbkreis des Gangrades übergriff. Bei dem Anker,
dessen Mittelpunktsentfernung man gleich dem Gangraddurchmesser wählt, konnte die ältere Hemmung in Folge
seines starken Federns nie bessere Ergebnisse liefern. Die
eine Palette wirkte mit eingehender, die andere mit ausgehender Reibung.

J. Mannhardt setzte beide Paletten auf die Pendelstange. Fig. 17.

Der Antrieb erfolgt nun in beiden Fällen von der
Drehungsachse des Pendels weg gerichtet, also mit ausgehender Reibung.

Uhren mit dieser Hemmung entsprechen mittleren
Anforderungen.

Das Auftreffen der Gangradstifte auf den Paletten ist
meist so kräftig, daß man glaubt einen Kürassier zur
Meldung antreten zu hören.

Da der Stiftengang mit 60 bis 90 Stiften am Hemmungsrade ausgeführt wird, so macht er bei Sekundenpendel in
zwei beziehungsweise drei Minuten einen Umgang, sodaß
das Uhrwerk, dessen Walzenrad in einer Stunde meist einen
Umgang macht, nur aus zwei Rädern, Walzen- und

Hemmungsrad und einem Triebe — Gangtrieb — zu bestehen braucht.

Deshalb hat sich der Stiftengang in erster Reihe so viel Freunde erworben, weil mit ihm ausgeführte Uhren

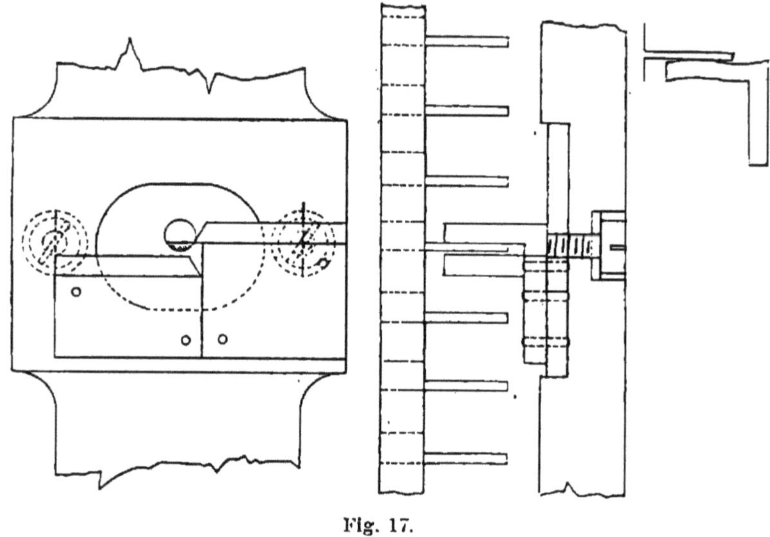

Fig. 17.

sehr wenig Räderwerk erhalten und daher billig herstellbar sind.

Der ältere Stiftengang hatte die Hebflächen als einen Anker, der zweiarmig an der linken und rechten Seite des Gangrades eingriff. Außerdem aber noch die Pendelgabel, welche auf der Ankerwelle befestigt, das Pendel mitnahm. Dieser Anker federte stark. In der außerordentlichen Vereinfachung und in der Sicherung gegen das Federn, welche die Konstruktion durch Mannhardt erfuhr, zeigte er seine hohe fachmännische Begabung.

Die Engländer empfahlen für diese Hemmung die halbruhende Anordnung, d. h. sehr schwach geneigte Rückführungsflächen. Wenn etwa 1 mm Rückführung für 10^0 Überschwungbewegung — im Mittel — für beide Flächen gegeben wird, entspricht das $5^3/_4{}^0$ Neigung.

Während Mannhardt die Stiften einseitig, wie Fig. 18 abfräste, sodaß die erhabene Seite wirkt, haben die Versuche in England darauf gebracht, die Hebfläche der Stifte nach Fig. 19 anzuordnen, d. h. so, daß vom Stift ein kürzeres Zylinderstück die Hebung ausführt. Ursache

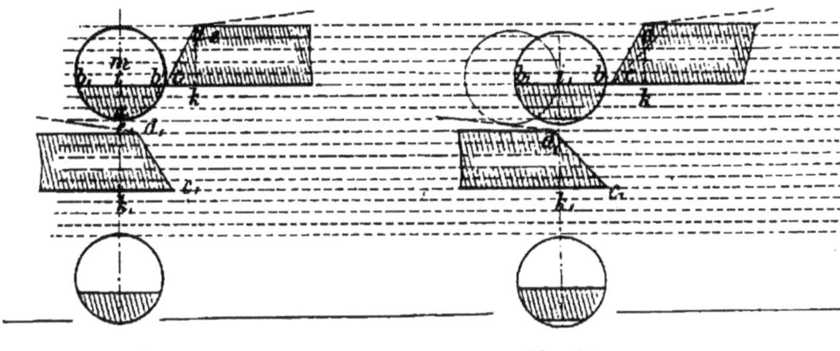

Fig. 18.   Fig. 19.

davon ist jedenfalls, daß an der Ausgangsseite, wenn die Hebung mit dem Gangrade gleichmäßig mit dessen Bewegung Schritt halten soll, sogar die hohle Form die rechte wäre.

Die Anordnung von Hebflächen, die eine gleichmäßige Übersetzung hervorbringen, ist wie a. a. O.*) gezeigt wird, als Zahnform im Eingriff mit kreiszylindrischem Stab zu konstruieren.

---

*) Siehe Band II. Getriebelehre.

Die Ankergänge für tragbare Uhren.

Der Zylindergang.

Nachdem im Jahre 1675 der erste rückführende Ankergang für Pendeluhren geschaffen worden, legte Thomas Tompion 1695*) den Grund zur Zylinderhemmung für Taschenuhren, deren Regulator die Unruh ist. 1715 verbesserte Georg Graham diese Hemmung. Wie bereits bemerkt, waren infolge der schwerfälligen Ausführung der Gangräder, deren Material Messing bildete, die Gangergebnisse wenig befriedigend. Die Engländer haben die Uhren mit dieser Hemmung zur größeren Ganggenauigkeit zu bringen versucht, indem sie in den Uhren die Schnecke verwendeten. Die Uhren mit Zylindergang waren wohl die ersten, welche in besonders kleiner Ausführung mehr zum Schmuck als zur Zeitmessung dienten. Besonders Caron hat in der zweiten Hälfte des 18. Jahrhunderts eine Anzahl Meisterstücke dieser Art geliefert. Caron, den sein Vater als unverbesserlichen Taugenichts, der übermütigen Streiche des Sechszehnjährigen müde,

---

*) Thomas Tompion (1638—1713) erfand die Zylinderhemmung 1695, welche zunächst „Sautroghemmung" genannt wurde, jedenfalls keine salonfähige Bezeichnung. Ihr Gangrad hatte noch nicht die Säulchen, auf denen die Teile mit den Hebflächen saßen, sondern einen aufgebogenen vollen Rand und wie es scheint auch keine Schenkelung.

Tompion war ein ausgezeichneter Uhrmacher und Lehrherr Georg Grahams, der ihn aufrichtig verehrte.

zur Türe hinauswarf, mußte sich nach so vielen dummen Streichen, wenn er seinen Unterhalt finden wollte, etwas Besserem zuwenden. Er bildete sich zuerst in der Uhrmacherei tüchtig aus und leistete — da er ein findiger Kopf gewesen —, was andere vor ihm nicht fertig brachten. Er arbeitete neuartige, sehr kleine, z. B. in Fingerringen zu tragende Uhren u. s. w., die ihm die Tore des Königspalastes öffneten und bei Hofe Eingang verschafften. Diese Stellung konnte er seinen Neidern gegenüber nicht allein durch die Kunstfertigkeit seiner Hand verteidigen; dazu bedurfte es seines witzsprühenden Geistes, mit dem bald keiner mehr die Klinge zu kreuzen wagte. So war er als Uhrmacher und Höfling bald in hohen Ehren, aber auch dieses genügte ihm nicht, er schrieb sogar ein berühmtes Lustspiel, „Die Hochzeit des Figaro", mit dem er als Dichter sich einführte. Dieses Werk war eines derjenigen, welche die Fackel der französischen Revolution entzündeten. 1789.

Die Zylinderhemmung gehört zu den Ankergängen, bei denen die Hebflächen sich teils am Anker, teils am Gangrade befinden. Der Zylinder ist ein Anker, der eine halbe Teilung übergreift.

Die Verteilung der Hebung ist im Mittel folgende:

Die Hebfläche des Gangrades übernimmt 27^0, die des Zylinders im Mittel 10^0, als Ruhe rechnet man 8^0, sodaß 45^0 auf Mindestbewegung des Zylinders entfallen.

Bei sehr kleinen Uhren ist diese Bewegung zu 50^0 anzunehmen.

Die Gesamtschwingung der Unruh beträgt $240{-}270^0$, sodaß auf dem äußeren und inneren Umfang des Zylinders die Reibung über einem Winkel von $200{-}220^0$ vor sich geht. Daß bei dem Gang der Zylinderuhren unter solchen

Umständen das zunehmende Verdicken des Öles mehr und mehr verzögernd wirkt, leuchtet ein.

Die Konstruktion des Zylinderganges ist von einer Anzahl von Fachmännern in etwas abweichender Weise behandelt, doch stimmen die Endergebnisse praktisch genügend überein.

So gibt:

	äußerer gemessen Da	Raddurchmesser Da wirklich	Eingriffsentfernung E	Zylinder	
				äußerer Durchmesser Da	h Segmenthöhe
L. Strasser	1,0	1,011	0,4944	0,1189	0,07078
Paul Berner		1,0477	0,5099	0,1219	0,0686

Rad			
di innerer Durchmesser	Di innerer Durchmesser	l Zahnlänge	Wandstärke
0,0951	0,9557		0,01189
—	1	0,0931,	0,0123

Die Konstruktion ist in folgender Weise ausgeführt. Man rechnet

Zylinderwandstärke $1^0\, 20'$, Fall $30'$.

Demnach bleibt für den Radzahnhebungsweg die Hälfte von $24^0 - 1^0\, 20' - 30'$ oder

$12^0 - 1^0\, 50' =$

Zahnbreite ($\frac{1}{2} \times 24^0 - 1^0\, 50$) $= 10^0\, 10'$

Wir tragen nun den inneren Zylinderradspitzenkreis ein, für 3 Teilungen je $24^0 = \dfrac{360^0}{15}$, ziehen die Radialen für dieselben und nach rechts für den Radzahn je $10^0\, 10'$.

Wir zeichnen einen Zylinder über den Radzahn und einen zweiten in der Zahnlücke stehend.

Es gilt nun, die Hebflächen an den Radzähnen und dem
Zylinder zu zeichnen. Da dürfte es nun auffallen, daß die
Hebung am Zylinder „im Mittel" 10⁰ sein soll. Das liegt daran,

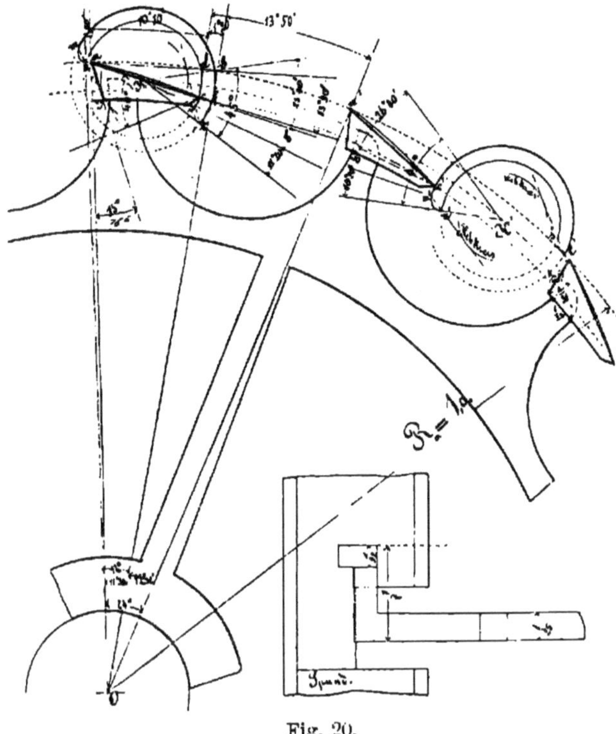

Fig. 20.

daß die Radzahnspitze einmal an der äußeren und einmal
an der inneren Zylinderwand wirkt. Wir zeichnen zunächst
den äußeren Zylinderradspitzenkreis mit Halbmesser $= R$.
Dann ist der Zylinderraddurchmesser

$$D = 2\,R.$$

Denselben finden wir in der Tabelle unter „wirklichem
Durchmesser", während der (z. B. in der Schubleere) gemessene in der Tabelle als „gemessener" auftritt und über
2 Radzahnfersen einerseits und die entgegengesetzt liegende
anderseits gemessen wird.

Weil wir bei jedem Zylinderrad dieses Maß genau mittels Schubleere abmessen können, so gehen die Tabellen auch stets vom gemessenen Durchmesser aus. Der wirkliche Durchmesser wird mit Hilfe eines Lochmaßes gefunden.

Jede der 3 Linien treffen den Zahnspitzenkreis in a, a' und a''. Die ähnlichen Bezeichnungen bedeuten einander entsprechende Punkte, hier das an der „Ferse des Zahnes" liegende Ende derselben.

An $a\,O$, $a'\,O$, $a''\,O$ tragen wir nach rechts

$$\angle\, a\,O\,c = \angle\, a'\,O\,c' = \angle\, b''\,O\,c'' = 10^0\ 10'\ \text{auf.}$$

Dann haben wir in a, a' und a'' je einen zu zeichnenden Punkt der Zahnfläche und zwar je den an der Rückseite oder der Ferse der Zähne.

Nun ist die Lage von K zu suchen. Da, wo der Radzahn im Zylinder steht, ist der Winkel, um den sich der Zylinder nahezu dreht, der Zentriwinkel, der ja eigentlich auf die 30' Fall Rücksicht zu nehmen hätte, stellt

$\angle\, d\,K\,c$ den Umfangswinkel über den Innenkreis wenigstens sehr angenähert dar. Da nun der Zentriwinkel doppelt so groß, als der Umfangswinkel, so wird

$$\angle\, b\,K\,t = 2 \times d\,a\,c.$$

Damit ersterer die durch den Zahn hervorgebrachte Hebung darstellt, ist

$$\angle\, b\,a\,c = \frac{27^0}{2} = 13^{1}/_{2}{}^0 = 13^0\ 30',$$

$d\,a\,c$ der Neigungswinkel der geraden Radzahnhebflächen, gegen die zum Radzahn gehörige Sehne $a\,d$.

Wir tragen daher an die Sehne $a\,d$ den Winkel $d\,a\,c$ $= 13^0\ 30'$ nach unten an.

Im Schnittpunkte von $M\,d$ und $a\,c$ liegt dann c, durch den wir um M einen Kreisbogen ziehen (den inneren

Radzahnspitzenkreis), auf dem die inneren Endpunkte der Hebflächen der Radzähne c, c', c'' u. s. w. liegen.

Aus Vorstehendem ergibt sich, daß der Zylindermittelpunkt, durch den die Achse senkrecht zur Zeichnungsebene geht, auf der Mitte der geraden Hebfläche des Zylinderradzahnes liegt.

Nun zeichnen wir den Zylinder ein.

$$M\,K = \frac{M\,a + M\,d}{2}.$$

Wir zeichnen uns also mit $M\,K$ einen Kreis, auf dem bei den Zylinderkonstruktionen stets der Mittelpunkt des Zylinders liegt.

Zunächst suchen wir den inneren Zylinderkreis. An denselben ist c angefallen, also c ein Punkt desselben. a ist um den Fall $= 30'$ auf den Zahnspitzenkreis von ihm wegbewegt. Wir tragen daher an a nach rückwärts

$\measuredangle\,a\,M\,n = 30'$ an und ziehen durch c und n einen Kreisbogen, dessen Mittelpunkt durch den durch K um M aufgezogenen Zylinder-Mittelpunktskreis liegt. Er kommt etwas unterhalb der Radzahnhebfläche zu liegen.

Nun bestimmen wir den äußeren Zylinderkreis.

An $M\,c$ nach rechts und an $M\,n$ nach links tragen wir für die Zylinderwandstärke

$$\measuredangle\,c\,M\,f = 1^{\circ}\,20'$$

ab und ziehen um K durch f um M den äußeren Zylinderkreis.

Damit haben wir Zylindermittel-, äußeren und inneren Zylinderkreis.

Wir haben nun noch die Zylinderhebflächen oder -lippen zu bestimmen.

Wir tragen den Ruhewinkel

$$c\,k\,s = 8^{\circ} \text{ an } K\,f \text{ an.}$$

Nachdem wir den Zylinder über dem Zahne stehend, denselben umschließend, das zweite Mal aber zwischen den Zähnen stehend, jedesmal aber den Gangradzahn eben angefallen gezeichnet, kommen wir dazu, die Hebflächen der Zylinderwand anzuordnen.

1. Bestimmung der Eingangshebflächen oder Form der betreffenden Lippe.

Die Gangradzahnspitze ist auf die äußere Zylinderwand angefallen. Wenn der Zylinder nun 45^0 schwingt, und der Punkt, an dem die Zahnhebfläche angreift, von c bis n sich bewegt, so erfolgt Hebung. Der zugehörige Winkel $t\,K\,c$ ist also die von der Radzahnhebfläche hervorgebrachte Schwingung.

Ehe nun die Zahnspitze an die Hebfläche der Eingangslippe kommt, muß der Zylinder — der Sicherheit halber — den Ruhewinkel $\measuredangle\ c'\,K'\,m'$ durchschwingen.

Ruhewinkel $c'\,K'\,m' = 8^0$.

Soll nun die Gesamtschwingung des Zylinders für Ruhe und Hebung 45^0 betragen, so tragen wir an $b'\,K$ den

Gesamtbewegungswinkel $b'\,K'\,n' = 45^0$ an.

Dann liegt t auf diesem Schenkel $n'\,K'\,m'$.
$m'\,n'$ ist die Hebfläche der Eingangslippe und der gemessene Hebungswinkel an der Eingangspalette $= 10^0\ 20'$.

2. Die Form der Ausgangslippe wird entsprechend da bestimmt, wo der Zylinder über dem Radzahne steht.

Der Schnittpunkt des äußeren und inneren Zahnspitzenkreises mit der äußeren Wandfläche liegt in f.

An $K\,c$ tragen wir dann den

Ruhewinkel $c\,K\,s = 8^0$ und

finden nun, wenn wir endlich den

Gesamtbewegungswinkel $b\,K\,t = 45^0$

zeichnen, daß der Hebungswinkel $= s\,K\,t = 11^0\ 20'$ ist.

Die Form der Ausgangslippe machen die Meisten wie hier gezeichnet.

Manche, wie Paul Berner, empfehlen sie jedoch gerade auszuführen; man darf jedoch nicht vergessen, daß bei $\frac{1}{10}$ mm Wandstärke, die der Zylinder hat, eigentlich nicht genug Platz für soviel Theorie vorhanden ist und daß die Praxis sich begnügt, die vorstehenden Formen annähernd genau ausführen.

Beim Regulieren der Zylinderuhr kommen wir weiter darauf zu sprechen.

Verlängert man (c auf den inneren Zylinderkreis angenommen) $s t$ und $m n$, so kann man die verlängerten Hebflächen, durch aus dem Zylindermittel gezogene Kreise berühren lassen, die wir als Ankerhebkreise, hier also Zylinderhebkreise, wiedererkennen.

Um den Zylinder fertig zu zeichnen, bedenken wir, daß, wenn die Radzahnspitze eben an der Eingangslippe aufgefallen, der letzte Punkt der Hebfläche der Ausgangspalette auf dem äußeren durch $a\, a'\, a''$ äußeren Radzahnspitzenkreis liegt. Wir können uns daher den Hebkreis für die Eingangspaletten um K' zeichnen und durch t' die Berührende, welche den inneren Zylinderwandkreis in s schneidet und dann die etwas erhabene in s tangential anschließende Form von $s'\, t'$ einzeichnen.

In der zweiten Zylinderzeichnung, wo die Zahnspitze an der Innenfläche des Zylinders angefallen, liegt s auf dem inneren Zylinderkreis. Auch hier zeichnen wir den Hebkreis, wie für die Eingangslippenhebfläche $m n$ ein und ziehen durch t die Berührende an ihn, wodurch wir $s t$ erhalten und nun die Hebflächen $s t$ der Zeichnung entsprechend formen.

Die Entfernung des Zylindermittels von nt heißt die Zylinderhöhe.

Weiter ist die

Zylinderweite $= \angle\ nkt$ im Mittel 200^{0}. (Bisher nannten wir ot die Ankerweite. Beim Zylinder ist dies eine Winkelgröße, beim Anker eine Linie.)

Wenn wir den Zylinderhalbmesser mit r bezeichnen, so ist Segmenthöhe $= r + h$.

Die Segmenthöhe ist im Mittel $\dfrac{7}{12}$ des Zylinderdurchmessers.

Die Form der Radzahnhebflächen ist entweder gerade oder schwach nach außen gewölbt, also convex.

Meist ist die letztere und der Krümmungshalbmesser gleich dem Radhalbmesser angenommen.

Welche Form die bessere ist, zeigt die Beobachtung des Ganges der Uhr.

Die Unruh macht bei gerader Hebfläche etwas größere Schwingungen, als bei erhabener.

Die Abrundung der Radzahnfläche bei c, welche viele Uhrmacher geben, um, wie sie sagen, dem Rade Zeit zu lassen, sich in Bewegung zu setzen, empfiehlt sich nicht. Die Aufzeichnung der Hebflächen mit gleicher Übersetzung ergibt, daß die Fläche an der Eingangsseite hohl, an der Ausgangsseite erhaben sein müßte, was nur durch 2 Gangräder zu erreichen wäre. Die gerade Hebfläche stellt das Mittel davon dar. (Weiteres s. Bd. II, „Getriebelehre.")

Was die Untersuchung des Zylinderganges anbelangt, so ist zunächst darauf zu sehen, ob die Eingriffsentfernung richtig ist, was ja die Ruhe leicht erkennen läßt. Das Maß der Ruhe soll sehr beschränkt sein, aber noch so, daß die Zähne innen und außen am Zylinder noch sicher auf Ruhe fallen, — aber nicht auf die Hebflächen! Bei den billigen Marktuhren, wo die Zapfenluft größer ist und das Gangrad meist etwas unrund läuft, ist dann die Ruhe entsprechend größer zu nehmen.

Der Gangradzahn muß im Zylinder, und der Zylinder in der Zahnlücke hinreichenden Spielraum haben. Der Spielraum muß bei jedem Zahn gleich sein. Er ist bei allen 15 Zähnen zu beobachten.

Fehlerhafte, z. B. zu lange Zähne zeichnet man sich mit etwas dünn angemachtem Rot an und kürzt sie entsprechend.

Manche Uhrmacher kürzen die Zähne vorn, was schneller geht, andere rückwärts. Man soll die Zähne nur an einer Seite kürzen, d. h. nur vorne oder nur hinten, da sonst Teilungsfehler hereinkommen. Nach dem Abkürzen sind die Zähne mittels Glättstahles der Länge nach abzuziehen und zu polieren.

Nicht flach laufende Räder sind mit einem Messing- oder Neusilberpunzen, der die Form eines Meißels hat, auf einer Blei- oder Zink-Unterlage flach zu richten.

Ist das Loch im Mittel eines neuen Rades zu klein, so muß das Mittel durch einen glühenden, konischen Draht lichtblau angelassen werden. Das stärkere Ende des Drahtes (am Besten Kupferdrahtes) wird, in einer Entfernung von 2—3 cm vom Rade, angeblasen. Dabei müssen die Zähne hart bleiben, man benetzt sie daher vor dem Anlassen des Mittelteiles mit Öl.

Läuft das Rad unrund, so ist dasselbe vom Triebe herunterzuschlagen und durch ein neues zu ersetzen.

Zur Korrektur des Eingriffes dient uns bekanntlich die untere Zylinderradbrücke.

Der Prellstift der Unruh darf nirgends streifen, muß aber auch lang genug sein, um sich nicht etwa auf der Innenseite des Anschlagstiftes festzuklemmen. Ist der Stift in der Unruh (Ausschwungstift) zu kurz, und geht er am Anschlagstift vorüber, so wird beim Überschwingen der Unruh ein Einhaken des Zylinderradzahnes im Zylinder stattfinden.

Für die Bestimmung der Hebung und Ruhe sind bei jeder von der Fabrik gekauften Uhr drei Punkte auf der Platine angegeben. Um nun den Winkel, den die beiden Punkte mit dem Mittelpunkte der Unruh einschließen, zu prüfen, geht man folgender Weise vor.

Man legt ein Streifchen Papier unter die Unruh, damit sich dieselbe etwas klemmt, führt dann den Zylinder herum, ehe die Spitze des Radzahnes in denselben eindringen kann und macht an der Stelle des Ausschwungklötzchens ein Zeichen mit Rot; hiernach führt man ihn auf die andere Seite zurück und zwar soviel, das die Säulchen des Rades von der Passage nicht berührt werden können und macht wieder ein Zeichen. Zwischen diesen beiden Punkten muß der Ausschwungstift der Unruh liegen. In der Mitte der beiden Punkte auf der Platine liegt der Befestigungspunkt für die Spirale im Klötzchen. Steht die Unruh mit der Spiralfeder in der Ruhelage (also da, wo sie schließlich stehen bleiben würde, wenn das Gangrad nicht einwirkt), so soll der Ausschwungstift in der Unruh und Prellstift in der Brücke gerade diesem gegenüber stehen.

Nun treibt man mit einem Putzholze das Minutenrad ein wenig an, führt die durch unterlegtes Papier an freier Bewegung gehinderte Unruh vorsichtig durch und beobachtet mit der Lupe, ob Hebung, Ruhe u. s. w. richtig sind.

Die Uhrmacher pflegen durch Aussenken konischer Vertiefungen an der Unterseite die Unruh ungleich schwer zu machen. Dies hat den Zweck, die Regulierung in den Lagen des Hängens und Liegens zu erleichtern. Besser wäre es, die Zapfenlagerungen in Ordnung zu bringen, was nur in seltenen Fällen gezahlt wird.

Verwerflich ist ferner das Abflachen der Zapfen, von dem viele Uhrmacher die Gleichstellung des Reibungswiderstandes beim Hängen und Liegen erwarten, da sie annehmen, daß der abgerundete, also nicht flache Zapfen, geringeren Reibungswiderstand finde, als der Zapfen, der beim Hängen der Uhr im Steinloch sich stützt. Tatsächlich liegen die Verhältnisse jedoch nicht ganz so, denn auch bei der liegenden Uhr, wo das Zapfenende sich gegen den Deckstein stützt, hat das Steinloch ihn zu führen.

Die Reglage der Uhr ergibt, da bei den leichten Unruhen nur entsprechende kleine Spiralen verwendbar sind, verhältnismäßig bescheidene Ergebnisse, die Wärmeunterschiede, denen die Uhr z. B. im Winter ausgesetzt ist, können Gangabweichungen bis zu 5 Minuten täglich hervorbringen, — trotzdem kann sie, regelmäßig getragen und gleichmäßig behandelt, unschwer auf 30 Sek. täglich im Mittel als Gangabweichung gebracht werden.

Dies ist jedoch nur möglich, wenn die Ausführung von Hemmung und Räderwerk fehlerfrei und die Unruh groß ist. Kleine Unruhen schwingen allerdings lebhafter und der Laie mag seine Freude an dem „schönen Gang" haben.

Der Durchmesser der Spirale sei gleich dem Unruhhalbmesser.

Nachdem die Uhr im Hängen in der Tasche in höherer Temperatur getragen wird, so soll sie in dieser Lage bei der Regulierung eher etwas vor- als nachgehen. Man reguliert sie deshalb so, daß sie bei gewöhnlicher Temperatur, also nicht in der Tasche getragen, um 2—3 Min. täglich vorgeht, dann wird sie bei höherer Temperatur (in der Tasche) um so viel nachgehen, da sich Unruh und Spirale durch die Wärme vergrößern.

Hemmung und Räderwerk müssen in bester Ordnung sein, damit die Unruh schon bei wenig aufgezogener Feder volle Schwingungen macht. Die Spiralrolle soll möglichst klein sein, der Einschnitt sehr dünn.

Der Zylindergang ist sorgfältig zu ölen, ein Zuviel ist zu meiden.

Weiter auf den Zylindergang einzugehen, ist heute überflüssig, da er bereits zu den fossilen Hemmungen zählt, welche nur der Fachgeschichte angehören. Die billigsten Ankeruhren erzielen heute Gangergebnisse, welche die der Zylinderuhren weit überragen. Es gibt Uhrmacher, welche heute schon keine Zylinderuhren mehr am Lager haben. Selbst Damenuhren werden heute mit dem Ankergange ausgeführt.

(Tabellen Zylindergang siehe nebenstehend.)

Der freie Ankergang.

Der freie Ankergang wurde um 1750 von einem würdigen Schüler Grahams „Thomas Mudge" erfunden, und im Laufe der Zeit zu seiner heutigen Vollkommenheit, welche ihn ebenbürtig an die Seite des Chronometerganges stellt, entwickelt.

So einfach der freie Ankergang auch erscheinen mag, so ist er doch ein Beispiel, welch ungeheure Summe von Gedanken in scheinbar wenigen Teilen vereinigt ausgedrückt werden kann. Trotzdem ist in ihm eine außerordentliche Anzahl von Getrieben vereinigt, denn nicht

Zylindergang.

a) Gegeben der Durchmesser des Rades.

(Rad mit 15 Zähnen.)

Äußerer Durchmesser des Rades		Innerer Durchmesser des Rades	Durchmesser des Zylinders		Wandstärke	Segmenthöhe des Zylinders bei 200° (über die Lippen gemessen)	Eingriffsweite
Gemessener	Wirklicher		Äußerer	Innerer			
1,0000	1,011	0,9557	0,11889	0,09511	0,01189	0,07078	0,4944
5,0	5,06	4,78	0,59	0,48	0,059	0,354	2,47
5,2	5,26	4,97	0,62	0,49	0,062	0,363	2,57
5,4	5,46	5,16	0,64	0,51	0,064	0,382	2,67
5,6	5,66	5,35	0,66	0,53	0,067	0,396	2,77
5,8	5,86	5,54	0,69	0,55	0,069	0,411	2,87
6,0	6,07	5,73	0,71	0,57	0,071	0,425	2,97
6,2	6,27	5,93	0,74	0,59	0,074	0,439	3,07
6,4	6,47	6,12	0,76	0,61	0,076	0,453	3,17
6,6	6,67	6,31	0,78	0,63	0,078	0,467	3,27
6,8	6,87	6,50	0,81	0,65	0,081	0,481	3,37
7,0	7,08	6,69	0,83	0,67	0,083	0,495	3,46
7,2	7,28	6,88	0,85	0,68	0,086	0,510	3,56
7,4	7,48	7,07	0,88	0,70	0,088	0,524	3,66
7,6	7,68	7,26	0,90	0,72	0,090	0,538	3,76
7,8	7,89	7,45	0,93	0,74	0,093	0,552	3,86
8,0	8,09	7,65	0,95	0,76	0,095	0,566	3,96
8,2	8,29	7,84	0,97	0,78	0,097	0,580	4,05
8,4	8,49	8,03	1,00	0,80	0,100	0,595	4,15
8,6	8,69	8,22	1,02	0,82	0,102	0,609	4,25
8,8	8,90	8,41	1,04	0,84	0,105	0,623	4,35
9,0	9,10	8,60	1,07	0,86	0,107	0,637	4,45
9,2	9,30	8,79	1,09	0,88	0,109	0,651	4,55
9,4	9,50	8,98	1,12	0,89	0,112	0,665	4,65
9,6	9,71	9,17	1,14	0,91	0,114	0,679	4,75
9,8	9,91	9,37	1,16	0,93	0,117	0,694	4,85
1,00	10,11	9,56	1,19	0,95	0,119	0,708	4,94

Zylindergang.

b) Gegeben die Eingriffscntfernung.
(Rad mit 15 Zähnen.)

Eingriffs-entfernung	Äußerer Durchmesser des Rades		Innerer Durch-messer des Rades	Durchmesser des Zylinders		Wandstärke	Segmenthöhe, über die Lippen gemessen
	Ge-messen	Wirk-lich		Äußerer	Innerer		
1,0000	2,02265	2,0449	1,933	0,24047	0,19237	0,02405	0,1432
5,0	10,11	10,22	9,66	1,20	0,96	0,120	0,716
5,2	10,52	10,63	10,05	1,25	1,00	0,125	0,745
5,4	10,92	11,04	10,44	1,30	1,04	0,130	0,773
5,6	11,33	11,45	10,82	1,35	1,08	0,135	0,802
5,8	11,73	11,86	11,21	1,39	1,12	0,139	0,831
6,0	12,14	12,27	11,60	1,44	1,15	0,144	0,859
6,2	12,54	12,68	11,98	1,49	1,19	0,149	0,888
6,4	12,94	13,09	12,37	1,54	1,23	0,154	0,916
6,6	13,35	13,50	12,76	1,59	1,27	0,159	0,945
6,8	13,75	13,91	13,14	1,64	1,31	0,164	0,974
7,0	14,16	14,31	13,53	1,68	1,35	0,168	1,002
7,2	14,56	14,72	13,92	1,73	1,39	0,173	1,031
7,4	14,97	15,13	14,30	1,78	1,42	0,178	1,060
7,6	15,37	15,54	14,69	1,83	1,46	0,183	1,088
7,8	15,78	15,95	15,08	1,88	1,50	0,188	1,117
8,0	16,18	16,36	15,46	1,92	1,54	0,192	1,146
8,2	16,59	16,77	15,85	1,97	1,58	0,197	1,174
8,4	16,99	17,18	16,24	2,02	1,62	0,202	1,203
8,6	17,39	17,59	16,62	2,07	1,65	0,207	1,232
8,8	17,80	17,99	17,01	2,12	1,69	0,212	1,260
9,0	18,20	18,40	17,40	2,16	1,73	0,216	1,289
9,2	18,61	18,81	17,78	2,21	1,77	0,221	1,317
9,4	19,01	19,22	18,17	2,26	1,81	0,226	1,346
9,6	19,42	19,63	18,56	2,31	1,85	0,231	1,375
9,8	19,82	20,04	18,94	2,39	1,89	0,236	1,403
10,0	20,23	20,45	19,33	2,40	1,92	0,240	1,432

weniger als „16" lassen sich an ihm unterscheiden. Es ist hier nicht der Raum, um weiter darauf einzugehen. Wer die Hemmung von diesem Standpunkte gründlich studieren will, den verweise ich auf den zweiten Band dieser Bibliothek, „die Getriebelehre", in der er das Gesuchte findet.

Wenn der Uhrmacher mit Stolz auf das blickt, was die durch ihn ausgebildete freie Ankerhemmung leistet, so ist das vollberechtigt. So leicht wird auch kaum eine andere die Königin der Hemmungen von ihrem hohen Stand verdrängen und jeder, welcher sich damit beschäftigt, eine Nebenbuhlerin dieser schönen Anordnung ins Feld zu stellen, oder richtiger gesagt, diesen Blütenstrauß genialer Konstruktionen zu übertreffen, der möge zuerst vollständig in diese Hemmung eindringen, sie ganz und voll zu verstehen trachten und erst dann, wenn er sie nach allen Richtungen erfaßt, seiner neuen, schweren Aufgabe gegenübertreten! Es wird nicht leicht sein, eine bessere zu schaffen, und doch wird auch sie einmal ihre hohe Stelle räumen müssen, vielleicht vor einer Anordnung, die heute noch in ihren ersten Anfängen kaum beachtet oder gar belächelt wird. Das Wort des Dichters:

„Das Alte stürzt, es ändert sich die Zeit!"
wird auch an dieser Hemmung sich bewahrheiten, denn in der Technik gibt es, wie überall, keinen Stillstand und rastlos, unaufhaltsam wälzt sich der Strom der neuen Gedanken, welche die Zukunft uns bringt, heran, und reißt das mit sich fort, was durch lange Zeit für unerschütterlich festbegründet gehalten wurde, um für neue Gestaltungen Raum zu schaffen, daß auch sie blühen und gedeihen und sich entwickeln — und einst wieder vergehen!

Die Konstruktion der Hebungsflächen ist vollkommen der der Pendeluhrankergänge entsprechend. Statt der Ruhe ist der Zug angeordnet.

Weil der weitaus größte Teil der Unruhschwingung vollkommen ohne jeden Zusammenhang der Unruh mit den Hemmungsteilen erfolgt, die Schwingungen also frei geschehen, so wird er als „freier Ankergang" bezeichnet.

Den ersten, in Taschenuhren angewendeten Ankergang konstruierte Abbé Hautefeuille 1722. Siehe Fig. 1, Seite 17. Um die geringere Drehbewegung des Ankers in die größere der Unruh zu verwandeln, befestigte er letztere auf einem Triebe. Da dieses aber während der Auslösung treibt, während der Hebung getrieben wird, so nützte es sich rasch ab.

Da Rechen und Trieb während der ganzen Unruhschwingung tätig waren, so ist Hautefeuilles Gang noch kein freier.

In den neuen Ankergängen ist vom Rechen nur eine Zahnlücke — der Gabeleinschnitt — und vom Trieb nur ein Zahn — der Hebstein — übrig geblieben.

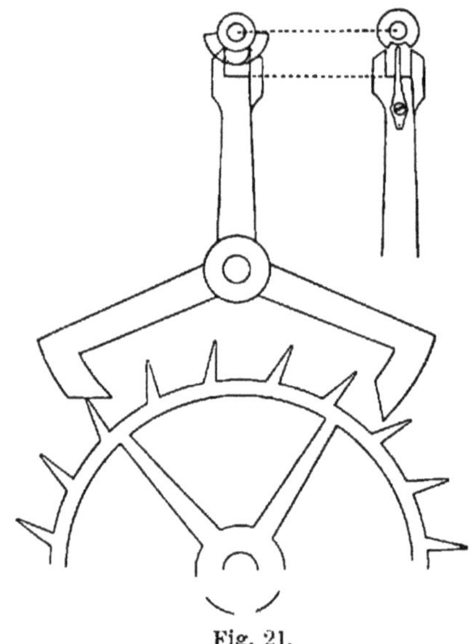

Fig. 21.

Bei dem Gang von Cole (England) ist der Zahn mit dem Anker verbunden, während die Sicherungsrolle, an der die Zahnspitze beständig anliegt, den der Zahnlücke entsprechenden Einschnitt trägt.

1760 konstruierte Thomas Mudge den ersten freien Ankergang über 4½ von 20 Zähnen statt mit einem Hebstein mit zwei Hebflächen. Fig. 21.

Dieser ruhende Ankergang war gegen Erschütterungen zu empfindlich.

Erst als George August Lechot 1825 die Sperrzahnfläche nicht konzentrisch, sondern unter einem gewissen Zugwinkel ausführte, wurde der Ankergang für tragbare Uhren geeignet.

Der freie Ankergang enthält mehrere Mechanismen, deren Hauptelementenpaare sind:

1. Hemmungsrad und Anker,
2. Gabeleinschnitt und Hebstein,
3. Sicherungsstift (oder Sicherungsspitze) und Sicherungsrolle,
4. Vorderfläche der Gabelhörner und Hebstein,
5. Rückfläche der Gabelhörner und Hebstein,
6. Gabel und Begrenzungsstift (oder Begrenzungsecke);

oder in Glashütter Uhren:

Ankerstift und Ausdrehung (durch Bohrung) in der Platine.

Die Schwingung der Unruh kann über $1\frac{1}{2}$ Umdrehung ausgedehnt werden, wodurch Kompensationsunruh und isochrone Spirale verwendbar sind.

Die Materialien zur Herstellung der Teile des Ankerganges sind:

Für das Hemmungsrad, Stahl, Aluminiumbronze, goldfarbiges Messing oder Gold.

Dasselbe gilt für die Gabel und den Anker, dessen Zug und Hebflächen meist mit Steinen besetzt sind.

Der Hebstein ist meist aus Rubin oder Saphir, die Rolle aus Stahl.

Man unterscheidet Gangräder mit spitzen und solche mit Kolbenzähnen; ihr Gewicht soll so klein als möglich sein.

Die Anker haben je nach der Art des Ganges verschiedene Formen; sie sind entweder auf die Welle geschraubt, wie bei den Schweizer, oder einfach aufgeschlagen, wie bei den englischen oder Glashütter Uhren.

Die Gabel ist entweder mit dem Anker aus einem Stück, wie bei feinen Schweizer und Glashütter Uhren oder mit dem Anker, wie bei englischen und billigen Schweizer Uhren, durch zwei Stifte verbunden. Zur Ausbalancierung ist die Gabel meist auf der dem Einschnitt entgegengesetzten Seite verlängert. Ist Gabel und Anker aus einem Stück, so

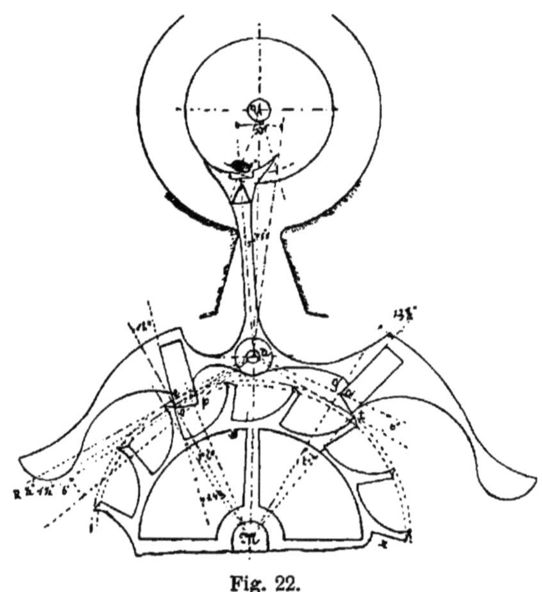

Fig. 22.

ist der Gegenschwung durch ein Schräubchen auf die Gabel geschraubt oder er ist am Ankerkörper selbst. (Siehe Figur 22.)

In Fachkreisen wird die Frage, ob eine lange oder kürzere Gabel anzuwenden sei, lebhaft besprochen. Jedenfalls wird eine lange Gabel schwerer, verlangt mehr Gegengewicht, belastet also die Gabelwelle stärker. Der Hebstein rückt entsprechend weiter hinaus, — das gegebene Übersetzungsverhältnis von Ankerwelle und Unruhwelle muß ja eingehalten werden — dadurch leidet die günstige Wirkung der Hemmung, da mehr Masse zu bewegen ist, als bei kürzerer Gabel.

Die kürzere Gabel dagegen läßt den Hebstein mehr nach der Unruhwelle rücken, so daß an der Wirkungsstelle eine größere Druckwirkung erfolgt, als ein größerer Druck tätig ist, der die Zapfenreibung ungünstig beeinflußt. Dagegen ist die kürzere Gabel leichter, das Gegengewicht geringer, wodurch sich die Zapfenreibung verkleinert. Im Laufe der Jahre hat man nun die richtigen Verhältnisse festgestellt und findet heute keine besonders langen oder kurzen Gabeln mehr. Theoretisch lassen sich ja die günstigsten Abmessungen nicht genau bestimmen und so mußte die Erfahrung entscheiden, welche die heute bestehenden Abmessungsverhältnisse als die vorteilhaftesten erkennen lassen.

Die **Rolle** ist auf die Unruhwelle aufgeschlagen; selten ist sie aus einem Stück mit letzterer (z. B. bei Patek Philippe & Cie.). Sind 2 Rollen, so finden wir bei manchen Fabrikaten beide aus einem Stück (z. B. International Watsch Comp., Schaffhausen). In der großen Rolle ist der Hebstein befestigt, wenn aber eine kleine Sicherungsrolle vorhanden ist, kann der Hebstein auch in einem anderen Teile, z. B. im Unruhschenkel, befestigt sein, wie in den Glashütter Uhren, wo dann die sog. große Rolle wegfällt.

Es gibt vier Formen der Hebsteine:

    a) **runde**, wie in älteren englischen Uhren; die Wirkung ist sehr ungünstig;

    b) **ovale**, wie in Schweizer Uhren, jetzt allgemein angewendet, Fig. 22;

    c) **dreieckige**, wie in guten Schweizer und Glashütter Uhren, und endlich

d) **runde und ⅓ abgeflachte,** welche Form die günstigste Wirkung der vorhergehenden mit möglichst großer Festigkeit verbindet.

Von den genannten sechs Elementenpaaren gibt es sehr viele Anordnungen, die wieder beliebig mit einander kombiniert werden können.

Rad und Anker.

Der Anordnung der Hebflächen nach unterscheidet man:

a) **Gang mit Hebflächen nur am Anker.**

Die Gangradzähne sind dabei spitz; **englischer Ankergang.** Er findet sich fast ausschließlich in englischen Uhren.

b) **Gang mit Hebflächen nur am Rade.**

Der Anker trägt zwei dünne Stifte oder Kanten. **Stiftenankergang.**

c) **Gang mit Hebeflächen teils am Rade, teils am Anker.**

Der Form der Zähne wegen **Kolbenzahnankergang** genannt. Meist in den Schweizer Uhren verwendet und deshalb als **Schweizer Ankergang** bezeichnet.

Die Anker werden ausgeführt als:

gleicharmige **Anker,** deren Hebflächenmittel gleich weit vom Ankermittel entfernt sind. Infolgedessen erfolgt die Ruhe an der Eingangspalette auf einem um die Palettenbreite größeren Hebelsarme als an der Ausgangspalette.

Diesen Nachteil vermeidet der **ungleicharmige Anker,** an dem sich die Ruheflächen in der gleichen Entfernung vom Ankermittel befinden. Der Hebelsarm an der Eingangspalette ist im letzten Momente der Hebung um die doppelte Klauenbreite kleiner,

als an der Ausgangspalette. Bedeutende Firmen, wie
z. B. Patek, Phillippe & Co. in Genf, haben
den halbungleicharmigen Anker verwendet, Fig. 22,
bei dem die Ruheentfernung vom Ankermittel von der
Eingangspalette nur um die halbe Palettenbreite von der
Ankerachse weiter entfernt ist, als die an der Ausgangspalette. — Im letzten Momente erfolgt dann die
Hebung an der Ausgangsseite in einer Entfernung
von der Achse, um die Palettenbreite größer als an
der Eingangsseite.

Der englische Ankergang.

Der von Mudge (1750) hatte (Fig. 21) ein Gangrad mit 20 Zähnen, der Anker griff über $4^1/_2$ Teilungen.
Der Gang ist sehr einfach und wenig empfindlich gegen
das Verdicken des Öles. Nachteilig ist der verhältnismäßig bedeutende Fall, welchen die Zahnspitzen erhalten
müssen, sowie, daß letztere leicht verbogen werden können.

Konstruktion des englischen Ankerganges.

a) Gleicharmiger Anker. Fig. 23.

Gegeben:

Gangraddurchmesser $= 7{,}5$ mm,

Gangradzahnzahl $= 15$,

Anker heute durchwegs über $2^1/_2$ von 15 Zähnen.

Ruhewinkel .	1^0	$1^1/_2{}^0$	2^0
Hebungswinkel . . .	7^0	$8^1/_2{}^0$	10^0
Zusammen .	8^0	10^0	12^0

Meist gibt man dem Anker 10^0, manchmal für feine
Uhren 8^0 Gesamtbewegungswinkel, für ordinäre Uhren 12^0

Wir nehmen stets 10^0 für unsere Konstruktionen an.

Ankereröffnungswinkel $\dfrac{2^{1}/_{2}}{15} \times 360^0 = 60^0$

Die Zeichnung erfolgt auf die mittlere Tangente.

Man zeichnet den Zahnspitzenkreis, zieht eine Vertikale durch den Gangradmittelpunkt M und trägt symmetrisch an

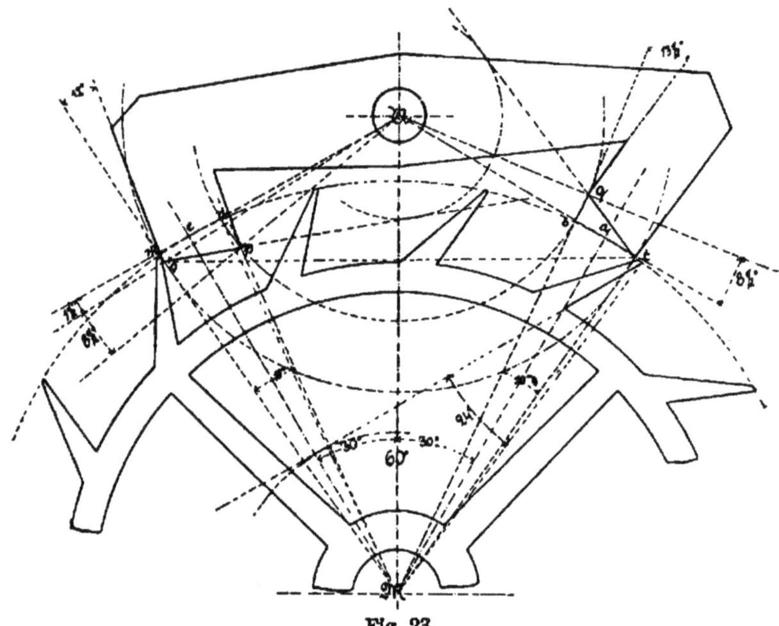

Fig. 23.

diese den Ankeröffnungswinkel an. In den Schnittpunkten e und a desselben mit dem Gangradzahnspitzenkreis zeichnen wir an letzteren die Tangenten, welche einander im Ankerdrehungspunkte in A schneiden.

Zur Konstruktion der Ruhe und Hebflächen ziehen wir an Ae

$$\measuredangle\, e\,A\,o = 1^{1}/_{2}\,^{0},$$
$$\measuredangle\, o\,A\,p = 8^{1}/_{2}\,^{0} \text{ an der Eingangsseite,}$$
$$\measuredangle\, a\,A\,b = 8^{1}/_{2}\,^{*)},$$

$\measuredangle\, m\,Me = \measuredangle\, eMn\; 5^0$ und $\measuredangle\, sMa = \measuredangle\, aMt = 5^0.$

---

*) Der Ruhewinkel an der Ausgangsseite braucht nicht konstruiert zu werden.

Mit *A m*, *A n* und *A s A t* ziehen wir um *A* Kreise und erhalten in *o* den Anfangspunkt der Hebfläche der Eingangs-, in *q* den der Ausgangspalette.

In *p* ist der Endpunkt der Eingangs-, in *t* der der Ausgangspalette.*)

Wir zeichnen nun die Hebflächen *o p* und *q t*, verlängern dieselben und ziehen um den Ankermittelpunkt *A* den beide berührenden Hebkreis.

Die Zugflächen macht man an der Eingangspalette um 12⁰ gegen die Senkrechte in *o* auf *Ao*, an der Ausgangspalette 13½⁰ gegen die Senkrechte in *q* auf *Aq* geneigt.

Die Rückflächen der Ankerpaletten werden endlich parallel zu den Zugflächen begrenzt. Wir ziehen daher durch *p* und *t* zur Vorderfläche gleichlaufende Linien.

Die übrigen Abmessungen werden der Zeichnung gemäß ausgeführt.

Ein Gangradzahn habe an der Ausgangspalette die Hebung beendet, ein anderer ist eben an die Eingangspalette angefallen.

Die Vorderfläche der Gangradzähne tritt um 24⁰ gegen die Radiale zurück.

Die Ergebnisse können wir mittels der Tabelle auf ihre Richtigkeit prüfen. Wir finden sie unter Benützung der Tabelle des freien Ankerganges „Gleicharmiger Anker; Rad mit Spitzzähnen".

Beispiel: Gegeben: Rad-Durchmesser = 7,5 mm.

Da die Werte für 7,5 mm sich nicht unmittelbar finden, so sind wir zum Interpolieren gezwungen.

---

*) M. Großmann hat empfohlen, den gleicharmigen Anker auf die Sehne zu konstruieren. Da dies indes für den ungleicharmigen nicht möglich ist, empfehlen wir auch hier die Konstruktion auf die Sehne nicht.

Wir rechnen zunächst die Werte für $D = 7$ mm und dann die für 0,5 mm.

	Äuß. Ankr.-Durchm.	Inn. A.-D.	Anker-Halbm.	Palettenbr. f. Bewgsw. 10°.	A.-weite	E. E.
für $D = 7$ mm	4,70	3,47	1,21	0,66	4,04	4,08
für $D = 0,5$ mm	0,336	0,243	0,087	0,047	0,288	0,291
für $D = 7,5$ mm $=$	5,036	3,718	1,297	0,707	4,328	4,371

Für die Abmessungen des Ankerkörpers und Rades ist:
Ganze Breite bei A des Ankers $=$ ca. $^1/_8\,r$, die übrige Form entsprechend der Zeichnung,

Zahnlänge des Rades $= \dfrac{1}{5}\,r$. Zähne gegen M 24° unterschnitten,

Zahnfußbreite $= \dfrac{1}{12}\,r$,

Radkranzbreite $= \dfrac{1}{14}\,r$,

Schenkelbreite $= \dfrac{1}{16}\,r$, gegen M dann $\dfrac{1}{14}\,r$,

Radmittelradius $= \dfrac{1}{5}\,r$,

Zahnspitzenstärke $= ^1/_{10}\,r$, $\dfrac{1}{30} \cdot t$ ($t =$ Teilung).

b) Ungleicharmiger Anker. Fig. 24.

Der ungleicharmige Ankergang wird heute allgemein ausgeführt, weil für die Regulierung der Uhren die Auslösung, die in derselben Entfernung von der Ankerachse erfolgt, sich vorteilhafter erwies.

Für die Konstruktion sind dieselben Bestimmungen gegeben wie für die vorige. Nur bezüglich der Hebflächen ist folgendes zu bemerken:

Eingangspalette: Der Anfangspunkt o ergibt sich früheren entsprechend, der Endpunkt p muß Ruhe- $+$ Hebungswinkel $= 10°$ durchstreichen, ehe er nach n kommt.

Wir ziehen daher um A mit An als Halbmesser einen Kreis und greifen mit dem Zirkel den für 10^0 entfallenden Bogen ab, welchen wir von n nach unten abtragen und so Punkt

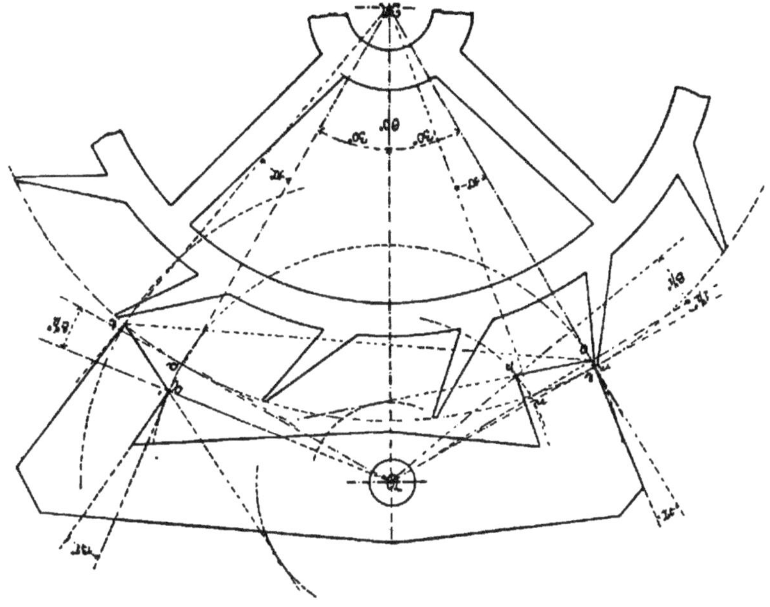

Fig. 24.

o erhalten. Nun zeichnen wir die Hebfläche $o\,p$, verlängern sie und ziehen daran um A den sie berührenden Hebkreis.

Die Ausgangspalette wird wie früher konstruiert, t liegt auf dem Zahnspitzenkreis. q liegt $8^1/_2{}^0$ über a. Wir ziehen die Hebfläche $q\,t$, verlängern sie und zeichnen den sie berührenden Hebkreis um A. Der Hebkreis der Ausgangspalette ist viel größer als der der Eingangspalette.

Beispiel: Gegeben ist:

Raddurchmesser wie früher $= 7{,}5$ mm, $Z = 15$.

Um nun auch hier die Werte auf ihre Richtigkeit zu prüfen, benutzen wir die Tabelle „freier Ankergang, ungleicharmiger Anker, Rad mit Spitzzähnen."

Die Werte müssen wieder durch Interpolation gefunden werden.

	Äußerer Ankerkr.-Drchm.	Innerer Ankerkr.-Drchm.	Ruhekreis-Drchm.	Hebkr.-Drchm. für 10° Beweg.
für D. = 7 mm	5,32	2,86	4,08	1,56 u. 2,50
für D. = 0,5 mm	0,380	0,204	0,291	0,112 u. 0,178
für D. = 7,5 mm	5,700	3,064	4,371	1,672 u. 2,678

	Ankerhöhe	Palettenbr. f. 10° Beweg.	Ankerweite	E. E.
für D. = 7 mm	1,20	0,66	4,04	3,08
für D. = 0,5 mm	0,086	0,047	0,288	0,291
für D. = 7,5 mm	1,286	0,707	4,328	3,371

Die Abmessungen von Rad und Anker sind wie beim gleicharmigen Anker.

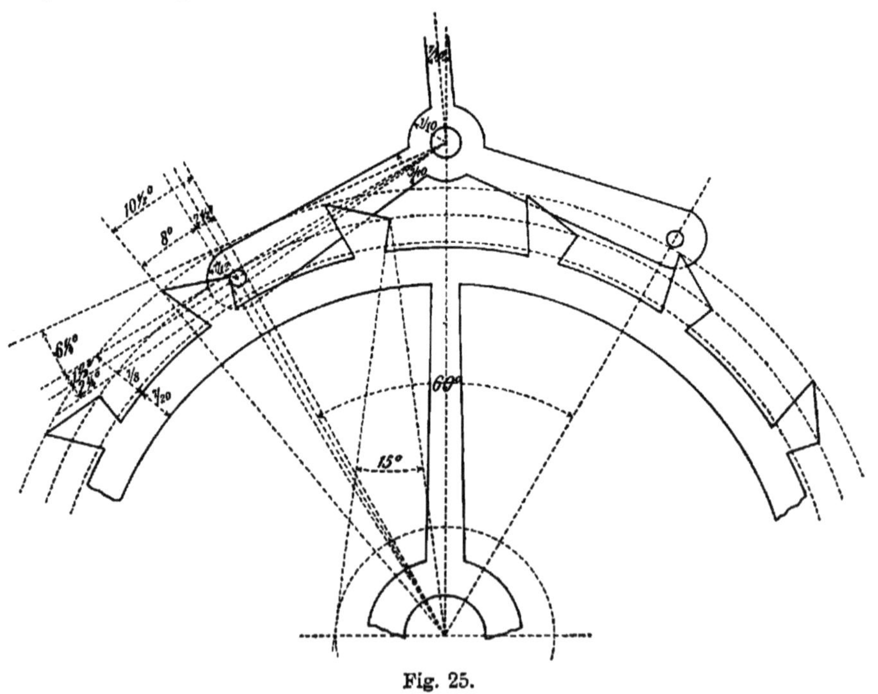

Fig. 25.

c) Der Stiftenankergang.

Der Anker Fig. 25 enthält in seiner einfachsten Form Stahlstifte, an denen die Hebflächen der Gangradzähne wirken.

Der Einfachheit der Ausführung wegen versah Adolf Lange anfänglich die Glashütter Uhren mit diesem Gange. Heute haben ihn die sogenannten Roßkopfuhren, sowie manche der in Amerikaner Uhren und Weckern verwendeten größeren Uhrwerke.

Ein Vorteil dieses Ganges ist das außerordentlich geringe Gewicht des Ankers. Trotzdem man die Stifte so schwach als möglich macht, übergreift ihr Durchmesser doch im Mittel $2^1/_2{}^0$ des Gangradzahnspitzenkreises und entfällt auf die Stiftenrundung $2^1/_4{}^0$ der Hebung, sodaß die Hebfläche am Zahn (bei $8^1/_2{}^0$ Gesamthebung)

$$10^0 - 3^3/_4{}^0 = 6^1/_4{}^0$$ Hebung hervorzubringen hat.

M. Großmann gab die Konstruktion des Ankermittelpunktes auf der inneren Tangente an.

Bei zahlreichen, ausgeführten Ankern fand sich im Mittel bei genauer Nachmessung die Eingriffs-Entfernung $= 9/8\ Ra$.

Die Konstruktion des Stiftenankers.*) Fig. 25.

Der Ankeröffnungswinkel 60^0 wird eingezeichnet und symmetrisch zu seinen Schenkeln zur Bestimmung des Stiftdurchmessers je $2^1/_2{}^0$ angetragen. A ist bestimmt aus $E =$

$$A\,M = \frac{9}{8} \times Ra$$

Wir ziehen nun $A\,e$ und $A\,a$ und zeichnen für die Eingangspalette nach innen

Gangradhebung $\qquad 6^1/_4{}^0$ }
daran Ruhewinkel $\qquad 1^1/_2{}^0$ } zusammen 10^0 an.
daran Hebstifthebung $2^1/_4{}^0$ }

---

*) Im letzten Augenblicke wurde erst bemerkt, daß die Buchstaben im Klischee fehlen. Sie entsprechen aber den vorher gebrauchten.

In Folge der rückwärts unterschnittenen Form der Gangradzähne kann ein etwas größerer Teil der Gangradbewegung für Zahn- und Stiftbreite dienen, nämlich (statt 10^0 des englischen Ankerganges) $10^1/_2{}^0$.

Wir tragen daher an Mm nach links 8^0 an, wodurch die Gangradzahnhebfläche bestimmt ist, deren Anfangspunkt k den Schnittpunkt des äußeren Zahnspitzenkreises mit dem Schenkel Mk bildet.

Wir zeichnen nun die Gangradzahnhebfläche, den Stift, dessen Mittelpunkt auf Me liegt, ein und an der Ausgangspalette den Stift, welcher den Zahnspitzenkreis von außen berührt. Seinen Umfang berührt ein Kreisbogen, der mit Aa um A gezogen und außerdem den äußeren Radzahnspitzenkreis schneidet. Letzteren von außen.

Den Zugwinkel können wir nicht am Stifte anbringen, weshalb ihn die Vorderfläche des Gangrad

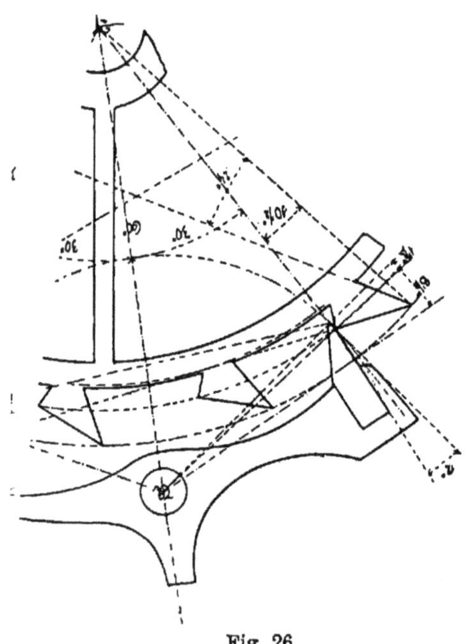

Fig. 26.

zahnes erhält, er ist $= 15^0$. Die übrigen Teile werden nach den eingeschriebenen Maßen ausgeführt.

Ein Nachteil des Ganges ist übrigens der große Fall, welcher $12^0 - 10^1/_2{}^0 + \dfrac{2^1/_2{}^0}{2} = 1^1/_2{}^0 + 1^1/_4{}^0 = 2^3/_4{}^0$ beträgt.

Um den Vorteil zu wahren, daß der Antrieb des Ankers stets an demselben Hebelsarme erfolgt, hat man den

Stiftenanker mit Steinen ausgeführt, Fig. 26,

die entweder dreieckig oder trapezförmig sein können. In ersterem Falle kann der Anker leicht wie der ältere Glashütter erzeugt werden, aber da dieser Anker ebensowenig auf das Auge einen Eindruck macht wie der mit Stahlstiften, so wird man lieber letzteren machen. Doch ist mir keine Firma bekannt, welche Ankeruhren mit derartigen Hebsteinen herstellt. Da die Kanten der Steine so wenig abgerundet werden können, daß an ihnen keine Hebfläche entsteht, so erteilt der Gangradzahn die ganze Hebung.

Die Konstruktion ist der vorigen ganz entsprechend. Der Zugwinkel wird hier wieder an den Hebsteinen angebracht, er ist 12° an der Eingangs- und 13½° an der Ausgangspalette.

Der Kolbenzahnankergang.

Derselbe wurde früher nur in den gewöhnlichen Uhren gleicharmig, heute aber allgemein ungleicharmig ausgeführt. Gelegentlich finden wir auch den halbungleicharmigen Anker. (Siehe Fig. 22.)

M. Großmann gibt die Konstruktion des Ankermittelpunktes auf der Tangente des inneren Gangradzahnspitzenkreises (Grundkreises) an, in Wirklichkeit ist die Eingriffsentfernung aber größer, sodaß man den Ankermittelpunkt in der Praxis meist mit dem Schnittpunkte der Tagenten an dem äußeren Radzahnspitzenkreis zusammenfallend annehmen kann.

Bei feiner Ausführung dienen 11° Gangradbewegung zur Hebung. Für die Zahnspitzenbreite entfällt nichts.

Die Aushölung der Rückseite des Zahnes beseitigt die Gefahr des Aufsitzens.

Die Verteilung der Hebung auf Radzahn und Anker erfolgt fast ausschließlich so, daß stets nur eine Kante auf Hebung wirkt, z. B. zunächst die Vorderkante des Radzahnes an der Hebfläche des Ankers und dann die Endkante der Ankerhebfläche an der Radzahnhebfläche.

Man hat die Forderung aufgestellt, daß während der Hebung die Hebflächen einander genau in der Mitte berühren, dies ist indeß nicht vorteilhaft, weil bei dem Aneinanderhingleiten von Flächen das Dickerwerden des Öles immer zunehmend einen ungünstigen Einfluß ausübt. Die Flächen kleben sozusagen aneinander. Die Verteilung der Hebung nimmt man im allgemeinen in dem Verhältnis der Zahn- und Palettenbreite vor.

Die Nachmessung ergab für den ungleicharmigen Anker in Glashütter Uhren, wie für den ungleicharmigen Schweizer Anker (Patek, Philippe & Cie.).

Radzahnbreite $4^{1}/_{2}{}^{0}$	Hebung 3^{0}
Palettenbreite $6^{1}/_{2}{}^{0}$	Hebung $5^{1}/_{2}{}^{0}$
11^{0}	$8^{1}/_{2}{}^{0}$

Der Kolbenzahnankergang hat in der Praxis bisher vorzügliche Ergebnisse geliefert, was zum Teil auch darin liegt, daß er in Folge seiner kürzeren Hebfläche, an Gangrad und Anker — dem englischen Ankergang gegenüber — da seine Hebfläche gerade gemacht wird, näher an die Einhaltung einer gleichbleibenden Übersetzung kommt, als der englische Ankergang, die kürzeren geraden Hebflächen fallen mit den gekrümmten, die gleiche Übersetzung liefern, nahezu zusammen.

Der halbungleicharmige Kolbenzahnanker.   Fig. 27.

Derselbe fand sich z. B. bei genauerer Nachmessung von Uhren der Firma Patek, Philippe & Cie. in Genf.

Man zeichnet den Ankeröffnungswinkel in dessen Schnittpunkten mit dem äußeren Zahnspitzenkreis die Tangenten, welche einander im Ankermittelpunkte schneiden.

Nun trägt man an Me und Ma nach links je $^1/_4 \times 6^1/_2{}^0 = 1^0\ 37^1/_2{}'$, nach rechts $^3/_4 \times 6^1/_2{}^0 = 4^0\ 52^1/_2{}^0$

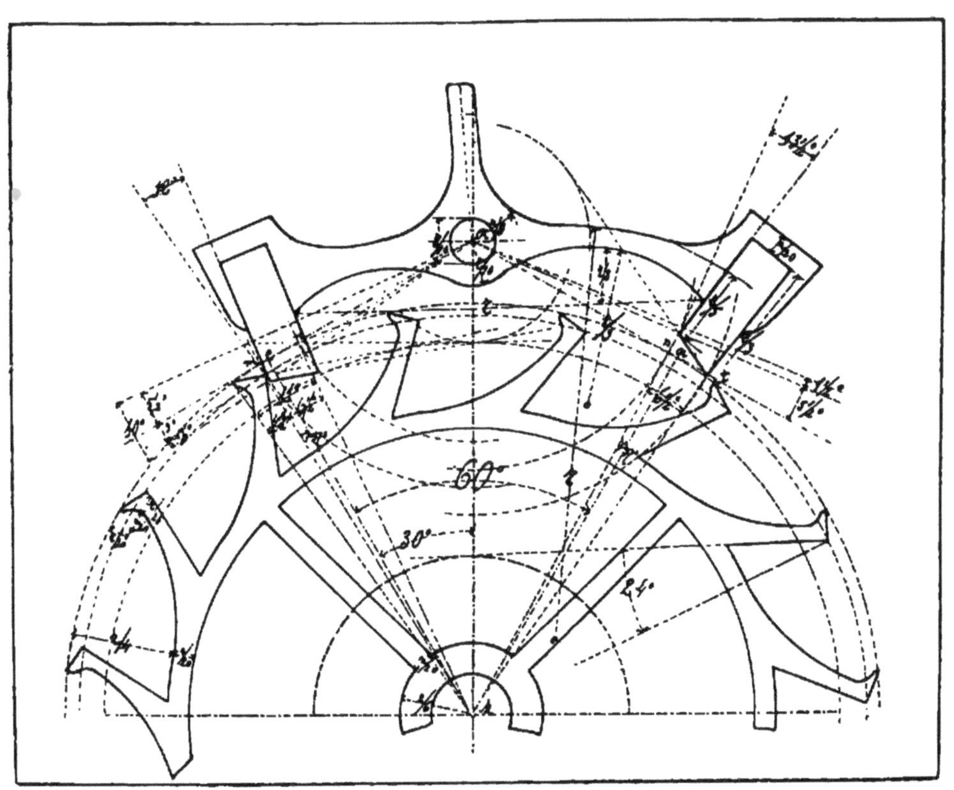

Fig. 27.

an, wodurch man m, n und s, t, auf dem Zahnspitzenkreise findet.   Nach m kommt der Anfangspunkt der Zugfläche der Eingangspalette, nach Durchstreichung von $3 + 1^1/_2 = 4^1/_2{}^0$, nach *n* der Endpunkt der Hebfläche nach Durchstreichung von 10°; entsprechendes gilt für die Ausgangspalette.

Die Konstruktion dieses Kolbenzahnankers ist der des folgenden entsprechend.

Die Konstruktion des Glashütter Ankers.

Derselbe ist ungleicharmig. Fig. 28.

Man zeichnet den Ankeröffnungswinkel $= 60°$ symmetrisch zur vertikalen Mittellinie an, zieht in den Schnitt-

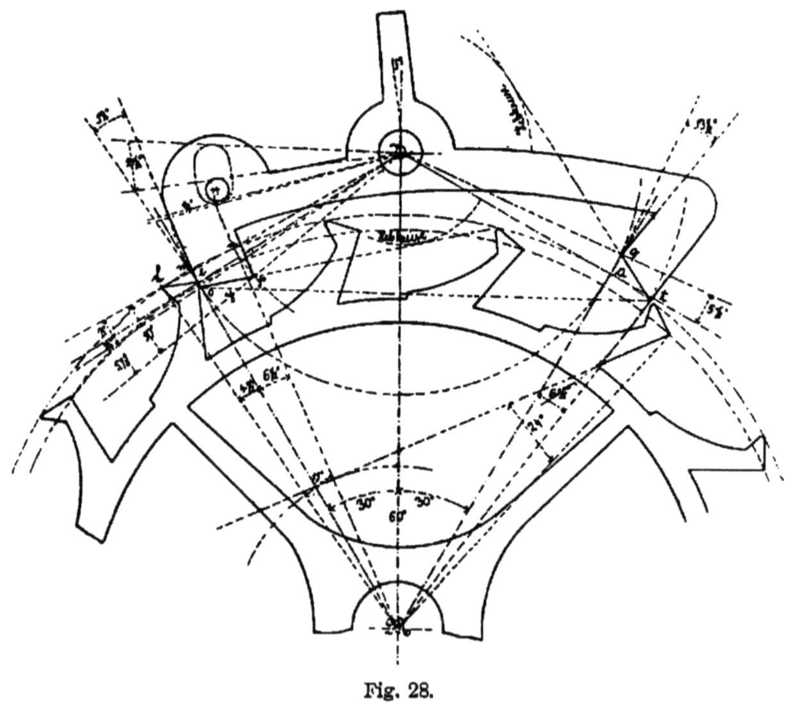

Fig. 28.

punkten *e* und *a* mit dem äußeren Zahnspitzenkreis die Tangenten, in deren Schnittpunkt der Ankermittelpunkt *A* liegt. Dann zeichnen wir links an *Me* $\angle\, eMl = 4\frac{1}{2}°$ an, um die Radzahnbreite, rechts von

Me und $Ma \measuredangle eMn = \measuredangle aMt = 6\frac{1}{2}^0$ an, um die Palettenbreite zu bestimmen.

Hierauf tragen wir nach unten an Me

$\measuredangle eAm = 3^0$ für die Gangradhebfläche,

$\measuredangle eAo = 1\frac{1}{2}^0$ Ruhewinkel,

$\measuredangle o'Ay = 5\frac{1}{2}^0$ für die Palettenhebfläche an,

ziehen um A mit An einen Kreis und tragen von n nach unten Bogen np an, der zum 10^0 Winkel gehört. p liegt also nicht im Schnittpunkte des Kreises durch n mit dem Schenkel Ay, sondern unterhalb desselben.

Die übrige Konstruktion ist den bisherigen gleich und sind die Abmessungen der Zeichnung entsprechend einzuhalten.

Anstatt der Begrenzungsstifte, welche ein Zuweitschwingen des Ankers verhindern, ist im kürzeren Ankerarm ein Stift, welcher durch ein Loch, das durch die Platine geht, ragt und dem Stifte nach jeder Seite $\frac{1}{2}^0$ Mehrbewegung erlaubt.

Gabel und Hebstein.

Die Form der Gabel richtet sich einesteils nach der des Hebsteines, andernteils aber darnach, ob eine große oder kleine Sicherungsrolle verwendet ist. Über die Gabel wurde übrigens schon auf Seite 98 das nötige gesagt.

Sicherungsstift oder Sicherungsspitze und Sicherungsrolle

verhindern, daß der Anker während des Überschwunges der Unruh nach der Mittellage sich hinbewegt.

Ist eine einfache Sicherungsrolle, welche dann zugleich den Hebstein trägt, vorhanden, so genügt ein Stift in der Gabel (wie in englischen Uhren) oder wir finden eine mit dem Gabelkörper aus einem Stück hergestellte Kante (die Sicherungsspitze der billigen Schweizer Uhren), weil der Stift leichter Verbiegungen ausgesetzt ist.

Bei kleiner Sicherungsrolle muß die Spitze aus dem Gabelkörper hervortreten und wird entweder angeschraubt, wie bei Schweizer Werken, oder eingeschlagen und eingenietet, wie bei Glashütter Uhren. Die kleine Sicherungsrolle wird in feinen Uhren angewendet, wenn die Unruh während kleiner Drehbewegung von 30^0 bis 36^0 auslöst und den Antrieb erhält, da die einfache Rolle hier nicht mehr sicher entspricht.

Vorderseite der Gabelhörner und Hebstein, Rückseite der Gabelhörner und Hebstein.

Die Gabelhörner haben die Aufgabe:

1. beim übermäßigen Schwingen der Unruh mit ihrer Rückfläche den Stoß des Hebsteines aufzunehmen. Um dies elastisch zu machen, hat man die sogenannte Federgabel konstruiert, welche ein Federn der Gabelhörner nach der Mittellinie der Gabel gestatten. Sie werden aber heute nicht mehr gemacht;

2. sollen die Gabelhörner verhindern, daß, wenn der Sicherungsrolleneinschnitt schon der Sicherungsspitze ein Weiterbewegen erlaubt — ehe der Hebstein im Gabeleinschnitt steht —, daß die Gabel sich zur Mittellage bewegt. Die Gabelhörner müssen zu diesem Zwecke so lang sein, daß sie in dem Augenblicke, wo der Anfangspunkt des Sicherungsrolleneinschnittes vor die Sicherungsspitze kommt,

Ferdinand Adolf Lange wurde am 18. Februar 1815 in Dresden geboren. Er arbeitete bei Winnerl in Paris, von wo er sich nach Glashütte wandte. 1848 gründete er die Uhrmacherschule in Glashütte, wozu die sächsische Regierung eine Unterstützung von 10000 Taler gewährte. Bis zum Jahre 1867 hatte er geschäftlich schwer zu kämpfen, dann aber hob sich sein Unternehmen schnell. Durch Gründung der Uhrenindustrie hat er sich ein außerordentliches Verdienst um das Gewerbe erworben, und seine Ehrungen widerfahren einem der Würdigsten.

vor dem Hebsteine stehen und bei der geringsten Gabelbewegung auf diesen treffen.

Gabel und Begrenzungsstifte (oder Ecken).

Die Engländer ordnen, um eine zu große Gabelbewegung zu verhindern, über 1⁰ Mehrbewegung als die Ankerdrehung für Auslösung und Hebung beträgt, dünne elastische Begrenzungsstifte an; da dieselben indes leicht beschädigt werden, so benutzen die Schweizer Fabrikanten die Kanten an den Aussparrungen der Gestelle. Früher waren die Begrenzungen so, daß die Gabel sich auf einer ganzen Seitenfläche anlegte, was aber bei Uhren, die nicht sehr reinlich gehalten waren, große Mißstände zur Folge hatte, weshalb man diese letztere Begrenzungsart verließ. Die Glashütter Uhren haben, wie bereits bemerkt, eine hohlkreiszylindrische Aussparrung im Gestell und einen Stift im Arm der Eingangspalette des Ankers. (Vergl. Fig. 28.)

Konstruktion von Gabel, Hebstein und Sicherungsteilen für die Übertragung der Bewegung vom Anker auf die Unruh.

Die Achsenentfernung Anker-Unruh machte man früher, um recht kurze leichte Gabeln zu erhalten, so klein als möglich. Dann aber, um die Ankerwelle aus dem Bereich der Unruh zu bringen und so lang wie die übrigen Wellen herstellen zu können, die genannte Entfernung bedeutend größer, wovon man heute indeß bereits zurückgekommen ist.

Mit Rücksicht auf die Regulierung der Uhr sind kurze, leichte Gabeln und ein kleiner Unruhdurchgangswinkel zu empfehlen.

Letzterer ist in guten Uhren 30—40⁰ (früher 40—50⁰).
Einfache (große) Sicherungsrolle bedingt für

gewöhnliche Uhren 40—45⁰,

für feine „ 35—40⁰.

Kleine Sicherungsrolle*) 35⁰,

bei bester Ausführung 30⁰.

Die Achsenentfernung Anker-Unruh ist in neueren, guten englischen Gängen

$$E = 1,55 \text{ bis } 1,65 \times Ra \text{ des Gangrades}$$

bei 10⁰ Gabel und 35—40⁰ Unruhdrehung.

In gewöhnlichen neueren Schweizer Gängen

$$E = 1,45 \text{ bis } 1,7 \, Ra \text{ des Gangrades}$$

bei Anordnung in gerader Linie, bei 10—12⁰ Gabel- und 35—40⁰ Unruhbewegung.

Bei feineren Schweizer Gängen, ebenfalls in gerader Linie

$$E = 1,45 \text{ bis } 1,6 \times R \text{ des Gangrades}$$

bei 10⁰ Gabel und 30—35⁰ Unruhbewegung.

In den Glashütter Gängen, die immer die kleine Sicherungsrolle haben, ist

$$E = 1,25 \text{ bis } 1,3 \times R$$

bei 10⁰ Gabel und 30—35⁰ Unruhbewegung.

Je schmaler der Hebstein, desto früher beginnt vor der Mittellinie die Auslösung, je breiter, desto näher derselben, dafür beginnt aber im letzteren Falle der Antrieb um so weiter vor ihr. Man findet deshalb eine mittlere Breite und zwar:

---

*) Kleine Sicherungsrolle wird meist als Doppelplateau bezeichnet. Dieser Ausdruck ist eigentlich nicht richtig, denn nicht immer finden wir den Hebstein in einer größeren Rolle, sondern z. B. in Glashütter Uhren in einem Unruhschenkel befestigt. Da finden wir nur eine Rolle, also kein „Doppelplateau".

Hebsteinbreite in Glashütter Uhren $\dfrac{R}{7,5}$ bis $\dfrac{R}{8}$,

„　　„　englischen　　„　$\dfrac{R}{9}$ bis $\dfrac{R}{10}$,

„　　„　Schweizer　　„　$\dfrac{R}{6}$ bis $\dfrac{R}{7,5}$.

Aufzeichnung der Anordnungen von Gabel und Rolle.

a) Anordnung mit großer Sicherungsrolle, Fig. 29:

Angenommen Gabelbewegung 10^0,

gleichzeitige Unruhbewegung 40^0,

englische Ausführung $AU = E = 1,6 \times R$.

An AU von a als Scheitel trägt man symmetrisch 10^0,

von U „　　„　　„　　„　　„　40^0 an.

Die Schenkel schneiden einander in a und b.

Aa ist der wirksame Kreishalbmesser der Gabel,

Ua „　„　　„　　　„　　des Hebsteines.

Wir ziehen um A und U durch a die Kreise.

Nun zeichnen wir den Hebstein ein, mit $\dfrac{1}{3}$abgeflachtem

Kreisquerschnitt, Steinbreite $\left(= \dfrac{1}{9}\, r = \dfrac{1}{9} \times 62,5 = 7\ \text{mm}\right)$

sein Mittelpunkt liegt in a, die Abflachung ist konzentrisch zu U.

Senkrecht und symmetrisch zu Aa tragen wir nun die Gabeleinschnittsbreite (nur sehr wenig, etwa 0,3 mm) größer als die Steinbreite auf. Die

Tiefe des Einschnittes ist $\dfrac{1}{12}\, r = \dfrac{62,5}{12} = 5,2\ \text{mm}$.

Nun zeichnen wir die Gabelhörner. Ihr innerer Teil muß so geformt sein, daß die Entfernung zum Hebstein von außen nach innen kleiner wird, etwa wie in beistehender Zeichnung.

Die Rückseite der Gabel ist so zu bilden, daß der Hebstein beim Prellen sich nicht festklemmen kann.

Wir zeichnen den Sicherungsstift

$$\frac{1}{30}\,r = \frac{1}{30} \times 62{,}5 = 2{,}10 \text{ mm}$$

hinter dem Gabeleinschnitt rund und

$$\text{Stärke} = \frac{1}{17}\,r = \frac{1}{17} \times 62{,}5 = 3{,}6 \text{ mm}.$$

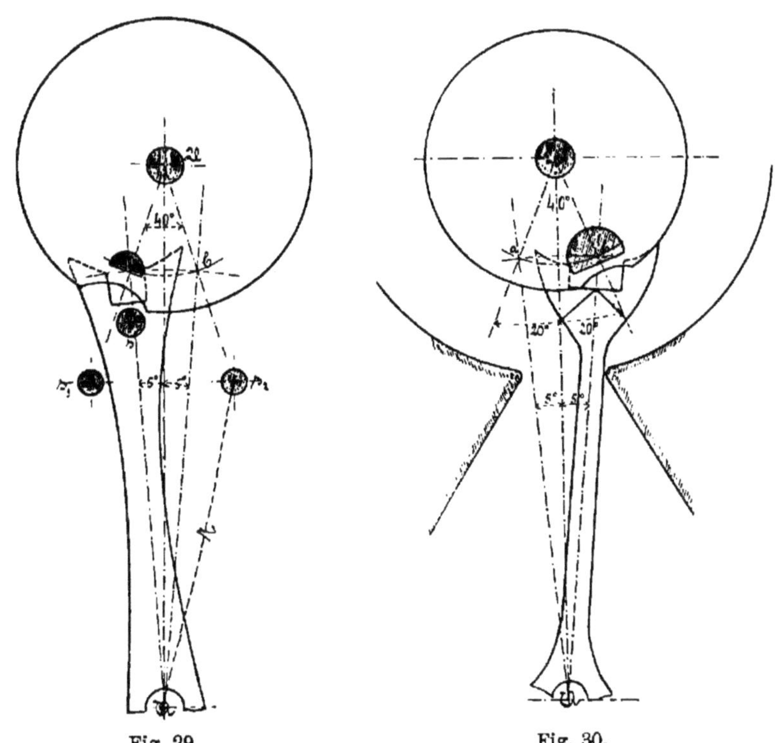

Fig. 29.   Fig. 30.

Der Durchmesser der Sicherungsrolle wird so gewählt, daß ein sehr geringer Zwischenraum zum Sicherungsstift vorhanden ist.

Die Breite des Einschnittes der Sicherungsrolle ist gleich dem Bogen, den $\angle\,A\,a\,b$ auf dem Rollenumfange umfaßt. Die Tiefe ist so groß, als es der Hebstein erlaubt.

Die Begrenzungsstifte s_1 und s_2, welche das Zuweit-schwingen der Gabel verhindern, müssen nach jeder Seite $1/2^0$ bis $3/4^0$ Mehrbewegung gestatten, sonst würde die Gabel bei jeder Hebung anschlagen.

Die Entfernung ihrer Mittelpunkte von A ist r. Ihre

$$\text{Stärke} = \frac{1}{15}\, r = \frac{62{,}5}{15} = 4{,}2 \text{ mm.}$$

Die übrigen Abmessungen und die Formgebung erfolgt entsprechend der Zeichnung.

Schweizer Anordnung mit einer Scheibe.
(Einfaches Plateau.) Fig. 30.

Angenommen Ankerbewegung 10^0, Unruhbewegung 40^0.

Wir tragen wieder symmetrisch zu $A\,U$ an A 10^0 und an U als Scheitel 40^0 an. In b ist der Mittelpunkt des Heb-steines, wir zeichnen ihn, seinen Durchmesser etwas kleiner als die Einschnittbreite (9,5 mm) wählend.

Hierauf tragen wir symmetrisch zu $A\,b$ die Einschnitt-breite $= 9{,}5$ an und machen die Tiefe $= \dfrac{1}{12}\,R = \dfrac{1}{12} \times 66{,}7$ mm $= 5{,}56$ mm.

Gabeleinschnittbreite $= 1/_7\,R = \dfrac{66{,}7}{7} = 9{,}5$ mm.

Eingriffsentfernung $A\,U = 1{,}5 \times R$

$$R = \frac{100}{1{,}5} = 66{,}4 \text{ mm.}$$

Hierauf zeichnen wir die innere und dann die äußere Form der Gabelhörner, sowie den Hebstein in dem Momente, wo er beim Prellen die Gabel von außen berührt, damit man sieht, ob jedes Prellen vermieden ist.

Die Sicherungsspitze, welche mit der Gabel aus einem Stück ist, ragt bis zum Grunde des Einschnittes. Die Sicherungsrolle geht knapp an der Spitze vorüber, wir ziehen den Kreis und machen den Einschnitt etwas schmäler, als in der vorigen Konstruktion.

Endlich zeichnen wir die Gabel entsprechend Fig. 30 und darauf die an Stelle der Stifte tretenden Kanten, welche der Gabel nach jeder Seite eine Mehrbewegung von $1/_2{}^0$ bis $3/_4{}^0$ gestatten müssen.

Schweizer Anordnung mit kleiner Sicherungsrolle. Fig. 31.

Ankerbewegung $= 10^0$,

Unruhbewegung $= 30^0$,

Die Konstruktion entspricht den vorhergehenden bis auf die Bestimmung der Länge der Gabelhörner.

Die beistehend gezeichnete Anordnung findet sich in feinen Schweizer Uhren.

Eingriffsentfernung, Anker- und Unruhbewegungswinkel, die wirksamen Kreise, Gabeleinschnitt, Hebstein zeichnen wir auf und dann die kleine Sicherungsrolle, deren

$$Durchmesser = \frac{R}{2},$$

wenn $E = 1{,}55\ R$

$$R = \frac{wo}{1{,}53} = 64{,}5\ \text{mm},$$

$$d = \frac{R}{2} = 32{,}25\ \text{mm ist.}$$

Der Sicherungseinschnitt wird symmetrisch zu $U\,a$ gezeichnet und so tief, daß die Spitze in der Mittellage am Grunde noch genügend Spielraum hat.

Je breiter er ist, desto länger müssen die Gabelhörner sein. Hier ist er $= 1/_5\ R$ breit.

Zur Bestimmung der Länge der Gabelhörner zeichnen wir uns die Sicherungsrolle in der Lage auf, wo

eben die Sicherungsspitze vor dem Anfangspunkt des Ausschnittes steht. Zieht man die Mittellinie des Ausschnittes,
zeichnet sodann den Hebstein in der zugehörigen Lage, so
müssen die Gabelhörner so lang sein, daß sie in diesem

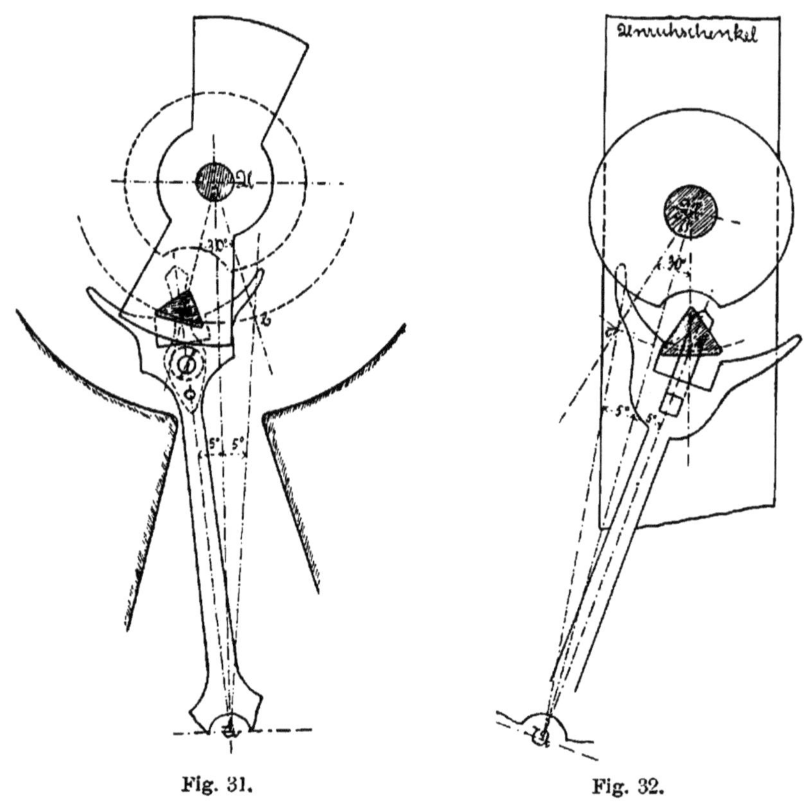

Fig. 31.   Fig. 32.

Moment bereits vor dem Hebstein stehen, und an denselben
Hebstein treffen, falls schon jetzt eine Bewegung der Gabel
nach der Mittellinie erfolgt.

Endlich zeichnen wir die Rückseite der Gabelhörner
und anliegend daran den Hebstein, um zu sehen, ob er sich
nicht klemmen könnte.

Im allgemeinen genügten etwas kürzere Gabelhörner,
als wir sie gewöhnlich ausgeführt finden.

Glashütter Anordnung. Fig. 32.

Diese ist ganz der vorigen entsprechend, nur die Form der Gabel ist zum Teil wegen der Befestigung der Sicherungsspitze eine etwas andere. Der dreieckige Hebstein sitzt im Unruhschenkel.

Unruh-Schenkelbreite $\dfrac{1}{27}\,r$,

Sicherungsrollen $D = \dfrac{1}{2,2}$,

Steinbreite $= \dfrac{r}{7,5}$,

Gabelkörper am Auge (bei A) $\dfrac{r}{14}\,r$, gegen Ende schwach verlaufend bis $^1/_{18}\,r$,

Sicherungsstift $D = \dfrac{1}{25}\,r$.

Die Zweistiftgabel von George Savage.

Um die Auslösung hinter der Mittellinie erfolgen zu lassen, ordnete Savage zwei Auslösstifte in der Sicherungsrolle an und läßt den Antrieb vom Sicherungsstift aus erfolgen. Hierzu ist der Sicherungseinschnitt gerade und so schmal, daß der Stift, welcher als Hebstein wirkt, eben Raum findet. Die Ausführung muß sehr genau sein, um zu entsprechen. Besser ist es wohl, statt der Stifte einen entsprechend breiten Hebstein zu verwenden. Heute dürfte man die Savagesche Anordnung mit zwei Stiften nicht mehr ausführen, da man den Stein ohnehin viel breiter macht, als früher.

Die Gesamtanordnung des freien Ankerganges.

Derselbe kann „in gerader Linie" (Fig. 22 und 33) oder „im rechten Winkel" (Fig. 34) erfolgen.

Bei ersteren ist Gangrad, Anker- und Unruhmittel in gerader Linie gelegen, bei letzterer bilden die Mittellinien einen rechten Winkel. Vom mechanischen Standpunkte ist die Wirkung in beiden Fällen fast dieselbe, doch ist sie für die Anordnung der Uhr nicht gleichgiltig.

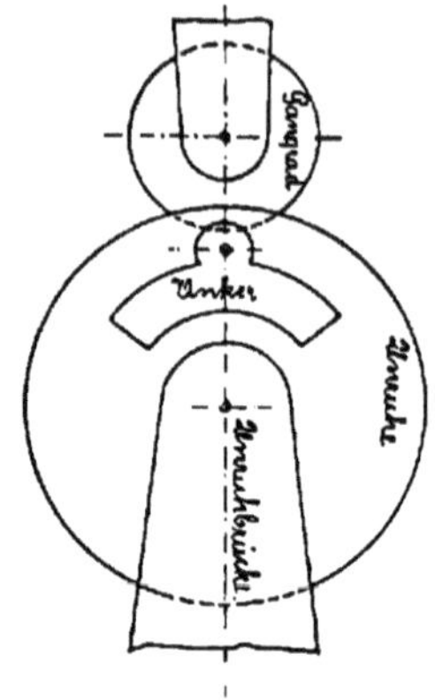

Fig. 33.

Beim Gang in gerader Linie kommt die Gangradwelle außerhalb des Unruhbereiches, kann also mit den übrigen Wellen gleiche Länge erhalten, der Gang ist mehr sichtbar und deshalb finden wir diese Anordnung in den feineren Schweizer und in den Glashütter Uhren.

Beim Gang im rechten Winkel kommt die Gangradwelle unter die Unruh. Da der Gang weniger Raum einnimmt, als der vorige, so kann er, sowie das ganze Räderwerk der Uhr, für denselben Platinendurchmesser etwas größer gehalten werden, als wenn ein Gang in gerader Linie verwendet ist.

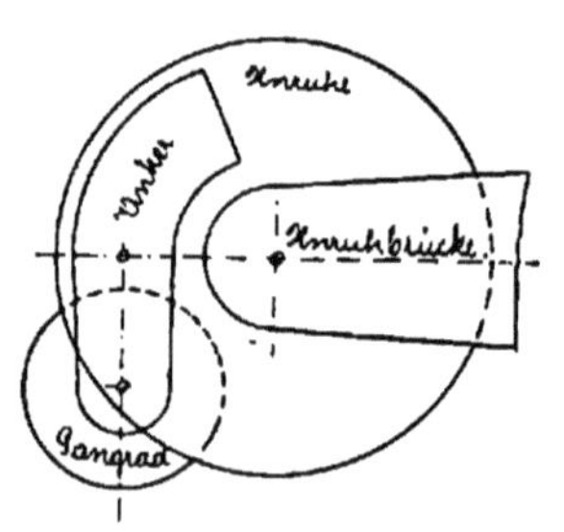

Fig. 34.

Außerdem unterscheidet man nach der Ausführung des Ankers:

Anker mit bedeckten Hebsteinen (levées couvertes),

  „   „   sichtbaren   „   (levées visibles).

Ersterer ist in den Glashütter und englischen Uhren, sowie in den gewöhnlichen Schweizer Werken gebraucht; letzterer, welcher dem Auge einen reicheren Eindruck macht, wird in den teueren Schweizer Uhren angewendet. Bei ersteren sind die Steine sicherer gefaßt. Bei sorgfältiger Ausführung ist aber die eine Anordnung so gut wie die andere.

Die Herstellung des englischen und des Kolbenzahnankers.

1. Nach M. Großmann in Glashütte (Fig. 35).

Man macht eine Scheibe vom Durchmesser gleich dem äußeren Palettenkreis und feilt sie auf $R + A h$*) ab. Die Ecke o bestimmt dann den Anfangspunkt der Eingangs-, t den Endpunkt der Ausgangspalette. Die Scheibe erhält ein Loch von dem Durchmesser $=$ Ankerwellenstärke. Wir

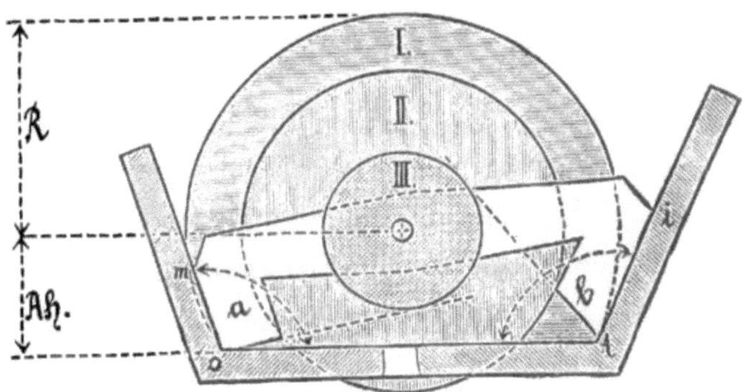

Fig. 35.

stecken sie auf ein ausgeglühtes, geschliffenes und endlich blau angelassenes Blech, aus dem der Anker zu machen ist und reißen den äußeren Ankerkreis und $o\,t$ vor; hierauf bringt man eine Scheibe vom Durchmesser des inneren Ankerkreises auf und reißt mit einer Spitze den letzteren vor. Hierauf werden die Vorderflächen in o, die Rückfläche in t weggerissen, wozu man nach Zeichnung oder Tabellen gearbeitete $\angle\ m\,o\,t$ und $\angle\ i\,t\,o$ benützt.

Die Streifen feilt man längs $o\,m$ und $t\,i$ ab, worauf (beim gleicharmigen Anker) eine Scheibe vom Durchmesser gleich dem Hebkreise auf den Stift schiebt und mittels

*) $R =$ äußerer Palettenkreisradius, $A\,h =$ Ankerhöhe.

Lineal und Reisnadel an dieselbe berührend durch o und t die die Hebflächen bildenden Linien zieht. Nun feilen wir den Anker ab, sodaß die Hebflächen stehen bleiben, und endlich die Paletten je parallel zu den äußeren Begrenzungsflächen.

Entsprechendes gilt für den ganz- oder halbungleicharmigen Anker. Wir benötigen hier dann fünf resp. sechs Scheiben.

Eine andere Art der Herstellung des Ankers. Fig. 36.

Während bei M. Großmanns Methode eine nachträgliche Untersuchung des Ankers nicht mehr ganz genau vorgenommen werden kann und deshalb ein Abfühlen des Ankers im Eingriffszirkel nötig ist, kann mit Hilfe dieser anderen Methode jederzeit der Anker nachträglich untersucht werden und können die Einfeilungen zur Aufnahme der sichtbaren Hebsteine mit an glasharter Leitfläche geführter Feile erfolgen.

Verlängert man die Rückfläche $o\,u$ des Hebsteines des Eingangs und die Vorderfläche $q\,l$ des Hebsteins der Ausgangspalette, so schneiden sie einander in O_1, verlängert man die Hebfläche letzterer Palette, so schneidet sie $o\,u$ in O_2, worauf wir $O_2\,E$ beliebig ziehen. Damit wir in O_1 und O_2 Stifte einschlagen können, schlagen wir um O_1 und O_2 Kreise.

Nun zeichnen wir um A den Hebkreis für die Eingangspalette und berührend daran Hebfläche $k\,o$, worauf das Stück II gebildet wird. Endlich zeichnen wir berührend an den Hebkreis der Ausgangspalette von O_2 Kante $q\,t$ und konstruieren uns ein Lineal III.

Zur genauen Ausführung von I und II zeichnen wir die berührenden Kreise

$o\,u$	$q\,l$	$k\,o$
1	2	3

und entnehmen $A\,O_1$ und $A\,O_2$ der Zeichnung.

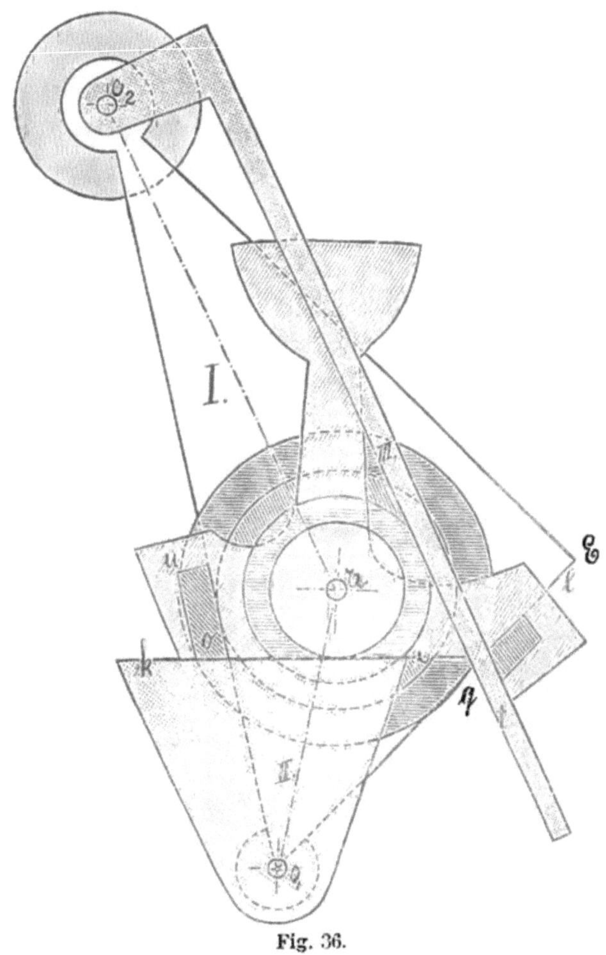

Fig. 36.

Ausführung von I.

In entsprechendes Blech wird ein Loch A gebohrt, der Stift eingepaßt und darauf Scheibe I aufgesetzt, die am besten glashart ist. Hierauf zieht man $O\,O^1$ berührend an I und arbeitet $O_1\,O_2$ rein, schlägt mit $A\,O_1$ und $A\,O_2$ Kreisbogen, wodurch O_1 und O_2 bestimmt sind.

Nun wird Scheibe II aufgesetzt und die Kante $O_1\,E$ genau gefeilt. $O_2\,E$ ist beliebig.

Ausführung von II.

Man dreht eine Scheibe II und setzt sie mittels in O_1 passenden Stift auf ein Stück Stahl, worauf die Kante $k\,o$ genau II berührend gemacht wird, die übrige Form etwa der Zeichnung entsprechend.

Ausführung von III.

Die Linealkante muß genau radial sein.

Hierzu sind noch zwei Hebkreisscheiben (für ungleicharmigen Anker) nötig.

Herstellung des Ankers.

Ein entsprechendes Stahlstück wird auf A aufgepaßt (auf II liegend), Teil II auf O_1 gesteckt, auf A über den Anker die Eingangsscheibe, II soweit verdreht, bis $k\,o$ die Hebscheibe berührt.

II wird nun festgespannt und auf dem Ankerkörper die Hebfläche angerissen, abgenommen und ausgefeilt. Hierbei kann II zur Untersuchung, ob $k\,o$ genau, wieder aufgesetzt werden.

Man setzt nun die zweite Hebscheibe auf und mit dem Lineal III, welches, die Hebscheiben berührend, festgeklemmt wird, reißt man vor und feilt nach.

Nun nimmt man letztere Teile ab, schiebt die Eingangsscheibe II auf O_1 und stellt den vorgefeilten Ankerkörper in die richtige Lage, worauf er mit Teil I fest verspannt wird.

Nun erfolgt das Einfeilen der Einschnitte für die Paletten mit Hilfe von flachen Feilen, welche genau die Breite des Hebsteines (Klauenstärke) als Dicke haben, wobei man sich genau an die Kanten O_1, O_2 und $O_1 E$ hält. — Sind die Hebsteine schon vorhanden, so macht man die Tiefe des Einschnittes ihnen entsprechend.

In den Rohanker, der noch unfaçoniert ist, kann der Steinschleifer nun leicht die Steine einsetzen.

Die Mittellinie der Ankergabel wird auf dem Rohankerkörper vorgezeichnet, wozu ebenfalls I dienen kann. Ist S der Schnittpunkt desselben mit $O_2 E$, so ziehen wir von S nach A die Mittellinie, solange Rohanker und I vorgespannt sind.

Der Einfluß folgender Hebflächen wäre zu prüfen:

a) gerade;

b) diejenige, welche die gleichbleibende Übersetzung der Bewegung vom Gangrade auf den Anker sichert;

c) falsche Flächen, z. B. erhabene, statt hohl und umgekehrt;

d) Formen, wo der Fall vergrößert wird, z. B. bei Stiftenhemmung.

Die Hebflächen mit gleichbleibender Übersetzung lassen sich am Anker, die mit den Gangradzahnspitzen zusammenwirken, leicht anordnen und führen sie erstklassige Firmen tatsächlich aus.

Arbeiten aber, wie z. B. bei manchem Stiftengang, die Hebsteinkanten mit der Radzahnhebfläche, so müßten die Radzahnhebflächen an der Eingangsseite hohl, an der Ausgangsseite erhaben sein, was nur bei Benutzung von zwei Gangrädern durchführbar wäre. Dieselben hätte man natürlich in zwei Ebenen anzuordnen, ähnlich, wie die doppelt angeordneten Ruhearme des Westminsterganges, von denen die einen an der Ruhefläche der Eingangspalette, die anderen an der Ruhefläche der Ausgangspalette wirken.

Bei Kolbenzahnrädern sind die Ruhezahnflächen, wenn, wie in den meisten Fällen, nur die Kanten wirken, ebenfalls als Punktverzahnungen zu entwickeln. Bei den üblichen Kolbenzahngängen, wo der Radzahn $3\,^1/_2\,^0$ oder mehr Grade der Hebung hervorzubringen hat, wirkt zuerst die Hebfläche des Radzahnes am Anfangspunkt von der der Klauen, worauf die äußere Kante des Radzahnes an der Hebfläche der Palette sich betätigt. Hierbei haben wir also Punktverzahnung, welche gegen die Verdickung des Öles weniger empfindlich ist.

In den Glashütter Uhren sind die Hebungswinkel für das Gangrad kleiner und die Anordnung so getroffen, daß die Hebflächen von Radzahn und Anker im letzten Augenblicke der Hebung eine nahezu gerade Linie bilden.

Das Verdicken des Öles übt hier gewiß einen ungünstigen Einfluß, der jedoch weniger hervortritt, weil die Besitzer guter Glashütter Uhren dieselben dem Uhrmacher oft genug zum Reinigen und Ölen übergeben.*) Bei manchen Werken sind die Hebflächen an Radzahn und Anker so bemessen, daß sie einander während der Hebung beständig berühren.

---

*) Für Nichtuhrmacher bemerke ich, daß es eine Schonungslosigkeit, um nicht ein stärkeres Wort zu gebrauchen, gegen den wunderbar ausgebildeten Zeitmesser ist, den sie so wenig beachtet in der Tasche herumzutragen pflegen, wenn sie ihn nicht regelmäßig reinigen und ölen lassen. So etwas erlaubt man sich kaum einer Kaffeemühle gegenüber. Die zart

Mancher Fachmann verlangt bei diesen sogar, daß die Verteilung der Hebungen und Wirkungsweg ebenso bemessen seien, daß die Flächen einen Moment je einmal genau in der Mitte zur Berührung kommen. Diese Konstruktion ist als allgemeine Verzahnung durchzuführen, also nicht mehr als Punktverzahnung. Die Aufgabe, die Übersetzung gleichmäßig zu erhalten, ist jedoch nicht die einzige, welche für die Hebflächenwahl maßgebend ist.

Der Uhrmacher hat noch zwei wichtige Gesichtspunkte ins Auge zu fassen.

1. Die Hemmung soll sich nicht halten lassen.

2. Die Uhr soll, selbstverständlich nur unter dem Einflusse der Federkraft, von selbst angehen.

Manche Uhrmacher geben diesbezüglich an, daß die Hebflächen hohl sein müssen, damit die Uhr sich nicht halten lasse, und erhaben, damit sie von selbst angeht.

Die Erklärung hiefür ist, — vorausgesetzt, daß die Lagerung der Unruh in vollster Ordnung, und die Spirale richtig,

---

gebaute Uhr, welche hohen Anforderungen auf Ganggenauigkeit entsprechen soll, läßt man aber oft viele Jahre ungereinigt und ungeölt. Ich entsinne mich, daß mir ein Gelehrter, der für seine wissenschaftlichen Arbeiten einen außerordentlich genau gehenden Seechronometer besaß, eines Tages erklärte, daß er denselben keinem Uhrmacher zur Reparatur gebe. Er gehe schon über fünf Jahre vorzüglich, ohne geölt oder gereinigt zu werden. Ich erklärte dem Herrn, daß der Bogen vielleicht längst überspannt sei, und daß ich eine Ahnung habe, daß die Uhr binnen Kurzem zur Reparatur von ihm mir übersandt werde. Richtig kam nach drei Wochen der Seechronometer, dessen Zapfen infolge mangelnden Öles eingerieben und ein Unruhzapfen zum Teil verrostet, jedoch, zufälligerweise nicht einseitig, sodaß die Gangergebnisse sich wenig verschlechterten. Die Reparaturkosten, welche durch die Weisheit des Besitzers nunmehr aufliefen, waren sehr hoch, so daß er für Reinigung und Ölung der Uhr für einige Dezennien hinaus ausgekommen wäre!

d. h. so aufgesetzt ist, daß eine Radzahnspitze in der Spiral-
ruhelage auf die halbe Hebfläche, also in der Mitte derselben
steht, — folgende:

Bei stark erhabenen Hebflächen wird die Hebung in
der ersten Hälfte stärker erfolgen als in der letzten, dort
dann geringere Hebungsarbeit zu leisten, welche das Gangrad um so leichter ausführt, als wenig Spiralspannung zu
überwinden ist. In der ersten Hälfte unterstützt aber die
schwache Spiralspannung das Gangrad bei der Hebung. Die
Uhr wird also bei erhabenen Hebflächen leichter angehen.

Bei hohler Form der Hebfläche ist die Hebung gegen
Ende stärker, — die Übersetzung größer. Nur gegen Ende
ist der Widerstand stärker und dies die gefährliche Stelle.
Sonst ist die Übersetzung überall kleiner, der Hebungs-
widerstand leichter zu überwinden, die Uhr wird bei hohlen
Hebflächen — außer am Ende der Hebung — leichter angehen.

Nun wenden wir uns zu den **Fehlern des freien Ankerganges und deren Abhilfen.**

Infolge der großen Zahl der Getriebe des freien
Ankerganges muß bei der Abhilfe von Fehlern die größte
Sorgfalt und genaue Durchsicht verwendet werden. Gerade
bei den gewöhnlichen, in der Reparatur am häufigsten vorkommenden Ankeruhren finden sich viele Fehler, die der
Uhrmacher nur mit Mühe und Zeitaufwand beseitigen kann.
Und oft wird es geschehen, daß er, in der Meinung, einen
kleinen Fehler behoben zu haben, einen größeren hinein-
bringt. Dies ist auch ganz leicht erklärlich! — Er hat dann
über das Zusammenwirken, über das Entstehen der Fehler,
Folgen davon und richtige Abhilfen noch zu wenig studiert,
und ich möchte jedem jungen, strebsamen Uhrmacher an

das Herz legen, in dieses Studium tiefer und genauer einzudringen und so durchzuführen, wie es auf Grund der umfangreichen Erfahrung ausgezeichneter Fachleute in Folgendem dargestellt ist. Im Anfange wird dieses genauere Arbeiten dann natürlich ein zeitraubenderes sein, aber „Übung macht den Meister." Es lohnt sich bald, nachdem er eine Anzahl Abhilfen gewissenhaft vorgenommen. Hat er einmal gelernt, gut und schnell zu arbeiten, so kommt er leichter über die Schwierigkeiten hinweg. Aber dennoch wird er oft vor Rätseln stehen, die in diesem Buche der großen Zahl der vorkommenden Fehler wegen nicht gelöst werden konnten, aber er weiß sich dann leichter zu helfen. Stets ist vor Abhilfe von Fehlern gut zu überlegen, ob mit dieser nicht ein neuer entsteht, welcher oft größer sein kann als der ursprüngliche.

Ein zu fehlerhafter Teil ist gleich zu ersetzen, da der Preis eines solchen nicht im Verhältnis zur Arbeit steht, welche die Abhilfe verursacht. Entsprechend der Reihenfolge, in der die Hemmungsgetriebe behandelt wurden, gehen wir auch bei der Abhilfe vor!

Wir betrachten zunächst die Fehler von Rad und Anker.

Bei einem unrundlaufenden Rad müssen wir entweder den Triebansatz nachdrehen, oder das Rad rund auflacken und das Loch zum äußeren Zahnspitzenkreis genau zentrisch nachdrehen. Viele Uhrmacher lassen — um schneller fertig zu werden, das Gangrad ablaufen (abzupfen), was aber dem Rade ungleiche Teilungen schafft, wodurch neue Fehler entstehen.

Ein ungleichgeteiltes Gangrad muß ersetzt werden, wenn der Fehler zu groß ist. Spitzzähnige Messinggangräder, bei denen nur 1 oder 2 Zähne etwas unrichtig stehen, können durch vorsichtiges Biegen und Nacharbeiten berichtigt werden.

Haben die Kolbenzähne abgerundete Ruheecken (Fig. 37), so ist das Rad zu ersetzen, weil Ruhe und Hebung nie richtig erfolgen können und der Zug fehlt.

Ungleichlange Zähne können Streifungen am Anker verursachen, — hier hilft ein Ausfeilen an der betreffenden Stelle des Ankers. Fig. 38.

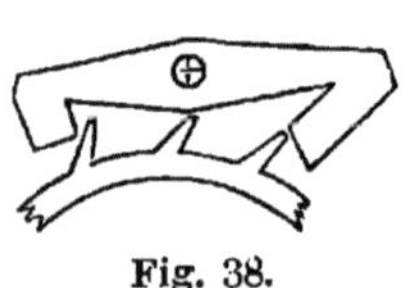

Fig. 37.

Das Gangrad kann, wenn zu viel Spielraum vorhanden, am Mittelteil der Ankergabel streifen, infolge dessen fallen die Zähne manchmal nicht auf die Steine, sondern auf die Fassung. Ist der Fehler, welcher vielleicht durch eine ungeschickte Reparatur hereingekommen, zu groß, dann ersetze man das Gangtrieb.

Fig. 38.

Nach diesen Prüfungen untersuchen wir den Anker

1. ob er fest mit der Gabel verbunden,
2. ob er gut ausbalanciert,
3. ob die Hebsteine fest sind.

Wenn nun beide Teile für sich durchgesehen, so erfolgt die Untersuchung der Zusammenwirkung der genannten Teile.

Man spitzt sich vorerst ordentlich das Putzholz, setzt es in den Gabeleinschnitt ein und führt die Gabel sanft hin und her.

Der Antrieb des Gangrades erfolge dabei vom Minutenrade her, das man mit einem zweiten Putzholze schwach antreibt.

Man beobachtet zunächst, ob sämtliche Zähne auf beiden Paletten richtig auf Ruhe fallen, daß die Ruhe nicht zu klein ist, da dann durch die seitliche Zapfenluft der Radzahn direkt auf die Hebfläche des Ankers fallen kann. Die Ruhe des Zahnes soll so klein als möglich sein, aber noch so gemessen, daß der Zahn mit Sicherheit auffällt.

Zu große Ruhe läßt sich durch Änderung der Eingriffs-entfernung berichtigen, der Steinlöcher wegen, welche an ihrem Platze bleiben müssen, ist es nur möglich, wenn Anker und Gabel nicht aus einem Stücke sind.

Die zweite Abhilfe wäre, wenn die Ruhe beim gewöhn-lichen Schweizergang zu groß oder zu klein ist, das Ver-schieben des Ankers auf der Welle. Bei diesem ist ja der Anker frei auf die Welle geschoben und mit der Gabel fest verschraubt. Ist z. B. die Ruhe zu klein, so schleift man das Loch im Anker mittels eines dünnen Drahtes, der in die Laubsäge gespannt wird mit feinem, in Öl angemachten Schmirgel, länglich. Hiernach reibt man die Stellstiftlöcher, welche den Anker und Gabel verbinden, stark konisch auf der Innenseite auf, und zwar in der Richtung wie der Anker entweder etwas vor oder zurückgeschlagen wird. Fig. 39.

Nun schraubt man wieder Anker und Gabel zusammen, lockert etwas den Gewindegang, damit die Welle beim Richten nicht abspringt. Jetzt spannt man den Anker in eine, diesem Zwecke entsprechend geformte Schubzange, die man sich leicht herstellen kann. Auf beiden Seiten feilt man nun die Zange

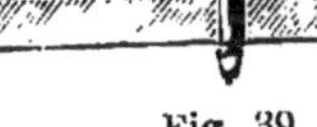

Fig. 39.

solange, bis der Anker damit gut gehalten werden kann. Auf der unteren Seite ist dieselbe ebenfalls auszufeilen, damit der schwache Ansatz der Welle, der mit dem Anker-körper oft gleiche Stärke hat, nicht beschädigt bezw. ab-gebrochen wird. Die Zange ist in Fig. 40 abgebildet.*)

Die den Anker festhaltende Zange wird ganz nahe beim Charnier in den Schraubstock gespannt und der Anker mit einem geeigneten, gabelförmigen Punzen (Fig. 41) nun etwas

---

*) Da dieser Fehler sehr oft vorkommt, so ist es notwendig, sich eine eigene Zange ordentlich herzurichten.

vor oder zurückgeschlagen, je nachdem der Anker tiefer oder seichter gestellt werden soll.

Wo Anker und Gabel aus einem Stücke sind, kann man diese Methode nicht anwenden — man hilft sich hier

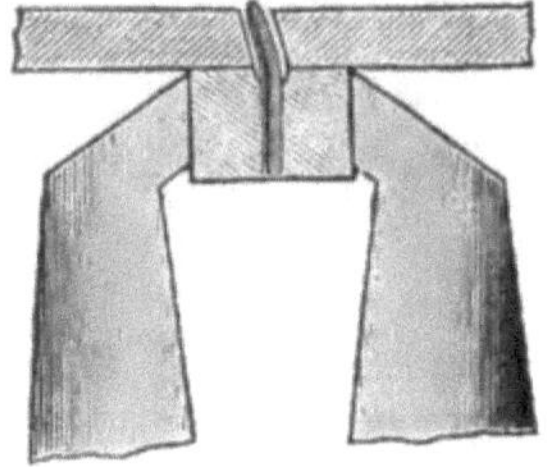
Fig. 40.

mit dem Vor- oder Zurücklacken der Hebsteine. Wenn z. B. nur die Ruhe zu groß ist, schleift man einfach die Hebflächen nach. Das Nachschleifen geschieht mittels engl. Rot und ist besonders darauf zu sehen, daß die Hebflächen dann wieder gut poliert sind.

Diese beiden Abhilfen sind besonders für alle Ankergänge, wo Gabel und Anker aus einem Stücke sind, wie feine Schweizer — engl. Uhren — und Glashütter Uhren, anzuwenden.

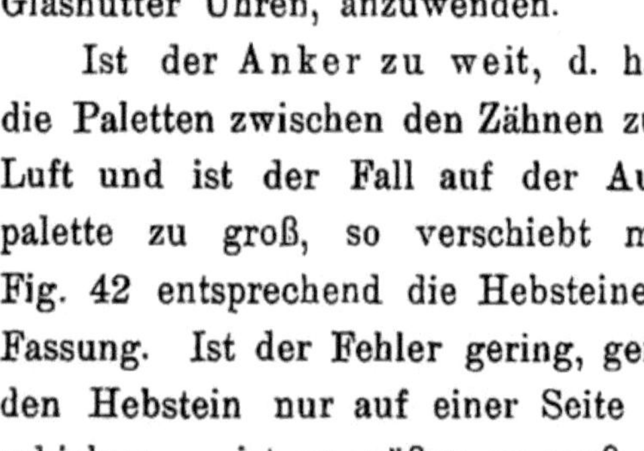
Fig. 41.

Ist der Anker zu weit, d. h. haben die Paletten zwischen den Zähnen zu wenig Luft und ist der Fall auf der Ausgangspalette zu groß, so verschiebt man der Fig. 42 entsprechend die Hebsteine in der Fassung. Ist der Fehler gering, genügt es, den Hebstein nur auf einer Seite zu verschieben — ist er größer, so muß dies auf

beiden Seiten gemacht werden. Entsprechend geht man bei zu engem Anker vor. Die Zähne haben hier zwischen den Paletten keinen Spielraum; man hilft sich durch Verschiebung der Hebsteine. Fig. 43.

Die Steine müssen für beide Fälle, wenn Zug und Ruhe in Ordnung waren, parallel zur ursprünglichen Lage verschoben werden.

Bei zu geringem oder zu großem Zug, wenn Ruhe und Weite richtig ist, dreht man die Hebsteine in der

Fassung so, daß Ruhe und Hebung unverändert bleiben. Die Verschiebung der Palette bei zu großem Zug erfolgt wie Fig. 44.

Die Verschiebung der Palette bei zu geringem Zug geschieht wie Fig. 45 zeigt.

Fig. 42.　　　　　　　　　　Fig. 43.

Nach der Verschiebung wird sich die Hebung etwas ändern. Dies kann bei geringer Verschiebung vernachlässigt werden. Ist der Fehler erheblich, so sind die Hebflächen

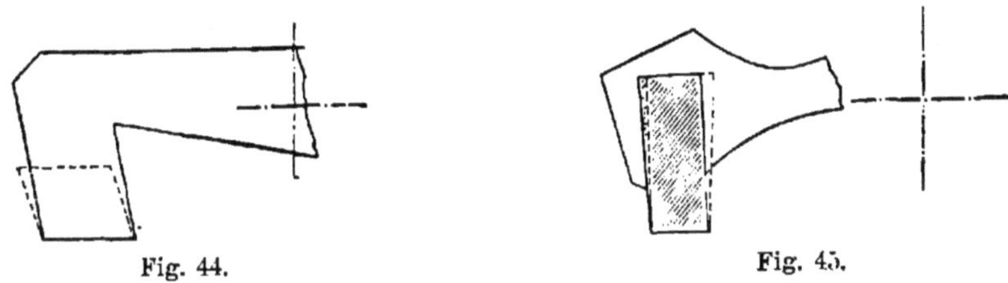

Fig. 44.　　　　　　　　　　Fig. 45.

entsprechend nachzugehen, bezw. der Zug durch Nachschleifen der Hebflächen zu korrigieren.

Sind Weite und Zug unrichtig, so werden nur die Hebsteine in der Fassung verschoben und zwar:

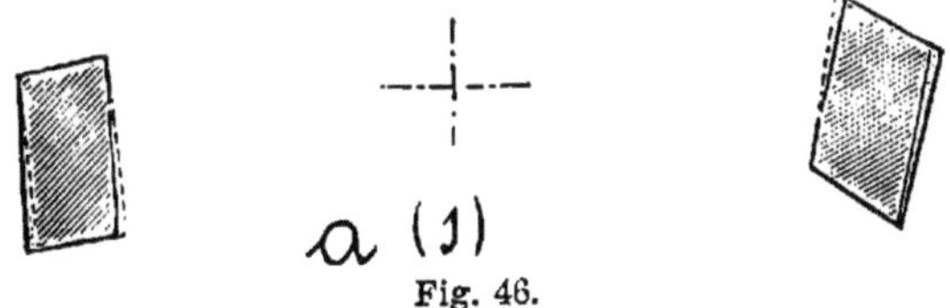

Fig. 46.

a) Bei zu großer Weite und zu großem Zuge entweder

1. wenn Zug an beiden Paletten zu groß ist, wird nach Fig. 46 a (1) die Palette verschoben,

oder 2. wenn Zug nur an der Eingangspalette zu groß ist, nach Fig. a (3) 47,

oder 3. wenn Zug nur an der Ausgangspalette zu groß ist, nach Fig. 47 a (3) die Palette verschoben.

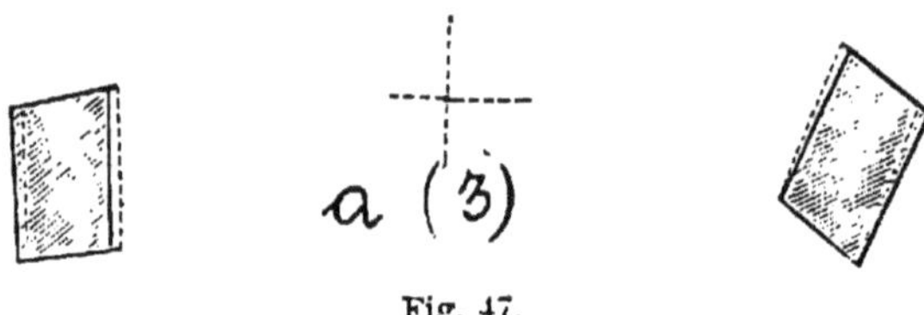

Fig. 47.

b) Bei zu großer Weite und zu geringem Zug entweder

1. Zug an beiden Paletten zu gering,

oder 2. Zug nur an der Eingangspalette zu gering,

oder 3. Zug nur an der Ausgangspalette zu gering.

Die Abhilfen geschehen ähnlich der Figur b (3). Fig. 48.

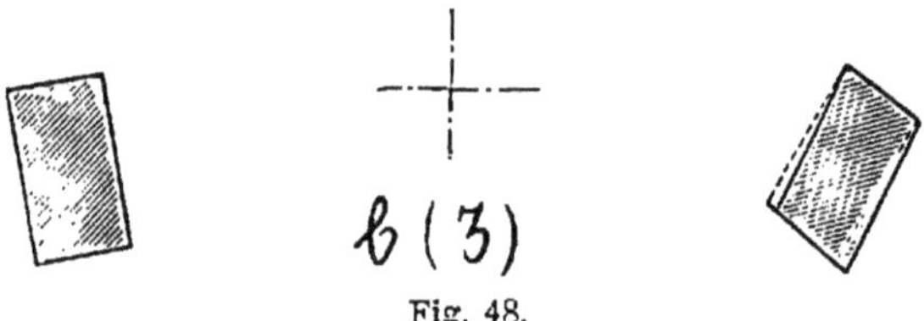

Fig. 48.

c) Ist die Weite zu klein und der Zug zu groß, so kann

1. Zug an beiden Paletten zu groß,

2. Zug nur an der Eingangspalette zu groß,

3. Zug nur an der Ausgangspalette zu groß sein.

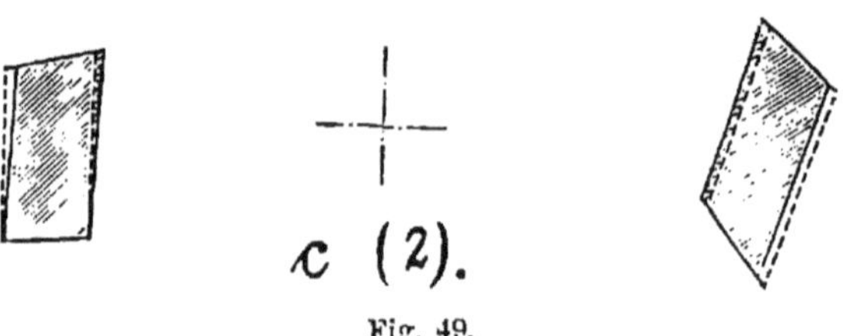

Fig. 49.

Die entsprechende Abhilfe ist in Fig. c (2) 49 enthalten.

d) **Weite und Zug zu gering.** Hier kann wieder

1. Zug an beiden Paletten zu gering,

oder 2. Zug nur an der Eingangspalette zu gering,

oder 3. Zug nur an der Ausgangspalette zu gering sein.

Abhilfe entsprechend Fig. d (1) und d (2). 50 und 51.

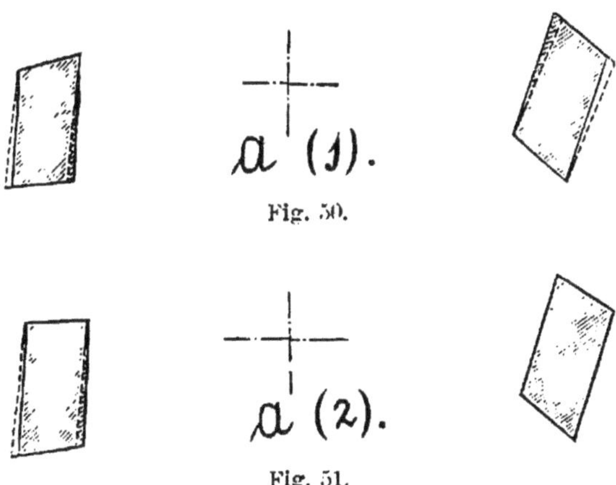

Fig. 50.

Fig. 51.

Die Ursache, wenn Ruhe auf der Eingangspalette zu groß, ist die, daß die Hebung auf der Eingangspalette zu gering und auf der Ausgangspalette zu groß ist. Umgekehrt ist es, wenn die Ruhe auf der Ausgangspalette zu groß ist.

Bei diesen Fehlern schleift man die Heb- flächen entsprechend nach. Fig. 52 und Fig. 53.

Ist Ruhe oder Zug auf beiden Paletten zu groß, so wird der Auslösungswiderstand be-

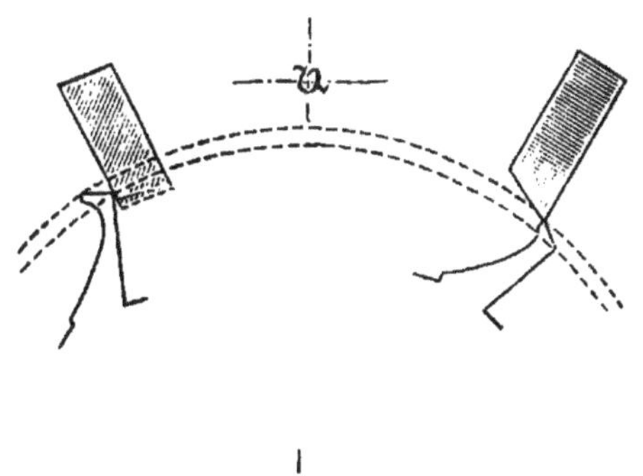

Fig. 52.

deutend größer, die Unruh macht kleinere Schwingungen, infolge dessen läßt sich die Uhr schlecht regulieren.

Damit dürften die wichtigsten Fehler von Rad und Anker besprochen sein und wende mich zu denen von Gabel und Hebstein u. s. w.

Vor Allem sind wieder die einzelnen Teile durchzusehen. Sämtliche Fehler sind zuerst aufzusuchen, und erst dann kann mit der Abhilfe begonnen werden, da man oft mit einem Schlage einige Fehler gleichzeitig beseitigen kann.

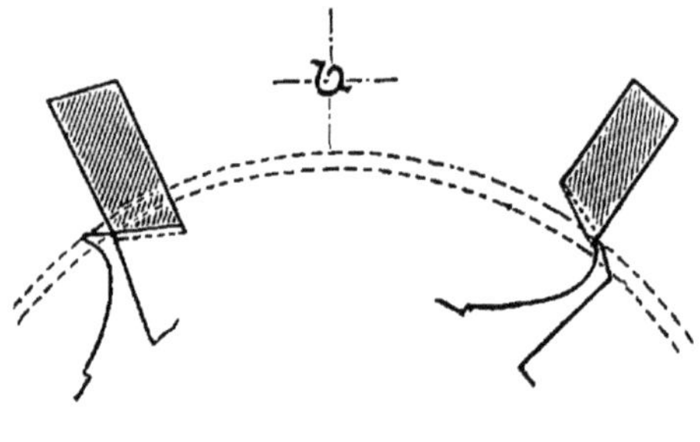

Der Gabeleinschnitt darf nicht rauh, sondern muß glatt und poliert sein. Sehr vorteilhaft wäre das Abrunden

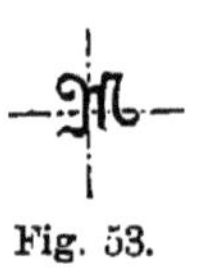

Fig. 53.

der wirkenden Innenflächen des Gabeleinschnittes.

Die Sicherungsrolle, die bei den gewöhnlichen Uhren gleichzeitig Hebsteinscheibe ist, muß gut poliert sein und rundlaufen, damit beim Spiel des Ganges nicht die geringsten Klemmungen vorkommen.

Unruhzapfen, Steinlöcher müssen in Ordnung sein, ebenso der Hebstein, welcher unbeschädigt und fest sitze. Zu untersuchen wäre noch, ob der Hebstein nicht auf der Ausdrehung in der Platine streift. Auch die Begrenzungsecken (Gabelbegrenzungsstifte) seien in Ordnung.

Die Höhenluft des Ankers bezw. der Gabel muß so gering als möglich sein, um eine Streifung der Gabelhörner an der unteren Seite der Hebsteinscheibe zu verhindern.

Sind nun diese beiden Teile gut durchgesehen, so geht man zur Untersuchung des Zusammenwirkens der beiden Teile über.

Man führt den Hebstein in den Gabeleinschnitt, hält die Unruh fest und probiert, ob der Einschnitt der Gabel breit und tief genug ist.

Bei zu tiefem Eingriff ist die Luft des Hebsteines gegen die Gabelhörner zu gering. In diesem Falle ist der Hebstein weiter nach innen zu bringen, was, wenn der Fehler gering, durch flaches Abschleifen des Hebsteines geschehen kann. Ist der Fehler größer, so muß die Hebsteinscheibe ersetzt werden, um den Hebstein weiter nach innen zu bringen. Das Abschleifen ist besonders bei dicken, ovalen Hebsteinen vorteilhaft.

Ist der Eingriff zu seicht, so ist die Luft des Hebsteines gegen die Gabelhörner zu groß. Hier ist entweder, wenn der Fehler zu groß ist, die Hebscheibe zu ersetzen, um den Hebstein weiter nach außen zu bringen oder die Gabel zu strecken, was bei billigen Uhren am häufigsten gemacht wird. Die Gabelhörner sind nach dem Strecken ordentlich nachzugehen. Beim Heraustreten des Hebsteines aus dem Gabeleinschnitte dürfen die äußeren Gabeleinschnittsecken und Gabelhörner von demselben nicht berührt werden.

Ist der Gabeleinschnitt zu breit, so ist entweder, wenn möglich, der Hebstein oder auch die Gabel zu ersetzen. Etwas Luft muß während des ganzen Spieles des Ganges vorhanden sein. In dem Momente, wo das Gangrad von der Palette abgefallen ist, muß zwischen Gabel und Begrenzungsstift oder -Ecke ein kleiner Zwischenraum vorhanden sein, damit, wenn sich Schmutz u. dgl. an die Ecken anlegt, das Gangrad noch sicher abfallen kann. Ist der Zwischen-

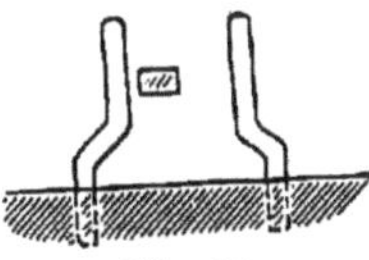

Fig. 54.

raum zu klein oder die Begrenzung so, daß das Gangrad nicht sicher genug abfällt, muß dann dies durch Biegen der Begrenzungsstifte (Fig. 54) entsprechend berichtigt werden.

Ferner müssen die Begrenzungsecken resp. die Stifte immer zur Platine senkrecht stehen. Ist der Raum zwischen Gabel und Begrenzung zu groß, so streckt man die Begrenzungsecken mittelst eines kleinen Meißels. Hilft dies nichts, wenn der Raum zwischen Gabel und Ecke zu groß, so dreht man die Ecken etwas zurück und bohrt in die Platine Stifte ein. Fig. 55.

Wenn die Sicherungsspitze zu kurz ist, d. h. wenn sie sich nicht mit Sicherheit an die Rolle anlegen kann, also durchzugehen vermag, so streckt man sie mittelst eines Meißelhiebes, geht sie dann entsprechend nach und poliert sie. Dieselbe muß auch senkrecht zu der Rolle stehen und gut abgerundet sein.

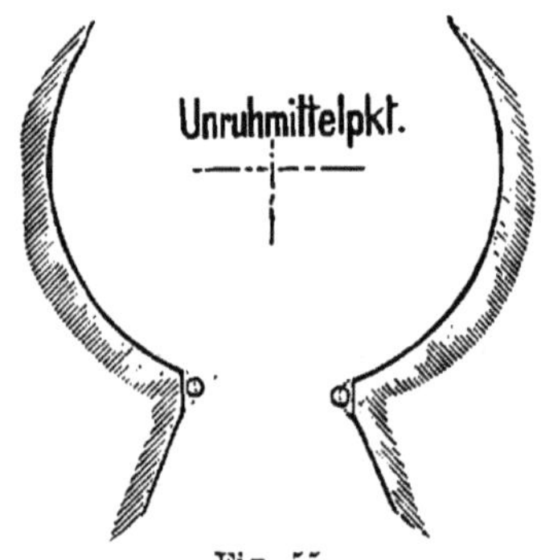

Fig. 55.

Ist die Sicherungsspitze zu kurz und glaubt man durch Strecken die richtige Länge derselben nicht zu erzielen, so feilt man selbe etwas zurück, bohrt horizontal einen Stift ein (Fig. 56), der dann bis zur entsprechenden Länge zu kürzen ist. Bei Glashütter Uhren ist in diesem Falle der Stift zu ersetzen.

Die Untersuchung des vorstehenden Fehlers geschieht auf folgende Weise:

Man läßt den Hebstein aus dem Gabeleinschnitt heraustreten und drückt die Gabel etwas gegen die Rolle. Geht dieselbe durch, so ist die Spitze zu kurz.

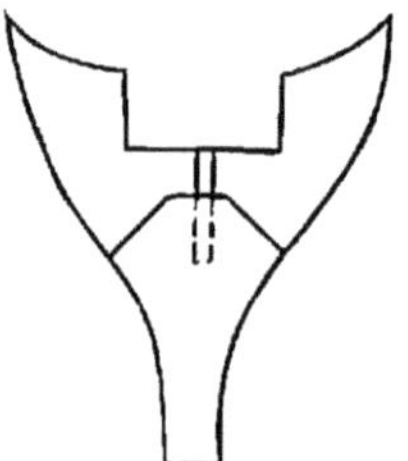
Fig. 56.

Zu lang ist die Sicherungsspitze, wenn dieselbe an der Rolle anliegt, während der Anker auf Ruhe steht.

Die Luft zwischen Sicherungsspitze und Sicherungsrolle muß auf beiden Seiten gleich sein. Ist dies nicht der Fall und Ruhe am Anker richtig, so ist die Gabel gegen den Anker zu verdrehen. Sind Gabel und Anker aus einem Stück, so muß die Gabel seitlich gestreckt werden. Die Gabel ist dann für beide Fälle, auf die Seite zu drehen, wo zwischen Sicherungsspitze und Rolle weniger Luft sich befindet.

Eine Streifung der Sicherungsspitze an der Rolle, durch geringe Ruhe und Zug am Anker, verursacht Reibung und verringert die Unruhschwingung.

Nochmals sei hier bemerkt, daß bei allen Hemmungen, deren Ruheteil Zug besitzt (freie Ankergang, Chronometergang etc.), die kleine Rückführung, die bei der Auslösung durch ein zu kleines Gangtrieb entsteht, gelegentlich ein direktes Aufsitzen des Eingriffes in das Sekundenrad hervorbringt, welches bedeutende Kraftverluste verursacht. Das Trieb ist in diesem Falle zu ersetzen.

Da mehrfach vom Abschleifen der Hebflächen vom Anker die Rede war, beschreibe ich kurz ein einfaches Verfahren hierfür.

Man dreht sich zunächst eine Kupferscheibe von ca. 30 mm Durchmesser und ca. 2—3 mm Stärke so zu wie eine Lackscheibe. Ebenso richtet man sich einige Ebenholzscheiben derartig zu. Sämtliche Scheiben schrägt man am Umfang an einer Seite ab, so daß eine scharfe Kante entsteht. Diese Scheiben werden in den Drehstuhl wie die Lackscheiben eingesetzt. Ein innen mit Messingeinlagen versehenes kleines Stiftenklöbchen, in das der Anker gespannt wird, wird in den Körner des gekröpften Rundstahles δ, bei dem das eine Knie genau in den Auflagehalter hineinpaßt, gesetzt. Die Kupferscheibe bestreiche man vorerst mit in Öl geschlemmtem Diamant, und nun kann das Abschleifen der Hebfläche beginnen. Man drücke sanft die Hebfläche, die die richtige Stellung zur Scheibe erhalten, gegen die Scheibe und bringt selbe in Drehung.

Die Spirale setzt man so auf, daß, wenn Unruh und Spirale in der Ruhelage sind, der Hebstein genau auf den Ankermittelpunkt zeigt. Die Uhr muß ferner gleichen Abfall haben.

Wenn nun diese Fehler genau durchgesehen und richtig abgeholfen sind, kann man sich verlassen, daß die Unruh gut schwingt und die Uhr entsprechende Gangergebnisse liefert.

(Tabellen des freien Ankerganges siehe nebenstehend.)

Freier Ankergang.

Gleicharmiger Anker. — Rad mit Kolbenzähnen.

| Durchmesser des Rades | | | Durchmesser d. Ankerkreise | | Durchmesser d. Hebungskreise für Bewegungswinkel von | | | Anker-höhe | Palet.-Breite | Breite der Rad-zähne | Durchm. d. Tangt. f. d. Neig. d. Radz. | | Anker-weite | Mittel-punkts-entfer-nung |
| Äußerer | | Ursprüng-licher | Äußerer | Innerer | 8° | 10° | 12° | | 10° | | 8° | 10 und 12° | | |
Gemessen	Wirklich													
5,0	5,06	4,93	3,15	2,55	1,06	1,24	1,54	1,56	3,23	0,16	4,73	4,62	2,73	2,85
5,2	5,26	5,13	3,27	2,65	1,11	1,29	1,61	1,63	3,36	0,17	4,92	4,81	2,84	2,96
5,4	5,46	5,33	3,40	2,75	1,15	1,34	1,67	1,69	3,49	0,18	5,11	4,99	2,95	3,07
5,6	5,66	5,52	3,53	2,85	1,19	1,39	1,73	1,75	3,62	0,19	5,30	5,18	3,06	3,19
5,8	5,86	5,72	3,65	2,95	1,23	1,44	1,79	1,81	3,75	0,19	5,49	5,36	3,17	3,30
6,0	6,07	5,92	3,78	3,05	1,28	1,49	1,85	1,88	3,87	0,20	5,68	5,55	3,28	3,42
6,2	6,27	6,11	3,90	3,16	1,32	1,54	1,91	1,94	4,00	0,20	5,87	5,73	3,39	3,53
6,4	6,47	6,31	4,03	3,26	1,36	1,59	1,98	2,00	4,13	0,21	6,06	5,92	3,50	3,64
6,6	6,67	6,51	4,15	3,36	1,40	1,64	2,04	2,06	4,26	0,22	6,24	6,10	3,61	3,76
6,8	6,88	6,71	4,28	3,46	1,45	1,69	2,10	2,13	4,39	0,22	6,43	6,28	3,72	3,87
7,0	7,08	6,90	4,41	3,56	1,49	1,74	2,16	2,19	4,52	0,23	6,62	6,47	3,82	3,99
7,2	7,28	7,10	4,53	3,67	1,53	1,79	2,22	2,25	4,65	0,24	6,81	6,65	3,93	4,10
7,4	7,48	7,30	4,66	3,77	1,57	1,84	2,28	2,31	4,78	0,24	7,00	6,84	4,04	4,21
7,6	7,68	7,49	4,78	3,87	1,62	1,89	2,35	2,38	4,91	0,25	7,19	7,02	4,15	4,33
7,8	7,89	7,69	4,91	3,97	1,66	1,94	2,41	2,44	5,04	0,26	7,38	7,21	4,26	4,44
8,0	8,09	7,89	5,04	4,07	1,70	1,99	2,47	2,50	5,17	0,26	7,57	7,39	4,37	4,55
8,2	8,29	8,09	5,16	4,17	1,74	2,04	2,53	2,56	5,29	0,27	7,76	7,58	4,48	4,67
8,4	8,49	8,28	5,29	4,28	1,79	2,09	2,59	2,63	5,42	0,28	7,95	7,76	4,59	4,78
8,6	8,70	8,48	5,41	4,38	1,83	2,14	2,65	2,69	5,55	0,28	8,14	7,95	4,70	4,90
8,8	8,90	8,68	5,54	4,48	1,87	2,19	2,72	2,75	5,68	0,29	8,33	8,13	4,81	5,01
9,0	9,10	8,88	5,67	4,58	1,92	2,24	2,78	2,81	5,81	0,30	8,51	8,32	4,92	5,12
9,2	9,30	9,07	5,79	4,68	1,96	2,29	2,84	2,88	5,94	0,30	8,70	8,50	5,03	5,24
9,4	9,50	9,27	5,92	4,79	2,00	2,33	2,90	2,94	6,07	0,31	8,89	8,69	5,14	5,35
9,6	9,71	9,47	6,04	4,89	2,04	2,38	2,96	3,00	6,20	0,32	9,08	8,87	5,25	5,47
9,8	9,91	9,66	6,17	4,99	2,09	2,43	3,03	3,06	6,33	0,32	9,27	9,06	5,35	5,58
10,0	10,11	9,86	6,30	5,09	2,13	2,48	3,09	3,13	6,46	0,33	9,46	9,24	5,46	5,69

Freier Ankergang.

Ungleicharmiger Anker. — Rad mit Kolbenzähnen.

| Durchm. des Rades | | | Durchmesser der Ankerkreise | | | Durchmesser der Hebungskreise für Bewegungswinkel | | | | | | Anker-höhe | Pa-letten-breite | Breite d.Rad-zähne | Drchm. d.Tangt. f.d.Neig.d.Radz. | | Anker-weite | Mittel-punkts-entfernung |
| Äußerer | | | Ruhe | Äußer. | Inner. | 8° | | 10° | | 12° | | | | | 8° | 10 und 12° | | |
Gem.	Wirkl.	Urspr.																
5,0	5,06	4,93	2,85	3,45	2,25	0,93	1,49	1,05	1,68	1,31	2,00	1,56	0,33	0,16	4,73	4,62	2,73	2,85
5,2	5,26	5,13	2,96	3,59	2,34	0,97	1,55	1,10	1,75	1,36	2,08	1,62	0,34	0,17	4,92	4,81	2,84	2,96
5,4	5,46	5,33	3,07	3,72	2,43	1,00	1,61	1,14	1,82	1,41	2,16	1,68	0,35	0,18	5,11	4,99	2,95	3,07
5,6	5,66	5,52	3,19	3,86	2,52	1,04	1,67	1,18	1,89	1,46	2,24	1,75	0,36	0,19	5,30	5,18	3,05	3,19
5,8	5,86	5,72	3,30	4,00	2,61	1,08	1,73	1,22	1,95	1,52	2,32	1,81	0,38	0,19	5,49	5,36	3,16	3,30
6,0	6,07	5,92	3,42	4,14	2,70	1,11	1,79	1,26	2,02	1,57	2,40	1,87	0,39	0,20	5,68	5,55	3,27	3,42
6,2	6,27	6,11	3,53	4,28	2,79	1,15	1,84	1,31	2,09	1,62	2,48	1,93	0,40	0,20	5,87	5,73	3,38	3,53
6,4	6,47	6,31	3,64	4,41	2,87	1,19	1,90	1,35	2,16	1,67	2,56	1,99	0,42	0,21	6,06	5,92	3,49	3,64
6,6	6,67	6,51	3,76	4,55	2,96	1,23	1,96	1,39	2,22	1,72	2,64	2,06	0,43	0,22	6,24	6,10	3,60	3,76
6,8	6,88	6,71	3,87	4,69	3,05	1,26	2,02	1,43	2,29	1,78	2,72	2,12	0,44	0,22	6,43	6,28	3,71	3,87
7,0	7,08	6,90	3,99	4,83	3,14	1,30	2,08	1,47	2,36	1,83	2,80	2,18	0,46	0,23	6,62	6,47	3,82	3,98
7,2	7,28	7,10	4,10	4,96	3,23	1,34	2,14	1,52	2,43	1,88	2,88	2,24	0,47	0,24	6,81	6,65	3,93	4,10
7,4	7,48	7,30	4,21	5,10	3,32	1,37	2,20	1,56	2,49	1,93	2,96	2,31	0,49	0,24	7,00	6,84	4,04	4,21
7,6	7,68	7,49	4,33	5,24	3,41	1,41	2,26	1,60	2,56	1,99	3,04	2,37	0,49	0,25	7,19	7,02	4,15	4,33
7,8	7,89	7,69	4,44	5,38	3,50	1,45	2,32	1,64	2,63	2,04	3,12	2,43	0,51	0,26	7,38	7,21	4,25	4,44
8,0	8,09	7,89	4,55	5,52	3,59	1,49	2,38	1,68	2,69	2,09	3,20	2,49	0,52	0,26	7,57	7,39	4,36	4,55
8,2	8,29	8,09	4,67	5,65	3,68	1,52	2,44	1,73	2,76	2,14	3,28	2,56	0,53	0,27	7,76	7,58	4,47	4,67
8,4	8,49	8,28	4,78	5,79	3,77	1,56	2,50	1,77	2,83	2,19	3,36	2,62	0,55	0,28	7,95	7,76	4,58	4,78
8,6	8,70	8,48	4,90	5,93	3,86	1,60	2,56	1,81	2,90	2,25	3,44	2,68	0,56	0,28	8,14	7,95	4,69	4,90
8,8	8,90	8,68	5,01	6,07	3,95	1,63	2,62	1,85	2,96	2,30	3,52	2,74	0,57	0,29	8,33	8,13	4,80	5,01
9,0	9,10	8,88	5,12	6,21	4,04	1,67	2,68	1,90	3,03	2,35	3,60	2,81	0,59	0,30	8,51	8,32	4,91	5,12
9,2	9,30	9,07	5,24	6,34	4,13	1,71	2,74	1,94	3,10	2,40	3,68	2,87	0,60	0,30	8,10	8,50	5,02	5,24
9,4	9,50	9 27	5,35	6,48	4,22	1,75	2,80	1,98	3,17	2,45	3,76	2,93	0,61	0,31	8,89	8,69	5,13	5,35
9,6	9,71	9,47	5,47	6,62	4,31	1,78	2,86	2,02	3,23	2,51	3,84	2,99	0,62	0,32	9,08	8,87	5,24	5,47
9,8	9,91	9,66	5,58	6,76	4,40	1,82	2,92	2,06	3,30	2,56	3,92	3,05	0,64	0,32	9,27	9,06	5,35	5,58
10,0	10,11	9,86	5,69	6,90	4,49	1,86	2,98	2,11	3,37	2,61	4,00	3,12	0,65	0,33	9,46	9,24	5,46	5,69

Freier Ankergang.

Gleicharmiger Anker. — Rad mit Spitzzähnen.

Durchmesser des Rades		Durchmesser der Ankerkreise		Durchmesser d. Hebungskreise für Bewegungswinkel			Anker-höhe	Palettenbreite für Bewegungswinkel			Anker-weite	Eingriffs-ent-fernung
Gemess.	Wirkl.	Äußerer	Innerer	8°	10°	12°		8°	10°	12°		
5,0	5,06	3,36	2,48	1,07	1,26	1,48	0,87	0,47	0,47	0,48	2,88	2,91
5,2	5,26	3,49	2,58	1,11	1,31	1,54	0,90	0,49	0,49	0,50	3,00	3,03
5,4	5,46	3,63	2,68	1,15	1,36	1,59	0,94	0,50	0,51	0,52	3,12	3,14
5,6	5,66	3,76	2,78	1,20	1,41	1,65	0,97	0,52	0,53	0,54	3,23	3,26
5,8	5,86	3,90	2,87	1,24	1,46	1,71	1,01	0,54	0,55	0,56	3,35	3,38
6,0	6,07	4,03	2,97	1,28	1,51	1,77	1,04	0,56	0,57	0,58	3,46	3,49
6,2	6,27	4,16	3,07	1,33	1,56	1,83	1,08	0,58	0,59	0,60	3,58	3,61
6,4	6,47	4,30	3,17	1,37	1,61	1,89	1,11	0,60	0,61	0,62	3,69	3,73
6,6	6,67	4,43	3,27	1,41	1,66	1,95	1,14	0,62	0,63	0,64	3,81	3,84
6,8	6,88	4,57	3,37	1,45	1,71	2,01	1,18	0,63	0,64	0,66	3,92	3,96
7,0	7,08	4,70	3,47	1,50	1,76	2,07	1,21	0,65	0,66	0,68	4,04	4,08
7,2	7,28	4,84	3,57	1,54	1,81	2,13	1,25	0,67	0,68	0,70	4,15	4,19
7,4	7,48	4,97	3,67	1,58	1,86	2,19	1,28	0,69	0,70	0,71	4,27	4,31
7,6	7,68	5,11	3,77	1,62	1,91	2,24	1,32	0,71	0,72	0,73	4,38	4,43
7,8	7,89	5,24	3,87	1,67	1,96	2,30	1,35	0,73	0,74	0,75	4,50	4,54
8,0	8,09	5,37	3,96	1,71	2,01	2,36	1,39	0,75	0,76	0,77	4,62	4,66
8,2	8,29	5,51	4,06	1,75	2,06	2,42	1,42	0,77	0,78	0,79	4,73	4,78
8,4	8,49	5,64	4,16	1,80	2,11	2,48	1,46	0,78	0,80	0,81	4,85	4,89
8,6	8,70	5,78	4,26	1,84	2,16	2,54	1,49	0,80	0,81	0,83	4,96	5,01
8,8	8,90	5,91	4,36	1,88	2,21	2,60	1,53	0,82	0,83	0,85	5,08	5,13
9,0	9,10	6,05	4,46	1,92	2,26	2,66	1,56	0,84	0,85	0,87	5,19	5,24
9,2	9,30	6,18	4,56	1,97	2,31	2,72	1,60	0,86	0,87	0,89	5,31	5,36
9,4	9,50	6,32	4,66	2,01	2,36	2,78	1,63	0,88	0,89	0,91	5,42	5,48
9,6	9,71	6,45	4,76	2,05	2,41	2,84	1,66	0,90	0,91	0,93	5,54	5,59
9,8	9,91	6,58	4,86	2,10	2,46	2,89	1,70	0,91	0,93	0,95	5,65	5,71
10,0	10,11	6,72	4,96	2,14	2,51	2,95	1,73	0,93	0,95	0,97	5,77	5,82

Freier Ankergang.

Ungleicharmiger Anker. — Rad mit Spitzzähnen.

Durchmesser des Rades		Durchmesser der Ankerkreise			Durchmesser der Hebungskreise für den Bewegungswinkel von						Anker-höhe	Palettenbreite		Anker-weite	Eingriffs-entfernung
Gemes.	Wirkl.	Ruhek.	Äußerer	Innerer	8°		10°		12°			10°	12°	weite	nung
5,0	5,06	2,91	3,80	2,04	0,99	1,58	1,12	1,78	1,27	2,02	0,86	0,47	0,49	2,88	2,91
5,2	5,26	3,03	3,95	2,12	1,03	1,64	1,16	1,86	1,32	2,10	0,89	0,49	0,51	3,00	3,03
5,4	5,46	3,14	4,10	2,21	1,07	1,70	1,21	1,93	1,37	2,18	0,92	0,51	0,53	3,12	3,14
5,6	5,66	3,26	4,25	2,29	1,11	1,76	1,25	2,00	1,42	2,26	0,96	0,53	0,55	3,23	3,26
5,8	5,86	3,38	4,40	2,37	1,15	1,83	1,30	2,07	1,47	2,34	0,99	0,55	0,57	3,35	3,38
6,0	6,07	3,49	4,56	2,45	1,19	1,89	1,34	2,14	1,52	2,42	1,03	0,57	0,59	3,46	3,49
6,2	6,27	3,61	4,71	2,53	1,23	1,95	1,38	2,21	1,57	2,50	1,06	0,59	0,61	3,58	3,61
6,4	6,47	3,73	4,86	2,61	1,27	2,02	1,43	2,28	1,62	2,59	1,09	0,61	0,63	3,69	3,73
6,6	6,67	3,84	5,01	2,70	1,31	2,08	1,47	2,35	1,67	2,67	1,13	0,63	0,65	3,81	3,84
6,8	6,88	3,96	5,16	2,78	1,34	2,14	1,52	2,43	1,73	2,75	1,16	0,65	0,67	3,92	3,96
7,0	7,08	4,08	5,32	2,86	1,38	2,21	1,56	2,50	1,78	2,83	1,20	0,66	0,69	4,04	3,08
7,2	7,28	4,19	5,47	2,94	1,42	2,27	1,61	2,57	1,83	2,91	1,23	0,68	0,71	4,15	4,19
7,4	7,48	4,31	5,62	3,02	1,46	2,33	1,65	2,64	1,88	2,99	1,27	0,70	0,73	4,27	4,31
7,6	7,68	4,43	5,77	3,10	1,50	2,39	1,70	2,71	1,93	3,07	1,30	0,72	0,75	4,38	4,43
7,8	7,89	4,54	5,92	3,19	1,54	2,46	1,74	2,78	1,98	3,15	1,33	0,74	0,77	4,50	4,54
8,0	8,09	4,66	6,08	3,27	1,58	2,52	1,79	2,85	2,03	3,23	1,37	0,76	0,79	4,62	4,66
8,2	8,29	4,78	6,23	3,35	1,62	2,58	1,83	2,93	2,08	3,31	1,40	0,78	0,81	4,73	4,78
8,4	8,49	4,89	6,38	3,43	1,66	2,65	1,88	3,00	2,13	3,39	1,44	0,80	0,83	4,85	4,89
8,6	8,70	5,01	6,53	3,51	1,70	2,71	1,92	3,07	2,18	3,47	1,47	0,82	0,85	4,96	5,01
8,8	8,90	5,13	6,68	3,59	1,74	2,77	1,97	3,14	2,23	3,56	1,51	0,84	0,87	5,08	5,13
9,0	9,10	5,24	6,83	3,68	1,78	2,84	2,01	3,21	2,28	3,64	1,54	0,85	0,89	5,19	5,24
9,2	9,30	5,36	6,99	3,76	1,82	2,90	2,06	3,28	2,34	3,72	1,57	0,87	0,91	5,31	5,36
9,4	9,50	5,47	7,14	3,84	1,86	2,96	2,10	3,35	2,39	3,80	1,61	0,89	0,93	5,42	5,47
9,6	9,71	5,59	7,29	3,92	1,90	3,03	2,14	3,43	2,44	3,88	1,64	0,91	0,95	5,54	5,59
9,8	9,91	5,71	7,44	4,00	1,94	3,09	2,19	3,50	2,49	3,96	1,68	0,93	0,97	5,65	5,71
10,0	10,11	5,82	7,59	4,08	1,98	3,15	2,23	3,57	2,54	4,04	1,71	0,95	0,99	5,77	5,82

Freier Ankergang. — Verbesserter gleicharmiger Ankergang mit Kolbenzähnen von M. Großmann.

Durchmesser des Rades			Durchm. d. Ankerkreise		Durchmesser der Hebekreise für den Bewegungswinkel v. 10°	Segmenthöhe	Breite des Ankerarmes	Breite der Radzähne	Durchm. des Tangentenkreises für die Neigung der Radzähne	Mittelpunktsentfernungen
Ursprünglicher	Äußerer		Äußerer	Innerer						
	Wirklicher	Gemessener								
5,0	5,23	5,17	3,11	2,67	1,22	2,35	0,22	0,24	4,63	2,89
5,2	5,44	5,38	3,23	2,78	1,26	2,44	0,23	0,25	4,82	3,00
5,4	5,65	5,58	3,35	2,88	1,31	2,53	0,24	0,26	5,00	3,12
5,6	5,85	5,79	3,48	2,99	1,36	2,63	0,24	0,27	5,19	3,23
5,8	6,06	6,00	3,60	3,10	1,41	2,72	0,25	0,28	5,37	3,35
6,0	6,27	6,21	3,73	3,20	1,46	2,82	0,26	0,29	5,56	3,46
6,2	6,48	6,42	3,85	3,31	1,51	2,91	0,27	0,30	5,74	3,58
6,4	6,69	6,62	3,97	3,42	1,56	3,00	0,28	0,31	5,93	3,70
6,6	6,90	6,83	4,10	3,52	1,61	3,10	0,29	0,32	6,11	3,81
6,8	7,11	7,04	4,22	3,63	1,65	3,19	0,30	0,33	6,30	3,93
7,0	7,32	7,24	4,35	3,74	1,70	3,29	0,31	0,34	6,49	4,04
7,2	7,53	7,45	4,47	3,84	1,75	3,38	0,31	0,35	6,67	4,16
7,4	7,74	7,66	4,60	3,95	1,80	3,47	0,32	0,36	6,86	4,27
7,6	7,95	7,87	4,72	4,06	1,85	3,57	0,33	0,36	7,04	4,39
7,8	8,15	8,07	4,84	4,16	1,90	3,66	0,34	0,37	7,23	4,50
8,0	8,36	8,28	4,97	4,27	1,94	3,75	0,35	0,38	7,41	4,62
8,2	8,57	8,49	5,09	4,38	1,99	3,85	0,36	0,39	7,60	4,73
8,4	8,78	8,69	5,22	4,48	2,04	3,94	0,37	0,40	7,78	4,85
8,6	8,99	8,90	5,34	4,59	2,09	4,04	0,37	0,41	7,97	4,97
8,8	9,20	9,11	5,46	4,70	2,14	4,13	0,38	0,42	8,15	5,08
9,0	9,41	9,31	5,59	4,80	2,19	4,22	0,39	0,43	8,34	5,20
9,2	9,62	9,52	5,71	4,91	2,24	4,32	0,40	0,44	8,52	5,31
9,4	9,83	9,73	5,84	5,02	2,28	4,41	0,41	0,45	8,71	5,43
9,6	10,04	9,94	5,96	5,12	2,33	4,51	0,42	0,46	8,89	5,54
9,8	10,24	10,14	6,09	5,23	2,38	4,60	0,43	0,47	9,08	5,66
10,0	10,45	10,35	6,21	5,34	2,43	4,69	0,44	0,48	9,27	5,77

Freier Ankergang. — Verhältnis von Gabel und Rolle.

Wirksame Gabel- länge	Ankorbewegung = 8°				Ankorbewegung = 10°			
	25°		30°		30°		35°	
	Durchmesser desHebekreises	Mittelpunkts- entfernungen	Durchmesser desHebekreises	Mittelpunkts- entfernungen	Durchmesser desHebekreises	Mittelpunkts- entfernungen	Durchmesser desHebekreises	Mittelpunkts- entfernungen
1,00	0,64	1,3124	0,533	1,258	0,666	1,322	0,571	1,273
3,0	1,92	3,94	1,60	3,77	2,00	3,96	1,71	3,82
3,2	2,05	4,20	1,71	4,03	2,13	4,23	1,83	4,07
3,4	2,18	4,46	1,81	4,28	2,26	4,49	1,94	4,33
3,6	2,30	4,72	1,92	4,53	2,40	4,76	2,06	4,58
3,8	2,43	4,99	2,03	4,78	2,53	5,02	2,17	4,84
4,0	2,56	5,25	2,13	5,03	2,66	5,29	2,29	5,09
4,2	2,69	5,51	2,24	5,28	2,80	5,55	2,40	5,35
4,4	2,82	5,77	2,35	5,54	2,93	5,82	2,51	5,60
4,6	2,94	6,04	2,45	5,79	3,06	6,08	2,63	5,85
4,8	3,07	6,30	2,56	6,04	3,20	6,34	2,74	6,11
5,0	3,20	6,56	2,67	6,29	3,33	6,61	2,86	6,36
5,2	3,33	6,82	2,77	6,54	3,46	6,87	2,97	6,62
5,4	3,46	7,09	2,88	6,79	3,60	7,14	3,09	6,87
5,6	3,58	7,35	2,99	7,05	3,73	7,40	3,20	7,13
5,8	3,71	7,61	3,09	7,30	3,86	7,66	3,31	7,38
6,0	3,84	7,87	3,20	7,55	4,00	7,93	3,43	7,64
6,2	3,97	8,14	3,31	7,80	4,13	8,19	3,54	7,89
6,4	4,10	8,40	3,41	8,05	4,26	8,46	3,66	8,15
6,6	4,22	8,66	3,52	8,30	4,40	8,72	3,77	8,40
6,8	4,35	8,92	3,63	8,56	4,53	8,99	3,89	8,65
7,0	4,48	9,19	3,73	8,81	4,66	9,25	4,00	8,91
7,2	4,61	9,45	3,84	9,06	4,80	9,51	4,11	9,16
7,4	4,74	9,71	3,95	9,31	4,93	9,78	4,23	9,42
7,6	4,86	9,97	4,05	9,56	5,06	10,04	4,34	9,67
7,8	4,99	10,24	4,16	9,81	5,20	10,31	4,46	9,93
8,0	5,12	10,50	4,27	10,06	5,33	10,57	4,57	10,18

Freier Ankergang. — Verhältnis von Gabel und Rolle (Fortsetzung).

| Wirksame Gabel-länge | Ankerbewegung = 10° | | Ankerbewegung = 12° | | | | | |
| | 40° | | 36° | | 42° | | 48° | |
	Durchmesser des Hebekreises	Mittelpunkts-entfernungen	Durchmesser des Hebekreises	Mittelpunkts-entfernungen	Durchmesser des Hebekreises	Mittelpunkts-entfernungen	Durchmesser des Hebekreises	Mittelpunkts-entfernungen
1,00	0,500	1,234	0,666	1,316	0,571	1,267	0,50	1,229
3,0	1,5	3,70	2,00	3,95	1,71	3,80	1,5	3,69
3,2	1,6	3,95	2,13	4,21	1,83	4,05	1,6	3,93
3,4	1,7	4,20	2,26	4,47	1,94	4,31	1,7	4,18
3,6	1,8	4,44	2,40	4,74	2,06	4,56	1,8	4,43
3,8	1,9	4,69	2,53	5,00	2,17	4,81	1,9	4,67
4,0	2,0	4,94	2,66	5,26	2,29	5,07	2,0	4,92
4,2	2,1	5,18	2,80	5,53	2,40	5,32	2,1	5,16
4,4	2,2	5,43	2,93	5,79	2,51	5,57	2,2	5,41
4,6	2,3	5,68	3,06	6,05	2,63	5,83	2,3	5,66
4,8	2,4	5,92	3,20	6,32	2,74	6,08	2,4	5,90
5,0	2,5	6,17	3,33	6,58	2,86	6,33	2,5	6,15
5,2	2,6	6,42	3,46	6,84	2,97	6,59	2,6	6,39
5,4	2,7	6,66	3,60	7,11	3,09	6,84	2,7	6,64
5,6	2,8	6,91	3,73	7,37	3,20	7,09	2,8	6,88
5,8	2,9	7,16	3,86	7,63	3,31	7,35	2,9	7,13
6,0	3,0	7,40	4,00	7,90	3,43	7,60	3,0	7,38
6,2	3,1	7,65	4,13	8,16	3,54	7,85	3,1	7,62
6,4	3,2	7,90	4,26	8,42	3,66	8,11	3,2	7,87
6,6	3,3	8,14	4,40	8,69	3,77	8,36	3,3	8,11
6,8	3,4	8,39	4,53	8,95	3,89	8,61	3,4	8,36
7,0	3,5	8,64	4,66	9,21	4,00	8,87	3,5	8,61
7,2	3,6	8,88	4,80	9,48	4,11	9,12	3,6	8,85
7,4	3,7	9,13	4,93	9,74	4,23	9,37	3,7	9,10
7,6	3,8	9,38	5,06	10,00	4,34	9,63	3,8	9,34
7,8	3,9	9,63	5,20	10,26	4,46	9,88	3,9	9,59
8,0	4,0	9,87	5,33	10,53	4,57	10,13	4,0	9,84

Stiftankergang. — Rad mit 15 Zähnen, Anker über 3 Zähne.

Durchmesser des Rades			Dicke der Ankerstifte	Breite der Zähne auf dem ursprünglichen Kreis	Tangentenkreis für die Neigung der Radzähne	Entfernung der Stifte voneinander	Entfernung der äußeren Seiten der Stifte voneinander	Durchmesser des Stiftkreises	Dreieckshöhe	Mittelpunktsentfernungen
Ursprünglicher Kreis	Äußerer Kreis									
	Wirklicher	Gemessener								
5,0	5,33	5,28	0,11	0,35	4,68	2,59	2,70	2,89	0,70	2,89
5,2	5,54	5,49	0,11	0,36	4,87	2,69	2,80	3,00	0,72	3,00
5,4	5,76	5,70	0,12	0,38	5,06	2,79	2,91	3,12	0,75	3,12
5,6	5,97	5,91	0,12	0,39	5,25	2,90	2,02	3,23	0,78	3,23
5,8	6,18	6,12	0,13	0,40	5,43	3,00	3,13	3,35	0,81	3,35
6,0	6,39	6,33	0,13	0,42	5,62	3,10	3,23	3,46	0,84	3,46
6,2	6,61	6,54	0,14	0,43	5,81	3,21	3,34	3,58	0,86	3,58
6,4	6,82	6,75	0,14	0,45	6,00	3,31	3,45	3,70	0,89	3,70
6,6	7,03	6,96	0,14	0,46	6,18	3,41	3,56	3,81	0,92	3,81
6,8	7,25	7,17	0,15	0,47	6,37	3,52	3,67	3,93	0,95	3,93
7,0	7,46	7,39	0,15	0,49	6,56	3,62	3,77	4,04	0,98	4,04
7,2	7,67	7,60	0,16	0,50	6,75	3,72	3,88	4,16	1,00	4,16
7,4	7,89	7,81	0,16	0,52	6,93	3,83	3,99	4,27	1,03	4,27
7,6	8,10	8,02	0,17	0,53	7,12	3,93	4,10	4,39	1,06	4,39
7,8	8,31	8,23	0,17	0,54	7,31	4,03	4,20	4,50	1,09	4,50
8,0	8,53	8,44	0,17	0,56	7,50	4,14	4,31	4,62	1,11	4,62
8,2	8,74	8,65	0,18	0,57	7,68	4,24	4,42	4,73	1,14	4,73
8,4	8,95	8,86	0,18	0,59	7,87	4,34	4,53	4,85	1,17	4,85
8,6	9,17	9,07	0,19	0,60	8,06	4,45	4,64	4,97	1,20	4,97
8,8	9,38	9,28	0,19	0,61	8,24	4,55	4,74	5,08	1,23	5,08
9,0	9,59	9,50	0,20	0,63	8,43	4,65	4,85	5,20	1,25	5,20
9,2	9,81	9,71	0,20	0,64	8,62	4,76	4,96	5,31	1,28	5,31
9,4	10,02	9,92	0,20	0,66	8,81	4,86	5,07	5,43	1,31	5,43
9,6	10,23	10,13	0,21	0,67	8,99	4,96	5,17	5,54	1,34	5,54
9,8	10,44	10,34	0,21	0,68	9,18	5,07	5,28	5,65	1,37	5,66
10,0	10,66	10,55	0,22	0,70	9,37	5,17	5,39	5,77	1,39	5,77

Gänge mit direktem Antriebe.

Dieselben umfassen:

    1. den Spindelgang,

    2. den Duplexgang mit der Rolle,

    3. den Chronometergang.

      a) mit der Feder,

      b) mit der Wippe,

      c) mit Doppelrad und Feder von Jürgensen,

zu denen sich noch eine große Zahl sehr interessanter Lösungen gesellen. Sie erfuhren keine weitere Ausbildung, da sie gegen die vorhandenen Hemmungen keine so wesentliche Vorteile boten um Versuche zu ihrer Einführung in größerem Maßstabe zu veranlassen. Die konstruktive Verbindung der drei Haupthemmungen ist aber auch so klar und einfach, daß Mittellösungen zwecklos erscheinen müssen.

Der Spindelgang.

Obgleich der Spindelgang zu den „fossilen" Hemmungen gehört, darf seine Abbildung doch in diesem Buche nicht fehlen. Seine Herrschaft in der Uhrmacherei hat 8—9 Jahrhunderte gedauert. Erst um 1860 wurden die letzten neuen Spindeluhren gemacht. Seinen Erfinder nennt die Geschichte nicht. Man darf aber annehmen, daß ein kunstfertiger, mit mechanischen Kenntnissen ausgerüsteter Mönch in stiller Klosterzelle den Gang erfand.

Wir werden uns über die Spindelhemmung kurz fassen, aber einen Begriff von ihr muß auch der heutige Uhrmacher haben. Die Nachteile desselben sind:

1. Die Notwendigkeit, die Steigradachse parallel zur Platine zu lagern, also Verwendung eines Kronrades und damit bedingter hoher Bau der Uhren.

2. Große Empfindlichkeit gegen die veränderliche Zugkraft, was bei den Federzuguhren (also auch bei den Taschenuhren) die Schnecke erforderlich macht.

3. Bedeutende ·Rückführung des Steigrades und damit fast beständige Bewegung des Räderwerkes.

Wesentliche Bestimmungsteile sind die stets ungerade Zahnzahl des Gangrades.

Bei Taschenuhren 11—13 Zähne,
bei größeren Uhren entsprechend mehr.

Öffnung der Spindel. Saunier gibt an, daß in älteren Uhren und in neueren englischen 90^0 bis 100^0, in den neueren schweizer und französischen 100^0 bis 115^0 Öffnungsweite der Lappen sich findet.

Die Hebung gibt Saunier zu 40^0 an, bemerkt aber, daß in englischen Uhren geringere Öffnungs- und Hebungswinkel üblich seien und daß diese Spindeln sich weit besser als die Französischen und Schweizer hielten. In der Tat nimmt man 40^0 Hebung, 11 Zähne, $\frac{1}{10}$ Teilung als Fall.

Lappenlänge $= \frac{2}{3}$ Teilung und die Lappen $\frac{2}{3}$ Teilung ihrer Länge in die Zahnlücken hineinragend, dann ergibt die trigonometrische Rechnung: Spindelöffnung $= 110\,{}^2/_3{}^0$.

Die beistehende Zeichnung des Spindelganges, dessen einzelne Teile genau nach dem abgenommenen Maße gezeichnet wurden, ergab:

Gangraddurchmesser $= 2\,R = 2$

Gangradzahnzahl $= 11$,

Teilung $t = \dfrac{2 \times R \times \pi}{11} = 0,58$

Lappenlänge $l = 0,55 \times t$ (von der Achse ab gemessen),

Eingriffsentfernung — Spindel — Achse — Gangrad-
zahnspitzenebene $e = 0,25 \times t$.

Die vordere Neigung der Radzähne war 30^0.

Die Aufzeichnung in natürlicher Größe ergab:

Öffnungswinkel 93^0,

Hebungswinkel 33^0.

Zur Konstruktion des Spindelganges (Fig. 57)
zeichnen wir uns den äußeren Gangradzahnkreis, eine vertikale Linie durch die Radachse M, senkrecht zu ihr $a\,b$,

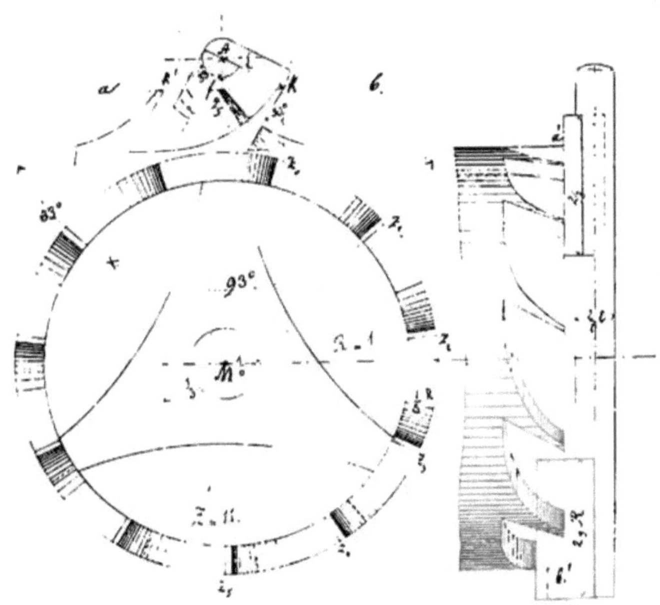

Fig. 57.

welche die Ebene der Zahnspitzen im Schnitt mit der
Zeichnungsebene darstellt.

Von $a\,b$ liegt A um
$$e = 0{,}25 \times t$$
entfernt. — Hierauf zeichnen wir mit der Lappenlänge
$$l = 0{,}55 \times t = 0{,}55 \times 30 = 16{,}5 \text{ mm}$$
um A einen Kreis, der $a\,b$ in k schneidet. In k liegt die Zahnspitze $Z\,o$, welche eben ausgewirkt hat. Z_0 liegt unter $k - k_2$ $M\,A$ gemacht, ergibt uns Z_0 auf dem Steigzahnspitzenkreise.

Von $Z\,o$ teilen wir den Steigradzahnspitzenkreis in 11 gleiche Teile. Zahn Z_5 wird,
$$\text{nachdem der Fall } Z_5\,f = 0{,}1 \times t$$
durchschritten, den unteren Lappen treffen. $A\,f$ ist nun die Linie, an welcher die Zahnspitze wirkt.
$$\measuredangle\, k\,A\,f = 93^0 \text{ ist die Lappenöffnung}$$
$$\text{Hebungswinkel } \measuredangle\, k'\,A\,f = 33^0.$$
Alle übrigen Abmessungen entsprechen denen der Zeichnung.

Die Ausführung der Spindel.

Gelegentlich, bei der Reparatur alter Familienstücke, kommt es vor, daß noch neue Spindeln auszuführen sind und dürfte es daher am Platze sein, wenigstens die Neuherstellung der Spindel hier kurz zu beschreiben.

Man nimmt einen Streifen Blech von reichlich $\frac{2}{7}$ Teilung als Stärke, feilt an den Stellen, wo die Lappen hinkommen, diese und hierauf die übrige Welle aus, worauf man die Spindel über die Flamme hält und verdreht, sodaß die beiden Lappen so gegeneinander stehen, daß der richtige Öffnungswinkel entsteht. Dann wird sie gehärtet, die Lappen gelb und die Enden, aus denen die Zapfen zu drehen sind, blau angelassen und endlich fertig gedreht.

Einfacher ist es, die Spindel aus einem etwa $\frac{1}{7}\,t$ starken Uhrfederstreifen herauszufeilen und dann die Verdrehung vorzunehmen, doch erhält man hierbei die Lappenhebfläche nicht genau radial.

Die Lappen müssen mit ihrer Wirkungsfläche genau nach der Achse gerichtet sein, da sie sonst zu beträchtlichen Fall bekommen. Schwingt die Unruh schlecht, so kann man — nach Saunier — die Öffnungswinkel verkleinern; meist aber stellt man den Eingriff so tief als möglich und feilt dann die Lappen nach.

Ist die Spindelöffnung zu groß, dann geht die Uhr, frisch geölt, wohl, später aber versagt sie, da bei der Rückführung ein zu starker Widerstand in der Nähe der Spindelachse geleistet wird.

Bohmeyer in Kömern ordnete den Spindelgang „ruhend“ an, indem er den Gangradzahn auf den Vollkreiszylinder, dessen Durchmesser gleich der doppelten Lappenlänge sich auflegen ließ. Die Dicke dieses schwerfälligen Zylinders, die Reibung auf so großer Entfernung von der Spindelachse und dabei die leichte Unruh sind solche Mißverhältnisse, daß eine bessere Wirkung als beim rückführenden Spindelgange sich nicht ergeben könnte. Übrigens, die Bezeichnung der Hemmung als „Klotzspindel“ sagt genug. Auf dem geduldigen Papiere mag sie sich ja bewähren, in der Uhr nicht.

Die Doppel-Rad- oder Duplex-Hemmung.

Der Gang wurde von Dutertre 1724 erfunden und von Pierre le Roy gegen 1750 ausgebildet, verbreitete sich aber in England, da hier Uhren höherer Bauart hergestellt wurden, während man in Frankreich flachere Werke vorzog, für die sich besonders der Zylindergang eignet.

Sie hätte für ihre Zeit eine große Bedeutung erlangen können, wenn die mechanischen Hilfsmittel zur Herstellung genauer Arbeiten besser entwickelt gewesen wären, aber daran mangelte es. Die feinen Zapfen mußten gefeilt werden, und ließ die Bewegung der Zapfen noch in zylindrischen Löchern des Gestelles erfolgen. Da konnten nur Künstler von Gottes Gnaden etwas Vorzügliches erreichen!

Ich vermute, daß Harrisons Chronometer mit Kompensationsunruh und Spirale mit einer dem Duplexgang ähnlicher Hemmung versehen war. Er verwandte zuerst zur Lagerung der Zapfen Steinlöcher. Heute verwenden wir letztere zwar ihrer Unveränderlichkeit wegen noch, legen aber den Hauptwert auf die geringe Reibung, welche durch sie entsteht, umsomehr, als die Form derartig ausgebildet wurde, daß sich das Öl gut an dem Zapfen hält. Der Duplexgang konnte nicht zu der ihm gebührenden Bedeutung gelangen, weil im entscheidenden Augenblicke schon die aus ihm ententwickelte Chronometerhemmung überragend Vorzügliches leistete. Die Zeit der Duplexhemmung ist vorbei, sie gehört mehr der Geschichte an.

An der Stelle, wo sich die Ruheradzahnspitze auf die Unruhachse auflegt, befindet sich eine kleine Steinrolle mit dem Einschnitte, in den die Zahnspitze nach der Auslösung tritt. Sie soll dabei etwa um ein $\frac{1}{6}$ des Rollendurchmessers eindringen. Da beim Durchgehen des Ruhezahnes dieser einen Druck auf die vor seiner Spitze liegende Wand des Einschnittes ausübt, so spricht man von dieser als der „kleinen Hebung". Sobald einander Ruhezahnspitze und Einschnittskante berühren, wird das Gangrad frei.

Die Konstruktion stellt die Hemmung in diesem Momente dar. Fig. 58.

Der Hebstein steht vor dem Stoßradzahn und empfängt von ihm den Antrieb, während er 35⁰ durchschwingt. 5⁰ ist Fall gerechnet.

70⁰ beträgt der Ruhewinkel, den die Unruh durchschwingt, während eine Ruheradzahnspitze sich im Rolleneinschnitte befindet.

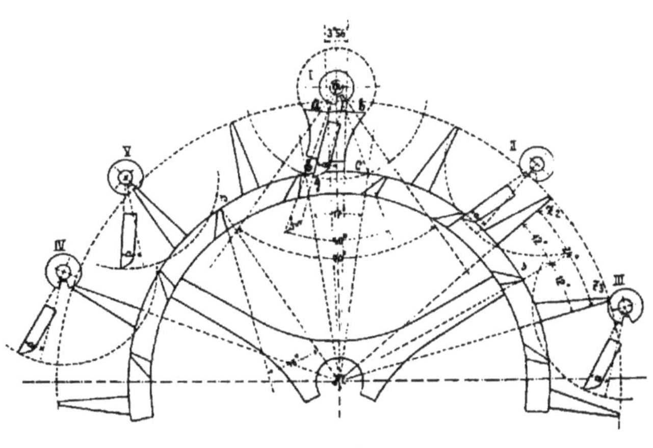

Fig. 58.

Die Angaben über die zu wählenden Abmessungen der Teile weichen vielfach von einander ab. So z. B. soll der Rollendurchmesser zwischen $\frac{2}{5}$ und $\frac{1}{6} t$ jetzt meist $\frac{1}{4} t$ haben.

Stoßraddurchmesser $= \frac{3}{4}$ bis $\frac{5}{7}$ Ruheraddurchmesser,

Tiefe des Zahneindringens zirka $\frac{1}{6}$ Rollendurchmesser.

Jürgensen fordert, daß die Stoßradzahnspitze genau auf der Mittellinie der ihr benachbarten Ruheradzahnspitzen liege. Andere sind wieder dafür, daß er dahinter geschehe. Die Rolle sei für flache Uhren klein, des geringen Widerstandes wegen, für hohe Uhren größer, um durch größeren Reibungswiderstand bei stärkerem Antriebe (gespanntere Feder) eine Ausgleichung hervorzubringen.

Ihr Durchmesser in englischen Uhren ist $\frac{1}{4} - \frac{1}{3}\, t$, die Länge des Hebungsarmes schwankt zwischen $\frac{3}{4}$ bis $\frac{3}{5}$ Stoßradhalbmesser.

Auf Grund von Abmessungen gut ausgeführter Duplexgänge und Uhrwerke ergaben sich folgende Verhältnisse:

$$\text{Unruhdurchmesser} = \frac{\text{Werkdurchmesser,}}{2{,}55}$$

$$\text{Reifenbreite} = \frac{\text{Werkhöhe,}}{5{,}2}$$

$$\text{Reifendicke} = \frac{\text{Unruhdurchmesser,}}{40}$$

$$\text{Ruheraddurchmesser} = \frac{\text{Werkdurchmeser,}}{4{,}8}$$

$$\text{Rollendurchmesser} = \frac{\text{Ruheraddurchmesser,}}{17}$$

Ruhewinkel $= 70^0$

Hebungswinkel $= 40^0$, einschließlich 5^0 Fall,

Zahnspitzenbreite $\dfrac{t}{30} = 0{,}8^0$

Stoßraddurchmesser $= \dfrac{3}{4}$ Ruheraddurchmesser,

Impulshebellänge $= 0{,}307 \times$ Ruheradhalbmesser, oder
$\qquad\qquad\quad = 0{,}4093 \times$ Stoßradhalbmesser,

Eingriffsentfernung $= \begin{array}{l} 1{,}05 \times \text{Ruheradhalbmesser,} \\ 0{,}528 \times \text{Stoßraddurchmesser.} \end{array}$

Die Aufzeichnung des Duplexganges.

Derselbe sei für eine Uhr mit 39,5 mm Platinendurchmesser bestimmt. Dann ist

$$\text{Ruheraddurchmesser} = \frac{39{,}5}{4{,}8} = 8{,}2 \text{ mm,}$$

$$\text{Rollendurchmesser} \quad = \frac{8,2}{18} = 0,45 \, \text{mm},$$

$$\text{Impulsraddurchmesser} = \frac{3}{4} \times 8,2 = 6,15 \, \text{mm},$$

$$\text{Eingriffsentfernung} = 1,051 \times \frac{8,2}{2} = 4,309 \, \text{mm}.$$

Als Maßstab wählen wir $8:1$ nat. Größe.

Wir zeichnen den Ruheradzahnspitzenkreis mit $\frac{8,2}{2} \times 8 = 32,8 \, \text{mm}$ Halbmesser.

Entweder wir tragen nun die Eingriffsentfernung $MA = E = 4,487 \times 8 = 35,896 \, \text{mm}$ auf, oder zeichnen zuerst die Rolle besonders, deren Durchmesser $= 8 \times 0,5 = 4 \, \text{mm}$ wird.

Konstruieren wir zuerst die Rolle besonders.

Um die vertikale Mittellinie $A\,M$ derselben tragen wir symmetrisch Ruhewinkel $a\,A\,b = 70^0$ mit A als Scheitel an und ziehen durch a und b den Ruheradzahnspitzenkreis, dessen Mittelpunkt auf $A\,M$ liegt $a\,M = b\,M = 32,8 \, \text{mm}$.

$a\,b$ tragen wir symmetrisch zu $A\,M$ in die Hauptzeichnung ein und durch a und b den Ruherollenkreisdurchmesser $= 12$.

Wir zeichnen nun den $35^0 \measuredangle$, also die Hälfte des Ruhewinkels von $a\,b$, umfassenden Einschnitt in die Ruherolle ein. In b liege eine Zahnspitze des Ruherades.

Wir zeichnen mehrere Ruheradzähne*) ein. Ihre Vorderflächen sind radial.

Die Zahnspitze des Stoßrades liegt auf der Halbierungslinie des Winkels $Z_2\,M\,Z_3$**), die Vorderfläche der Stoßradzähne tritt um 18^0 gegen die Radiale $s\,M$ zurück.

---

*) Nachdem wir von b ausgehend den Umfang des Ruherades geteilt haben.

**) Der Halbmesser des Stoßrades ist $25 \, \text{mm}$.

Der Hebelarm hat eine zur Unruhachse radial stehende Vorderfläche und sei mit einem Stein montiert gezeichnet, dessen Vorderfläche $a\,g$ derart steht, daß

$$\angle\; g\,A\,E = 5^0.$$

g ist der Schnittpunkt des um A durch E gezogenen Kreises. Die Fassung des Steines und die übrigen Abmessungen der Teile seien der Zeichnung entsprechend gehalten.

In den ersten Waterbury-Uhren war eine Art Duplexhemmung verwendet, wo Stoßzähne durch Aufbiegen eines Teiles des die Zahnlücke vor dem Schneiden füllenden Materiales gebildet waren.

Der Duplexgang für Uhren mit springender Sekunde.

Bei diesem geht auch für je 2 Schwingungen der Unruh das Ruherad um 1 Zahn weiter, aber je 2 Zähne stehen nahe bei einander und auf 2 Ruheradzähne folgt erst die Wirkung eines Stoßradzahnes so, daß nach je 3 verlorenen erst als vierte eine Schwingung folgt, bei welcher die Unruh einen Antrieb erhält. Bei dieser 4. Schwingung bewegt sich der Sekundenzeiger um nahezu 1 Teilung weiter, nachdem er bei der 2., als das Ruherad sich etwas bewegte, schon eine Kleinigkeit fortrückte.

Die Ruheräder der betreffenden Uhren erhalten meist 14, die Stoßräder 7 Zähne. — Da die Unruh in 1 Sekunde 4 Schwingungen macht, entfallen auf eine Minute

$$60 \times 4 = 240 \text{ Schwingungen,}$$

was bei einem 7er Gangtrieb als Zahnzahl des Sekundenrades 60 ergibt, denn

$$\frac{60}{7} \times 2 \times 14 = 240 \text{ Schwingungen in 1 Minute.}$$

Allgemein kann man daher bei einem 60er Sekundenrad ein so vielzahniges Gangtrieb verwenden, als das Stoßrad Zähne hat.

Bei der Untersuchung des Duplexganges ist zunächst darauf zu sehen, ob die hier in Betracht kommenden Teile, also Sekundenrad, Gangrad, Auslösearm, Unruh usw. in der richtigen Höhe sind und entsprechenden Spielraum haben, damit weder Streifungen noch sonst irgend welche Klemmungen vorkommen können. Besonders viel Wert ist auch auf die Steinlöcher zu legen und sind dieselben gut zu prüfen, ob sie gerade stehen, keine Rauheiten haben, nicht beschädigt sind usw.

Da die Duplexhemmung sehr empfindlich, bezüglich der Auflage des Zahnes und der Rolle ist, weil bei Drehung der Rolle gegen die Ruhespitze leicht ein Klemmen stattfindet, so darf man dem Zapfen nur ein geringes Spiel in den Zapfenlöchern geben, also bei $^1/_{10}$ mm wirksamer Zapfenstärke ist nur $^1/_{10?}$ mm Zapfenluft zulässig.

Hierauf untersucht man das Gangrad, ob es genau rund läuft, ob die Ruhezähne nicht verbogen resp. beschädigt sind.

Bei ungleich geteiltem Gangrade oder wenn die Ruhezähne verbogen, biegt man, wenn nur eine oder die andere Teilung fehlerhaft ist, sehr vorsichtig den einen oder andern Ruhezahn. Darauf zu achten ist, daß die Zähne beim Biegen nicht beschädigt werden. Man nimmt nicht etwa eine Pinzette oder gar eine kleine Flachzange hierzu, sondern bohrt sich in einen dünnen, etwas breitgeschlagenen Messingdraht ein Loch, in welches der Zahn knapp hineinpaßt. Mittels diesen Drahtes kann man dann die fehlerhaften Zähne biegen.

Ebenso muß Unruhwelle, Unruh, Impulshebel und Ruherolle in bester Ordnung sein. Die Ruherolle kann auch

in Folge einer unrunden Unruhwelle unrund laufen; in
diesem Falle ersetzt man die Unruhwelle. Ist aber z. B.
die Rolle selbst unrund, so kann man sich auf die Art
helfen, daß man die Rolle auf die zuvor dünner gedrehte
Welle rund auflackt.

Eine genaue Steinrolle ist nämlich schwer erhältlich.

Sind nun, wie auch beim Ankergange, die einzelnen
Teile richtig gestellt worden, so kann die Untersuchung des
Zusammenwirkens der Teile beginnen, vorausgesetzt, daß
das übrige Räderwerk in bester Ordnung ist.

Jede Zahnspitze des Ruherades ist zunächst in den
Einschnitt der Ruherolle zu führen und zu probieren, ob
die Spitze des Zahnes genügenden Spielraum hat. Die Zahnspitzen des Ruherades sollen, um die Reibung an der Ruherolle möglichst zu verringern, auf der Rückseite gut abgerundet und poliert sein. Bei zu weitem Rolleneinschnitt
wird die Ruhe unsicher und die Rückführung größer. Ist
der Fehler erheblich, so ersetzt man die Rolle. Die Ecken
der Ruherolle müssen nur etwas abgerundet und gut
poliert sein.

Was die Ruhe anbelangt, so kann der Gang bei zu
viel Ruhe zu tief, und zu wenig Ruhe zu seicht
gestellt sein. Eine zu große Ruhe hat auf das „Halten-
lassen" der Uhr starken Einfluß, während zu geringe Ruhe
Reibung und eine unsichere Wirkung des Ganges hervorbringt.

Bei zu tiefem Eingriff läßt man das Gangrad im
Eingriffszirkel mit einer Steinfeile vorsichtig rund ablaufen,
bis es die entsprechende Größe hat. Die Zahnspitzen sind
hiernach wieder etwas abzurunden und fein zu polieren.
Der zu tiefe Eingriff findet sich meist in den billigeren
Duplexuhren.

Bei zu seichtem Eingriff sind entweder Ruherolle oder Gangrad durch größere zu ersetzen, oder wenn es möglich ist, das Gangrad der Ruherolle näher bringen, d. h. Eingriffs-Entfernung zu ändern also kleiner zu machen.

Ist der Impulshebel zu lang — Eingriff in Bezug auf die Hebung zu tief —, so kürzt man entsprechend den Hebel, resp. setzt man den Stein etwas zurück.

Bei zu kurzem Impulshebel — Eingriff in Bezug auf die Hebung zu seicht, —, ersetzt man den Hebel durch einen längeren oder wenn ein Impulsstein vorhanden, lackt man denselben entsprechend heraus.

Der Impulshebel soll genügend lang sein. Bei der Einregulierung der Duplexuhren erreicht man eine weit größere Genauigkeit als beim Zylindergang, weil hier schwere Unruhen und bei feineren Duplexuhren ja sogar Kompensations - Unruhen und isochronische Spiralen verwendet werden, außerdem beim Zylindergang die Ruhe auf einen größeren Ruhehalbmesser erfolgt.

Die Spirale ist so aufzusetzen, daß der Einschnitt der Rolle in der Ruhelage genau auf den Mittelpunkt des Gangrades zeigt. Die Spiralrolle soll nicht groß, der Einschnitt in dieselbe sehr klein, Spiralstifte parallel zu einander und senkrecht zum Rückerzeiger stehen, gut und fest in demselben sitzen.

Die Regulierung einer feinen Duplexuhr erfolgt, da sie mit Kompensationsunruh versehen ist, ähnlich wie beim Chronometer.

Dort ist auch einiges über die Regulierung desselben zu lesen.

Wegen des Mangels einer Sicherung gegen das Durchgaloppieren, soll die Unruh nur $1\tfrac{1}{4}$ Umgang schwingen, aber nicht unter 1 Umgang.

Der kleinen Rückbewegung wegen muß das Gangtrieb die richtige Größe haben, da sonst eine Regulierung ausgeschlossen bleibt. (Siehe bei Abhilfen des freien Ankerganges.)

Weil in Folge der Reibung auf der Rolle die Uhr beim Liegen nachgeht, so muß die Rolle, ob Stein oder Stahl, sehr gut poliert sein. Bei Messinggangrädern erhält außer den Zapfen nur die Ruherolle etwas Öl, bei einem Stahlgangrad auch der Impulshebel.

Die innere Spiralbefestigung liege auf der Linie Unruhmittel-Rücker, so daß eine ganze Zahl, 13 bis 16 Umgänge, der Spirale wirken.

(Tabellen Duplexgang siehe nebenstehend.)

Der Chronometergang.

Vom Standpunkte der Getriebelehre aus betrachtet, ist die Chronometerhemmung außerordentlich einfach, was auch bleiben sollte. Sie umschließt nur 6 Getriebe, die freie Ankerhemmung 16.

Da in ihr besonders die Sicherung gegen das Überschwingen fehlt, beanspruchen Uhren mit dieser Hemmung eine vorsichtige, ruhige Behandlung.

Um das höchste an Ganggenauigkeit zu leisten, haben die Chronometer zur Erzielung gleichmäßigen Antriebes die Schnecke, doch werden beständig Versuche gemacht, letztere zu ersparen. Sie fehlt schon in billigen Uhren mit Chronometergang, welche entsprechend ihrer Ausführung und Regulierung den Namen Chronometer nicht verdienen.

Man hat — wohl um die Schnecke zu ersparen — in neuerer Zeit auch einen Chronometergang mit konstanter Kraft angeordnet.

Duplexgang.

a) Gegeben der Durchmesser des Gangrades (Ruherades).
Verhältnis des Stoßrades zum Ruherad = 5 : 7. Zahnzahl 15.
Hebungswinkel 45°.

Durchmesser des Ruherades		Durchmesser des Stoßrades		Durchmesser der Ruherolle	Entfernung der Hebsteinspitze vom Unruhmittelpunkte	Eingriffsentfernung
Wirklicher	Gemessener	Wirklicher	Gemessener			
1,00	0,99	0,714	0,707	0,0521	0,187	0,5255
6,0	5,94	4,28	4,24	0,313	1,12	3,15
6,2	6,14	4,42	4,38	0,322	1,16	3,26
6,4	6,34	4,57	4,52	0,333	1,19	3,36
6,6	6,53	4,71	4,66	0,344	1,23	3,47
6,8	6,73	4,85	4,81	0,354	1,27	3,57
7,0	6,93	5,00	4,95	0,364	1,31	3,68
7,2	7,13	5,14	5,09	0,374	1,34	3,78
7,4	7,33	5,29	5,24	0,385	1,38	3,89
7,6	7,52	5,43	5,37	0,395	1,42	3,99
7,8	7,72	5,57	5,51	0,405	1,46	4,09
8,0	7,92	5,71	5,66	0,416	1,50	4,20
8,2	8,12	5,85	5,80	0,426	1,54	4,30
8,4	8,32	6,00	5,94	0,437	1,57	4,41
8,6	8,51	6,14	6,08	0,447	1,61	4,52
8,8	8,71	6,28	6,23	0,458	1,65	4,62
9,0	8,91	6,42	6,36	0,468	1,68	4,73
9,2	9,11	6,56	6,50	0,478	1,72	4,83
9,4	9,31	6,71	6,64	0,489	1,75	4,94
9,6	9,50	6,85	6,78	0,499	1,79	5,05
9,8	9,70	6,99	6,93	0,511	1,84	5,15
10,0	9,9	7,14	7,07	0,521	1,87	5,26
10,3	10,2	7,35	7,28	0,537	1,93	5,42
10,6	10,5	7,57	7,49	0,552	1,98	5,57
10,9	10,8	7,78	7,70	0,568	2,04	5,73
11,2	11,1	7,99	7,92	0,584	2,09	5,88
11,5	11,4	8,21	8,13	0,599	2,15	6,03
11,8	11,7	8,43	8,34	0,615	2,21	6,20
12,1	12,0	8,64	8,55	0,630	2,26	6,36
12,4	12,3	8,85	8,76	0,646	2,31	6,52
12,7	12,6	9,07	8,98	0,662	2,37	6,67
13,0	12,9	9,28	9,19	0,678	2,43	6,83
13,5	13,4	9,65	9,56	0,704	2,52	7,10
14,0	13,9	9,99	9,90	0,729	2,62	7,36
14,5	14,4	10,36	10,25	0,755	2,71	7,62

Duplexgang.

b) Gegeben die Eingriffsentfernung.

Verhältnis des Stoßrades zum Ruherad = 5 : 7.   Zahnzahl = 15.

Hebungswinkel = 45°.

Eingriffs-entfernung	Durchmesser des Ruherades		Durchmesser des Stoßrades		Entfernung der Hebstein-spitze vom Unruh-mittelpunkt	Durchmesser der Ruherolle
	Wirk-licher	Ge-messener	Wirk-licher	Ge-messener		
1,00	1,914	1,895	1,353	1,338	0,3579	0,0996
5,0	9,57	9,48	6,77	6,69	1,79	0,498
5,5	10,53	10,42	7,45	7,35	1,97	0,548
6,0	11,48	11,28	8,12	8,03	2,15	0,598
6,2	11,86	11,75	8,39	8,30	2,23	0,618
6,4	12,25	12,13	8,66	8,56	2,30	0,638
6,6	12,63	12,51	8,93	8,83	2,36	0,658
6,8	13,01	12,89	9,20	9,10	2,45	0,678
7,0	13,40	13,27	9,47	9,37	2,51	0,697
7,2	13,78	13,64	9,74	9,63	2,57	0,717
7,4	14,17	14,03	10,01	9,90	2,66	0,737
7,6	14,56	14,40	10,28	10,17	2,72	0,757
7,8	14,93	14,78	10,55	10,44	2,79	0,777
8,0	15,31	15,16	10,82	10,70	2,86	0,797
8,2	15,69	15,54	11,09	10,97	2,93	0,817
8,4	16,08	15,92	11,36	11,24	3,01	0,837
8,6	16,47	16,30	11,63	11,50	3,07	0,857
8,8	16,84	16,68	11,91	11,77	3,15	0,877
9,0	17,23	17,06	12,18	12,04	3,22	0,896
9,2	17,61	17,43	12,45	12,31	3,28	0,916
9,4	18,00	17,81	12,72	12,57	3,37	0,936
9,6	18,38	18,20	12,99	12,84	3,43	0,956
9,8	18,76	18,57	13,26	13,12	3,50	0,976
10,0	19,14	18,95	13,53	13,38	3,58	0,996
10,2	19,52	19,33	13,80	13,65	3,65	1,016
10,4	19,91	19,71	14,07	13,92	3,72	1,036
10,6	20,30	20,09	14,34	14,18	3,78	1,056
10,8	20,67	20,47	14,61	14,45	3,86	1,076
11,0	21,05	20,85	14,88	14,72	3,94	1,096
11,2	21,44	21,23	15,15	14,99	4,00	1,116
11,4	21,81	21,61	15,42	15,25	4,09	1,136
11,6	22,21	21,99	15,69	15,52	4,15	1,156
11,8	22,58	22,37	15,96	15,79	4,22	1,176
12,0	22,97	22,74	16,24	16,06	4,29	1,195

Ein Gangradzahn spannt für jeden Antrieb des Impuls-
hebels eine Feder, entsprechend wie in Reids Hemmung.

In der außerordentlichen Einfachheit liegt der Wert des
Chronometerganges. Der Besitzer einer Uhr mit diesem
Gange muß sie entsprechend behandeln und mit ihr umgehen
wie mit einem feinen mathematischen Instrument. Sicherungs-
getriebe sind nur sehr schwer anzugliedern und ordnen sich
nicht in seinen — sagen wir — Organismus; dem ist
Rechnung zu tragen.

Es mag auffallen, daß Harrisons*) Hemmung unbekannt
blieb. Die englische Regierung hatte wohl zunächst als
Bedingung gestellt, daß der Erfinder die Uhrmacher Englands
und anderer Länder so in seine Erfindung einzuführen habe,
daß sie imstande seien, dieselbe in gleicher Leistungsfähig-
keit auszubilden; aber als die französischen und andere
Uhrmacher kamen, sahen sie das Werk nicht, erfuhren nur

---

*) John Harrison, geboren in Forsby 1693, gest. 1776 in Hamps-
steuds, baute 1714 den ersten Seechronometer, der auf einer Fahrt nach
Lissabon erprobt wurde. Die engl. Regierung hat auf Newtons Antrag
Preise für die Lösung der Längenbestimmung ausgesetzt,

für 1 Grad, d. i. 4 Minuten . . . .   10000 Pfund Sterling,
„ ⅔ „ „ „ 2 „   40 Sekunden   15000   „   „
„ ½ „ „ „ 2 „   20000   „   „

Harrison baute einen Timekeeper (Chronometer), der, auf dem
„Deptford" eingeschifft, nach einer Fahrt nach Jamaika nach 161 Tagen
5" abwich. Über Grahams Befürwortung erhielt Harrison den Preis
zunächst zum Teil ausgezahlt, da man unter allerlei Vorwänden, z. B.
wegen Zweifel, „ob die Uhr dauernd diese Gangresultate geben werde",
die gänzliche Auszahlung hinausschob.

Erst im Alter von 75 Jahren erhielt Harrison den Rest. Er starb
erbittert darüber, daß ihm so lange sein Recht nicht geworden. Er
machte u. a. auch Versuche mit dem Rostpendel, erfand die bimetallische
Kompensation der Spirale und verwendete zuerst Edelsteinlager für die
Zapfen.

von seinen Leistungen, von denen Berthoud höchst über-
rascht war und sich, wie Pierre le Roy sagt, „nicht fassen
konnte."

Arnold baute auf einem Grundgedanken Pierre le Roys
weiter und schuf die heutige Chronometerhemmung.

Ohne die selbstlose, mächtige Unterstützung des edlen
Georg Graham wären Harrison das erste und nach Jahren
das zweite Drittel des verdienten Preises nie ausgezahlt
worden. Das letzte Drittel erhielten erst seine Erben.

Der Gedanke Arnolds, beim Chronometergang die gleichmäßige Hebungs-Übersetzung dadurch zu erzielen, daß er
den Radzahn der mit dem Hebstein unter gleichbleibender
Übersetzung zusammenwirkenden Zahnfläche gab, hat aus
zwei Gründen sich wohl nicht bewährt:

 1. das Gangrad wurde zu schwer,

 2. bei dem Antrieb wirkte Fläche an Fläche.

Dieser Nachteil läßt sich durch Verwendung der Punktverzahnung beseitigen.

Th. Earnshaw*) verwendete das flache Gangrad.

Urban Jürgensen**) gab bestimmte Abmessungsverhältnisse für die Gangteile an, z. B. Halbmesser der
Hebelscheibe = Gangradteilung. Er empfahl die Anordnung

---

*) Thomas Earnshaw, geb. 1749, gest. 1814, war ein ausgezeichneter
englischer Chronometermacher, welcher der Chronometerhemmung mit der
Feder ihre heutige Form gab und sich mit der Verbesserung der Kompensationsunruh beschäftigte.

**) Urban Jürgensen, geb. 1776 in Kopenhagen, war ein ausge-
zeichneter Pendeluhr- und Chronometermacher, baute 1807 den ersten
Taschenchronometer. Er schrieb Abhandlungen „Über den Isochronismus
der Pendelschwingungen;" „Über die exakte Uhrmacherkunst;" „Über die
Doppelradfederhemmung, über die Verbesserung dss Kompensationspendels,
Metalltermometer, Luftdruck-Einfluß auf astr. Pendeluhren und Chronometern.

des Zuges am Ruhezylinder (ebenso wie Gannery), verlangte, daß die Goldfeder etwas vor der Mittellinie stehe, daß der Fall größer sei für tragbare, als für Marinechronometer, endlich, daß die Anschlagschraube die Mitte des Ruheteiles treffe.

A. Breguet empfahl, die Ruhe auf die Tangente zu bringen, welche etwas vor der Unruhachse vorüberging, während die Auslösungsfeder fast nach der letzteren zeigte. Den Anschlag der Gangfeder zur Regulierung ließ er an einem stellbaren Exzenter erfolgen, was allerdings mehr Arbeit verursachte, als die Stellschraube.

Gannery, ein ausgezeichneter englischer Uhrmacher, verlangt den Zug am Ruhestein und 45⁰ Hebungswinkel.

Beim Chronometergang wirkt die Gangradzahnspitze auf einen Hebelarm, wie bei dem Duplexgange, es ist aber nur ein Gangrad, das also gleichzeitig als Ruhe und als Stoßrad wirkt, vorhanden. Die Ruhe erfolgt auf einem Ruhestein, der bei der Auslösung von dem mit der Unruhwelle verbundenen Auslösstein zurückgedrängt wird, wodurch das Gangrad sich bewegen kann und dem Antriebhebel den Impuls erteilt. Indes hat eine Feder bereits den Ruhestein zurückgeführt, sodaß der nächste Gangradzahn sich auflegen kann. Man unterscheidet, je nach der Art der Lagerung des Ruhesteines,

Chronometergang: a) mit der Gangfeder,
b) mit der Wippe (Bascule);

bei ersterem ist der Ruhestein oder Ruhezylinder (da er meist ein abgeflachter Zylinder ist) mit einer geraden Feder, die ihn zurückführt, verbunden, bei letzterem aber mit einem drehbaren, mit Zapfen in Steinlöchern laufenden, von einer Spiralfeder in seine Ruhelage zurückgedrängten Sperrkegel. Der Gang mit gerader Feder ist meist in Marinechronometern, der mit der Wippe heute mehr in

Taschenchronometern verwendet, obgleich seine Anordnung ursprünglich nur für Marinechronometer erfolgte.

Jede der beiden Anordnungen hat ihre Vorteile und ihre Nachteile und gibt — sorgfältig ausgeführt — vorzügliche Resultate.

Die Wippenhemmung.

Louis Berthoud und Henri Motel in Paris wandten die Wippenhemmung zuerst an.

Louis Moinet empfahl, der Spirale 3 bis 4 starke Umgänge zu geben, findet aber das Gewicht der Wippe als schädlich.

Pierre le Roy soll sie erfunden, L. Berthoud aber verbessert haben.

In England versuchte man Chronometer mit Wippe ohne Schnecke herzustellen. Doch benützt man dort die Wippe nur wenig.

Die Abmessungen der verschiedenen Teile der Chronometerhemmung und die Lagerung derselben wurden außerordentlich verschieden gewählt. Wir finden sogar zum Teile einander Widersprechendes. Dies ist ein Zeichen, daß die Güte der Ausführung den Ausschlag gibt, sofern nur eben die Wirkung der Teile in der eingangs geschilderten Weise erfolgen kann. Im allgemeinen gibt man:

Zug für Seechronometer 8^0,

Zug für Taschenchronometer 12^0,

nimmt den Ruhezylinder etwas unterm Mittel ab,

wählt einen Hebungswinkel $= 45^0$,

macht die Hebfläche des Antriebshebels gerade.

Weil eine Hilfs-Auslösfeder von Stahl sich zu schnell abnützte und leicht oxydierte, was auf den Gang großen Einfluß hätte, stellt man sie von gehämmertem Gold her.

Sie soll sich gegen einen Stahlstift oder gegen das Ende des Ruhestückes legen.

Durchmesser des Ruhezylinders $d = \frac{1}{4}$ Gangradteilung. Man rechnet 2^0 Auslösfederbewegung.

22^0 Unruhbewegung für die Auslösung und muß geachtet werden, daß das Ruhestück nicht zu schnell in die Anfangslage nach der Auslösung zurückkehre. Die Feder sei also entsprechend stark, jedoch nicht übertrieben.

Das Gangrad aus Gold mit Silber oder Kupfer legiert, ist besser als das von Stahl, da die Spitzen des Stahlrades das Öl nicht gut halten. Die Zähne sollen mit den Stichel geschnitten werden. Das Fetten der Spitzen mit Öl (das auf einen Holz sich befindet) empfiehlt sich.

An neueren, derzeit in Gebrauch stehenden Chronometern, wurden folgende Abmessungen gefunden:

> Hemmungsrad = Durchmesser = 0,5 Unruhreifen, Durchmesser bei gewöhnlichen Chronometern,
> 0,43 bis 0,44 Unruhreifen-Durchmesser bei feinen Chronometern,
> 0,48 Unruhreifen-Durchmesser bei Marinechronometern.

Unruhreifendurchmesser = 0,388 Platinendurchmesser für Seechronometer.

Ruhe auf der Tangente (Zug)

Ruhestücklänge von Drehungsachse (in $\frac{1}{3}$ Federlänge) bis Auflagestelle

a) für Federhemmung

> bei Taschenchronometern 0,61 bis 0,75 Raddurchmesser,
> bei Seechronometern 1,015 bis 0,85 Raddurchmesser;

b) **für Wippenhemmung**

bei gewöhnlichen Taschenchronometern 0,54 Raddurchmesser,

bei ganz feinen Taschenchronometern 0,4 bis 0,45 Raddurchmesser.

Länge der Feder $= \dfrac{1}{3}$ Raddurchmesser.

Drehungsachse derselben in $\dfrac{1}{3}$ Federlänge angenommen,

hiermit, wenn im Mittel Gangfeder von Ruhestelle bis

Drehungsachse $= \dfrac{8}{9} D$,

ganze Länge bis Federanfang $= D =$

Ruhesteindurchmesser $= \dfrac{1}{4}$ bis $\dfrac{1}{5} \times$ Radteilung.

Konstruktion der Federhemmung

Fig. 59 (Zeichnung verkleinert)

für einen Seechronometer Platinendurchmesser $= 80$ mm $= D$.

Unruhreifendurchmesser $= 0,388 \times D = 0,388 \times 80 = 31$ mm.

Gangraddurchmesser $= 0,43 \times 31 = 13,33 = 13,4$ mm.

Wir zeichnen nun den Zahnspitzenkreis des Gangrades auf.

Der Winkel für die Teilung $= \dfrac{360^0}{15} = 24^0$ davon ab

3^0 für Fall und Zahnspitze: bleibt für $\angle\, a\,M\,b = 21^0$*).

Teilung $t = \dfrac{13.4 \times 3,14}{15} = 2,8$ mm,

Hebungswinkel $a\,U\,b = 45^0$.

---

*) Rich. Lange, Uhrmacherkalender 1890, nimmt 22^0 an, doch ist dies nicht hinreichend, da für Fall und Zahnspitzenbreite an der Ausgangsseite zuwenig Raum bleibt.

Erst zeichnen wir $\angle\, a\,M\,b = 21^0$ auf, dann auf der
Winkel halbierenden, symmetrisch zu ihr 45^0, ziehen zur

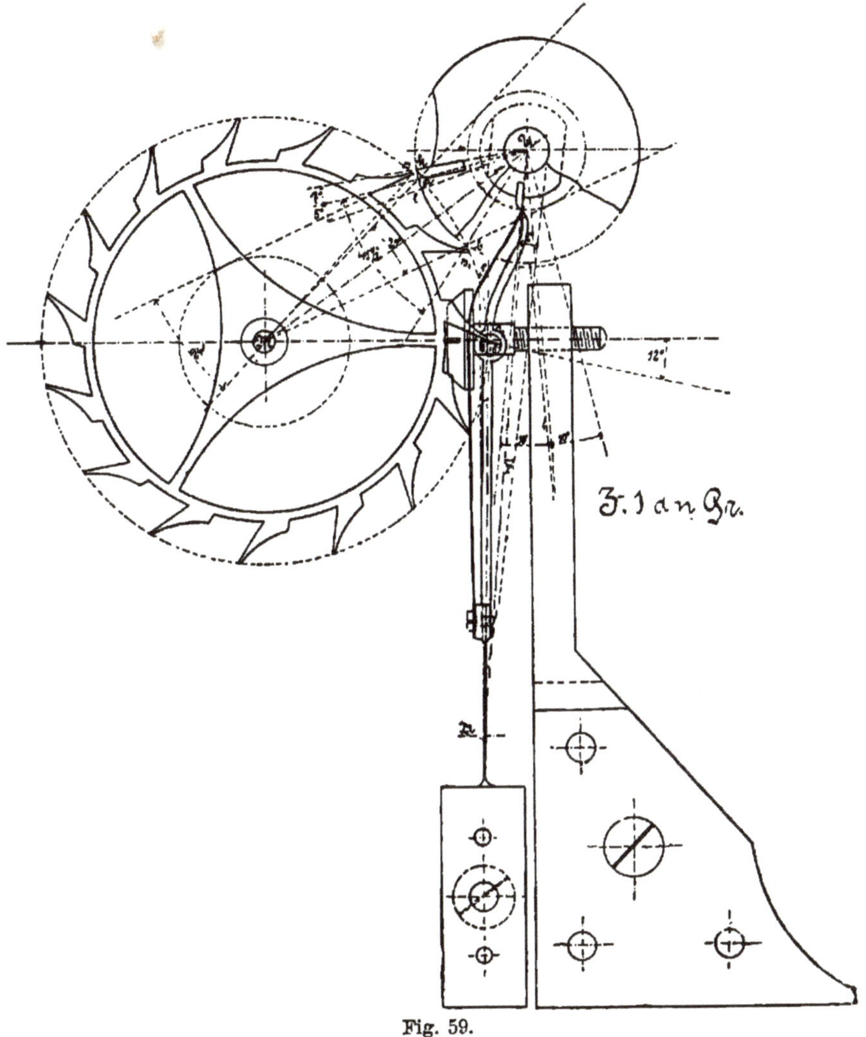

Fig. 59.

Mittellinie durch a und b parallele Linien, welche die Schenkel
des 45^0 Winkels in a' und b' schneiden ab $= a'\,b'\ U'\,a' =$
$U'\,b' = U\,a$,
mit welcher Größe wir aus a und b Kreisbögen schlagen,
die einander in U der Unruhachse schneiden.

Nun zeichnen wir die Radzähne ein, indem wir 24^0 symmetrisch gegen die Mittellinie $M\,U$ auftragen, womit die Zahnspitzen $s_0\,s_1$ bestimmt sind. s_2 ruht eben auf dem Ruhezylinder.

Die Mittellinie der Ruhefeder schließt einen Winkel $= 43^0$ mit $M\,U$ ein.

Nun geben wir dem Ruhezylinder $d = \dfrac{1}{5} \times t = \dfrac{1}{5} \times 2{,}8 = 0{,}56$ mm.

Damit die Zeichnung schöner aussieht, läßt man die Gangfeder parallel zu einer Zeichenblattkante verlaufen, wozu notwendig ist, daß $M\,U$ mit der Horizontalen 47^0 einschließt, aber auch noch aus einem zweiten Grunde, und das ist die Rücksicht auf die Seitenansicht.

Nun wird der Hebstein eingezeichnet. Derselbe steht 7^0 vor $U\,a$ mit seiner Spitze. Sie wird, der Konstruktion entsprechend, sicher hinter Zahnspitze s — beim verlorenen Schlage — eintreten können.

Nun zeichnen wir den Ruhestein, auf dem die Zahnspitze s_2 liegt. Der Auslösstein durchschwingt 22^0, während er in Berührung mit der Auslösfeder ist, diese selbst 2^0. Dies gilt jedoch nur für die verlorene Schwingung. Die Auslösung erfolgt, während 24^0 durchschwungen werden, sodaß der Hebstein bereits 5^0 vor der Zahnspitze so steht, wenn das Gangrad in Bewegung kommt.

Den Sicherungsausschnitt der großen Rolle lassen wir 40^0 übergreifen. $^1/_3$ hinter, $^2/_3$ vor der Hebsteinspitze. Alle übrigen Abmessungen entsprechen den Maßen der Zeichnung, sind aber in beifolgender Tabelle noch zusammengestellt, da das Einschreiben der zahlreichen Maße die Zeichnung undeutlich gemacht hätte.

Abmessungen der Wippenhemmung.

$$\text{Gangraddurchmesser} = \frac{\text{Platinendurchmesser}}{5,8} \text{ für feine}$$

$$\text{Uhren und} = \frac{\text{Platinendurchmesser}}{5,4} \text{ für ordinäre Uhren;}$$

Wippe: Länge vom Ruhestein bis Drehungspunkt $= 0,53\ r$ für feine Uhren;

Ruhesteindurchmesser: $\frac{r}{10}$ für feine Uhren, $\frac{r}{8}$ für mittlere Uhren;

Hebungswinkel: $42\frac{1}{2}^0$ für feine Uhren, 45^0 für mittlere Uhren;

Durchmesser des Kreises, den die Spitze des Auslössteines beschreibt $\frac{r}{2,5}$;

Stärke des Auslössteines: $\frac{r}{18}$ für Taschenchronometer,

$$\frac{r}{22} \text{ für Seechronometer;}$$

Länge des Auslössteines: $l = 3 \times$ Stärke; er soll 0,2 bis 0,4 mm vor der Rolle vorstehen;

Hebsteinstärke: $\frac{r}{16}$ für Taschenchronometer,

$$\frac{r}{16} \text{ bis } \frac{r}{17} \text{ für Seechronometer;}$$

Hebsteinlänge $= 3\frac{1}{2}$ bis $4 \times$ Stärke desselben;

Ruhe: 0,2 bis 0,15 mm bei Seechronometern (ca. $\frac{3}{4}^0$), 0,1 bis 0,07 mm bei Taschenchronometern (ca. 1^0);

Stärke der Gangfeder: 0,04 mm für Seechronometer, 0,03 mm für Taschenchronometer;

Stärke der Goldfeder: 0,03 mm für Seechronometer, 0,02 bis 0,015 mm für Taschenchronometer (an der federnden Stelle gemessen);

$$\text{Durchmesser der Unruhe} = \frac{\text{Werkdurchmesser}}{2{,}5},$$

$$\text{Reifenbreite} = \frac{\text{Zugfederbreite}}{2},$$

$$\text{Reifendicke} = \frac{\text{Unruhdurchmesser}}{38},$$

$$\text{Trägheitsdurchmesser} = \frac{\text{Werkhöhe}}{2{,}75},$$

$$\text{Werkhöhe für Präzisionsuhren} = \frac{\text{Platinendurchmesser}}{5{,}0}.$$

Aufzeichnung des Wippenganges.

Derselbe erfolge für einen gewöhnlichen Taschenchronometer, nach an einer ausgeführten Uhr abgenommenen Maßen. Gegeben:

$$\text{Platinendurchmesser} = 48 \text{ mm},$$

damit

$$\text{Raddurchmesser} = \frac{\text{Platinendurchmesser}}{5{,}8} = 8{,}3 \text{ mm},$$

$$\text{Länge der Wippe (Ruhe-Drehungsachse)} = 0{,}48 \times \frac{8{,}3}{2} = 4 \text{ mm},$$

$$\text{Ruhesteindurchmesser} = \frac{1}{7} \times r = \frac{4{,}15}{7} = 0{,}6 \text{ mm},$$

$$\text{Halbmesser des Auslössteinspitzenkreises} = \frac{4{,}15}{2{,}02} = 2{,}1 \text{ mm},$$

$$\text{Stärke der Goldfeder an der federnden Stelle} = 0{,}02 \text{ mm},$$

$$\text{Zahnspitzenbreitb } ^3/_4{}^0.$$

Aus der Zeichnung gefunden:

Eingriffsentfernung, Radunruhe $= 5{,}9$ mm,

     „   , Wippe $= 6{,}4$ mm,

Hebstein-Spitzenkreishalbmesser $= 4$ mm.

Wir zeichnen den Gangradzahnspitzenkreis auf (Maßstab 8 : 1 d. nat. Größe), ziehen durch den Drehungspunkt M eine horizontale Mittellinie, welche den Zahnspitzenkreis in s_3

schneidet. In s_3 liegt im Moment der Ruhe eine Zahnspitze auf dem Ruhesteine. Durch s_3 gegen Mo_3 um 12^0 geneigt, ziehen wir die Fläche des Ruhesteines, dessen Durchmesser

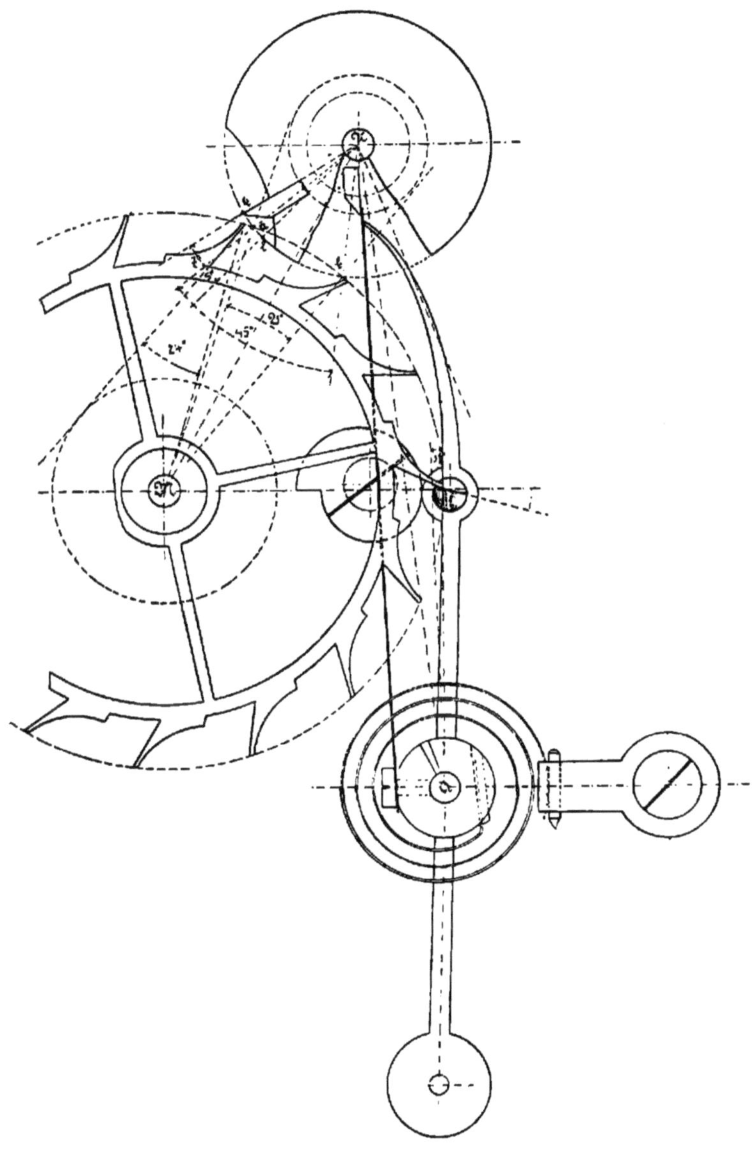

Fig. 60.

0,6 mm ist. Wir teilen nun, von s_3 ausgehend, den Steigradsumfang in 15 Teile und erhalten in den Teilpunkten die Lage der Zahnspitzen. Halbieren wir nun $\measuredangle\, s\,M\,s$, so liegt auf der Winkelhalbierenden $M\,U$ der Unruhmittelpunkt. Symmetrisch zu $M\,U$ trägt man 21^0 auf

$$\measuredangle\, a\,M\,b = 21^0.$$

Entsprechend, wie beim Chronometergang mit der Feder, bestimmen wir die Lagen von U, wenn

$$\measuredangle\, a\,U\,b = 45^0 \text{ ist.}$$

$U\,a$ ist der Halbmesser des Hebsteinspitzenkreises. Die Spitze des Hebsteins liegt wieder, da wir diesen Gang ebenfalls in dem Momente zeichnen, wo die Auslösung eben beginnt, 7^0 vor $U\,N$, damit — wenn 12^0 für die Auslösung entfällt — in dem Augenblicke, wo das Gangrad frei wird, der Hebstein — der Sicherheit halber — bereits 5^0 vor $U\,a$ steht.

Senkrecht zu $M\,s_3$ durch s_3 zeichnen wir die Mittellinie der Wippe, deren Achse durch A geht.

$$A\,s_3 = 4 \text{ mm.}$$

Die übrigen Abmessungen der Gangtriebe entsprechen der Zeichnung. Die Vorderfläche der Radzähne treten um 24^0 gegen die Radiale zurück.

Urban Jürgensen führte eine größere Zahl seiner ausgezeichneten Chronometer mit Doppelrad aus. Fig. 61. Die Doppelrad-Federhemmung ist schwieriger als die gewöhnliche (mit einem Gangrade) herzustellen. Der Auslösungswiderstand ist in Folge des geringeren Druckes, den die Zahnspitzen des größeren Ruherades ausüben, kleiner, auch gestattet die Benützung zweier Steigräder sie so gegen einander zu stellen, daß die Anordnung bequemer einjustiert werden kann.

Wenn nun das kleinere (Stoß-) Rad auch einen größeren Druck ausübt, so ist dafür der Weg kleiner und muß das

Steigrad eine schnellere Bewegung machen, um den Antrieb
zu erteilen, was wieder eine kräftigere Feder fordert, um so

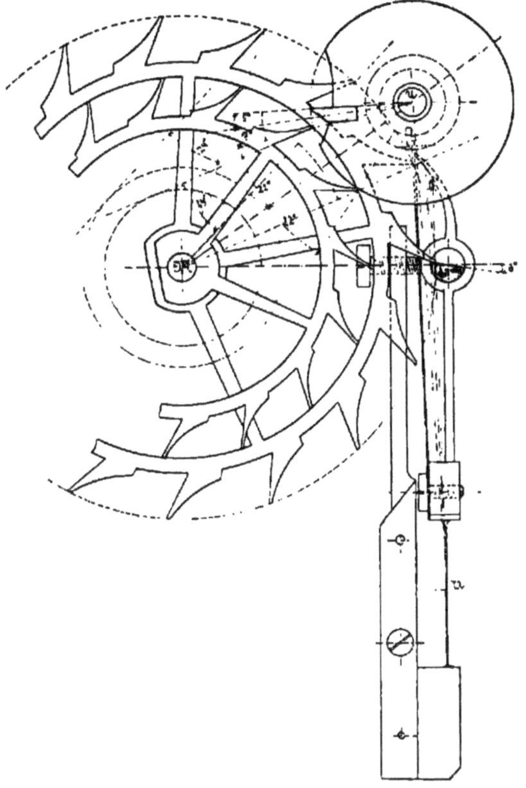

Fig. 61.

mehr, als auch das Gewicht des Doppelgangrades ein verhältnismäßig bedeutendes ist. Die Doppelrad-Federhemmung
soll Owen Robinson erfunden haben.

Man könnte sie als einen Übergang vom Duplex- zum
Chronometergange (mit einem Gangrade) auffassen und hat sie
vielleicht der Erfinder auch aus der Duplexhemmung entwickelt.

Der vorzüglichen Wirkung des Chronometerganges stehen
Mängel entgegen, die in seiner Konstruktion begründet sind.

Nachteilig ist zunächst, daß die Unruh erst für jede
2te Schwingung einen Antrieb erhält, dann aber, daß keine

einfache Begrenzung der Unruhschwingungen angebracht werden, wie z. B. der freie Ankergang in Unruhhebstein und Rückseite der Gabelhörner sie besitzt.

Schwingt die Unruh mehr als $720^0 = 2$ Umgänge, so erhält sie bei jeder Schwingung 2 Antriebe (bei 3 Umgängen erhielt sie 3 etc., doch erlaubt dies die Spirale nicht) und dadurch läuft die Uhr fast doppelt so schnell ab. Man nennt dies „Durchgaloppieren“, ein Zustand, den bei Taschenchronometern Erschütterungen leicht hervorrufen und der dann meist bleibt, bis die Uhr abgelaufen ist.

Für tragbare Uhren empfiehlt sich daher, die Anwendung des Chronometerganges weniger, sondern für Präzissions- uhren und auch da nur bei entsprechender Behandlung.

Zur möglichsten Vermeidung des Haltenlassens ist die Spirale so aufzusetzen, daß in der Ruhelage der Auslöstein genau nach dem Drehungspunkte der Feder oder der Wippe zeigt.

Die Fehler des Chronometerganges

sind ganz denen entsprechend, welche beim Duplexgange genannt wurden; bezüglich der Goldfeder ist nur zu be- merken, daß sie meist zu stark gemacht wird (von den Reparateuren); sie soll etwa 0,05 mm halten und an der Wirkungsstelle 0,03 mm stark sein.

Bevor man die Unruh herausnimmt, ist die Feder abzuspannen. Dies erspart die Anwendung „tief- sinniger“ Anordnungen, welche für gedankenlose Uhrmacher erfunden worden sind, die bei Behandlung eines so feinen Instrumentes, wie es der Seechronometer ist, ihn durch Unachtsamkeit ernsten Beschädigungen aussetzen!

Die Ausführung der Gangfeder geschieht von eng- lischem Viereckstahl, der sehnig, von dichtem Gefüge sein und silbergraues Korn haben soll. Man glüht ihn zunächst aus, hämmert ihn in der Richtung der Feder, worauf er blau anzulassen und das Loch für den Ruhestein vorzuzeichnen ist. Letzteres bohrt man auf der Geradebohrmaschine durch und feilt das Ganze fertig. Die Feder soll an den Stellen, wo sie sich an die stärkeren Teile ansetzt, mit Abrundung in diese übergehen, also keine scharfen Ecken haben, zum Teil mit Rücksicht auf die nun folgende Härtung. Letztere geschieht, indem man den Ruhekörper in einer oben offenen Platinblechrolle (ohne Kohle oder Beinschwarz) erhitzt. Dann läßt man den glühenden Körper aus der Rolle ins Öl gleiten und läßt ihn an.

Wenn der Teil fertig ist, wird die Hilfsfeder angeschraubt und vorläufig ein Ruhezylinder aus Stahl eingesetzt, den man genau einjustiert und endlich dem Steinarbeiter als Modell übergibt.

Hierauf schraubt man die Feder auf und stellt sie so ein, daß sie fest an der Anschlagschraube liegt, worauf das Durchbohren der Stellstifte im Befestigungsteile erfolgt. Man hat anstatt der Gangfeder oder der Spirale Rückführungen mit schrägen Flächen — wie die Hebflächen des Ankerganges — angeordnet. Doch haben diese Anordnungen, welche als Kombinationen von Anker- und Chronometergang bezeichnet wurden keine weitere Verbreitung gefunden. Vom Standpunkt der Getriebelehre sind sie ein Fortschritt, indem die Sperrung kettenschlüssig gemacht und der kraftwirkenden Feder abgenommen wird. Etwas bessere Erfolge boten die Taschenchronometer dieser Art, doch empfiehlt es sich, statt der Kombination von Chronometer- und Ankergang gleich den letzteren zu verwenden.

Für Wippe oder Gangfeder haben Petersen in Altona und Martens in Freiburg (beide hochachtbare Fachmänner, beanspruchte ihre Priorität und dürften die Erfindung gleichzeitig gemacht haben) einen Chronometergang konstruiert, den M. Grosmann sehr empfahl.

Petersen führte auch Chronometer mit dieser Hemmung aus, welche einen Ruhezylinder besitzen. Die Uhren beanspruchen eine sehr geringe Triebkraft.

Der Ruhezylinder wird mit Hilfe des Auslössteines, der am festen Arm A angreift gedreht, wenn nach links, hat keine Auslösung statt, wenn nach rechts, ja. Er ist an einer Seite durch eine flache Feder in seine Ruhe zurückgeführt.

Trotz der Einfachheit der Hemmung und ihrer leichten Herstellung fand sie doch keine weitere Verbreitung.

Zur Sicherung gegen das Überschwingen der Chronometerunruh dient ein Stift, der an einem Röhrchen R Fig. 62 befestigt, welches über den letzten Umgang der Spirale geschoben ist. An diesen Stift stößt, wenn die Spirale fast zwei Umgänge schwingt, der im Unruhschenkel befestigte Stift S. Damit der Stift in R beim Anprall gestützt ist, sind im Kloben die Stifte s_1 und s_2 angebracht, zwischen denen gewöhnlich S ungehindert durchgeht! —

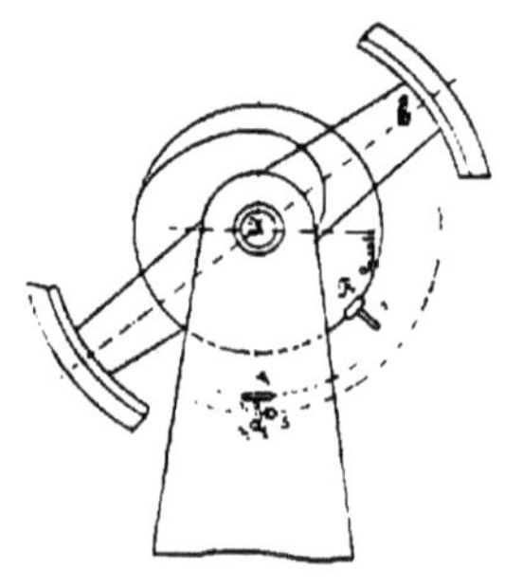

Fig. 62.

Die Biegung der Spirale muß mit Rücksicht auf das Röhrchen R ausgeführt oder geändert werden. Bei der Neuherstellung ist der Stift in R zunächst länger zu lassen und das durch einen Stift befestigte Röhrchen zu verschieben bis es im entscheidenten Momente mit s gerade vor s_1 und s_2 steht.

Nachdem nun die Vorrichtung angebracht, muß der Chronometer neu reguliert werden, da die mit R und s beschwerte Spirale nun etwas anders schwingt als vorher.

Deutscher Chronometergang.

a) Gegeben der Durchmesser des Gangrades.

(Rad mit 15 Zähnen.)

Durchmesser des Gangrades		Gesamthebungswinkel der Unruh 45°		Mittelpunkts-entfernung von Gangrad bis Wippe	Mittelpunkts-entfernung von Wippe bis Ruhestein	Mittel-punkts-entfernung von Unruh bis Wippe
Wirk-licher	Ge-messener	Rollen-durch-messer	Mittel-punkts-entfernung			
1,0	0,99	0,5	0,72	$E_1 = 0,618$	$E_2 = 0,3632$	$E_3 = 0,79$
6,0	5,94	3,0	4,32	3,71	2,18	4,74
6,2	6,14	3,1	4,46	3,83	2,25	4,90
6,4	6,34	3,2	4,61	3,95	2,32	5,06
6,6	6,53	3,3	4,75	4,08	2,40	5,21
6,8	6,73	3,4	4,90	4,20	2,47	5,37
7,0	6,93	3,5	5,04	4,33	2,54	5,53
7,2	7,13	3,6	5,18	4,45	2,61	5,69
7,4	7,33	3,7	5,33	4,57	2,69	5,85
7,6	7,52	3,8	4,47	4,70	2,76	6,00
7,8	7,72	3,9	5,62	4,82	2,83	6,16
8,0	7,92	4,0	5,76	4,94	2,90	6,32
8,2	8,12	4,1	5,90	5,07	2,98	6,48
8,4	8,32	4,2	6,05	5,19	3,05	6,64
8,6	8,51	4,3	6,19	5,31	3,12	6,79
8,8	8,71	4,4	6,34	5,44	3,20	6,95
9,0	8,91	4,5	6,48	5,56	3,27	7,11
9,2	9,11	4,6	6,62	5,68	3,34	7,27
9,4	9,31	4,7	6,77	5,81	3,41	7,43
9,6	9,50	4,8	6,91	5,93	3,49	7,58
9,8	9,70	4,9	7,06	6,06	3,56	7,74
10,0	9,9	5,0	7,20	6,18	3,63	7,90
10,3	10,2	5,15	7,42	6,36	3,74	8,14
10,6	10,5	5,30	7,63	6,55	3,85	8,37
10,9	10,8	5,45	7,85	6,74	3,96	8,61
11,2	11,1	5,60	8,06	6,92	4,07	8,85
11,5	11,4	5,75	8,28	7,11	4,18	9,08
11,8	11,7	5,90	8,50	7,29	4,28	9,32
12,1	12,0	6,05	8,71	7,48	4,39	9,56
12,4	12,3	6,20	8,93	7,66	4,50	9,79
12,7	12,6	6,35	9,14	7,85	4,61	10,03
13,0	12,9	6,50	9,36	8,03	4,72	10,27
13,5	13,4	6,75	9,72	8,34	4,90	10,65
14,0	13,9	7,00	10,08	8,65	5,08	11,06
14,5	14,4	7,25	19,44	8,96	5,27	11,45

Deutscher Chronometergang.

b) Gegeben die Mittelpunktsentfernung.

(Rad mit 15 Zähnen.)

Mittelpunkts- entfernung von Unruh bis Gangrad	45° Hebung		Rollen- durch- messer	Mittel- punkts- entfernung von Gangrad bis Wippe	Mittel- punkts- entfernung von Wippe bis Ruhestein	Mittel- punkts- entfernung von Unruh bis Wippe
	Raddurchmesser					
	Wirk- licher	Ge- messener				
1,00	1,386	1,372	0,692	$E_1 = 0{,}858$	$E_2 = 0{,}5045$	$E_3 = 1{,}097$
5,0	6,93	6,86	3,46	4,29	2,52	5,48
5,5	7,62	7,55	3,81	4,72	2,77	6,03
6,0	8,32	8,23	4,15	5,15	3,03	6,58
6,2	8,59	8,51	4,29	5,32	3,13	6,80
6,4	8,87	8,78	4,43	5,49	3,23	7,02
6,6	9,15	9,05	4,57	5,66	3,33	7,24
6,8	9,42	9,33	4,70	5,83	3,43	7,46
7,0	9,70	9,60	4,84	6,01	3,53	7,68
7,2	9,98	9,88	4,98	6,18	3,63	7,90
7,4	10,26	10,15	5,12	6,35	3,73	8,11
7,6	10,53	10,43	5,26	6,52	3,83	8,34
7,8	10,81	10,70	5,40	6,69	3,93	8,56
8,0	11,09	10,98	5,53	6,86	4,04	8,78
8,2	11,36	11,25	5,67	7,03	4,14	8,99
8,4	11,64	11,52	5,81	7,21	4,24	9,21
8,6	11,92	11,80	5,95	7,38	4,34	9,43
8,8	12,20	12,07	6,09	7,55	4,44	9,65
9,0	12,47	12,35	6,22	7,72	4,54	9,87
9,2	12,75	12,62	6,37	7,89	4,64	10,09
9,4	13,03	12,90	6,50	8,06	4,74	10,31
9,6	13,30	13,17	6,64	8,24	4,84	10,53
9,8	13,58	13,44	6,78	8,41	4,94	10,75
10,0	13,86	13,72	6,92	8,58	5,04	10,97
10,2	14,14	13,99	7,06	8,75	5,14	11,19
10,4	14,41	14,27	7,20	8,92	5,25	11,41
10,6	14,69	14,54	7,33	9,09	5,35	11,63
10,8	14,97	14,82	7,47	9,27	5,45	11,85
11,0	15,24	15,09	7,61	9,44	5,55	12,07
11,2	15,52	15,37	7,75	9,61	5,65	12,29
11,4	15,80	15,64	7,88	9,78	5,75	12,50
11,6	16,08	15,91	8,03	9,95	5,85	12,72
11,8	16,35	16,19	8,16	10,12	5,95	12,94
12,0	16,63	16,46	8,30	10,30	6,05	13,16

Chronometergang.

a) Gegeben der Durchmesser des Gangrades.
(Rad mit 15 Zähnen.)

Durchmesser des Gangrades		Gesamt-Hebungswinkel der Unruh 40°		Gesamt-Hebungswinkel der Unruh 45°		Gesamt-Hebungswinkel der Unruh 50°		Gesamt-Hebungswinkel der Unruh 60°	
Wirklicher	Gemessener	Rollendurchmesser	Mittelpunktsentfernung	Rollendurchmesser	Mittelpunktsentfernung	Rollendurchmesser	Mittelpunktsentfernung	Rollendurchmesser	Mittelpunktsentfernung
1,0	0,99	0,557	0,73	0,5	0,72	0,451	0,695	0,3816	0,656
6,0	5,94	3,34	4,38	3,0	4,32	2,71	4,17	2,29	3,95
6,2	6,14	3,45	4,53	3,1	4,46	2,80	4,31	2,37	4,07
6,4	6,34	3,56	4,67	3,2	4,61	2,89	4,45	2,44	4,20
6,6	6,53	3,68	4,82	3,3	4,75	2,98	4,59	2,52	4,33
6,8	6,73	3,78	4,96	3,4	4,90	3,07	4,73	2,59	4,46
7,0	6,93	3,90	5,11	3,5	5,04	3,16	4,86	2,67	4,59
7,2	7,13	4,01	5,26	3,6	5,18	3,25	5,00	2,75	4,72
7,4	7,33	4,12	5,40	3,7	5,33	3,34	5,14	2,82	4,85
7,6	7,52	4,23	5,55	3,8	5,47	3,43	5,28	2,90	4,98
7,8	7,72	4,34	5,69	3,9	5,62	3,52	5,42	2,98	5,12
8,0	7,92	4,46	5,84	4,0	5,76	3,61	5,56	3,05	5,25
8,2	8,12	4,57	5,97	4,1	5,90	3,70	5,70	3,13	5,38
8,4	8,32	4,68	6,13	4,2	6,05	3,79	5,84	3,21	5,51
8,6	8,51	4,79	6,28	4,3	6,19	3,88	5,98	3,28	5,64
8,8	8,71	4,90	6,42	4,4	6,34	3,97	6,12	3,36	5,77
9,0	8,91	5,01	6,57	4,5	6,48	4,06	6,25	3,43	5,90
9,2	9,11	5,12	6,72	4,6	6,62	4,15	6,39	3,51	6,03
9,4	9,31	5,23	6,86	4,7	6,77	4,24	6,53	3,59	6,17
9,6	9,50	5,35	7,01	4,8	6,91	4,33	6,67	3,66	6,30
9,8	9,70	5,46	7,15	4,9	7,06	4,42	6,81	3,74	6,47
10,0	9,90	5,57	7,30	5,0	7,20	4,51	6,95	3,82	6,56
10,3	10,2	5,74	7,52	5,15	7,42	4,64	7,16	3,93	6,76
10,6	10,5	5,90	7,74	5,30	7,63	4,78	7,37	4,05	6,95
10,9	10,8	6,07	7,96	5,45	7,85	4,91	7,57	4,16	7,15
11,2	11,1	6,24	8,18	5,60	8,06	5,05	7,78	4,27	7,35
11,5	11,4	6,40	8,39	5,75	8,28	5,19	7,99	4,39	7,54
11,8	11,7	6,57	8,61	5,90	8,50	5,32	8,20	4,50	7,74
12,1	12,0	6,74	8,83	6,05	8,71	5,46	8,41	4,62	7,94
12,4	12,3	6,91	9,05	6,20	8,93	5,59	8,62	4,73	8,13
12,7	12,6	7,07	9,27	6,35	9,14	5,73	8,83	4,85	8,33
13,0	12,9	7,24	9,49	6,50	9,36	5,86	9,03	4,96	8,53
13,5	13,4	7,52	9,85	6,75	9,72	6,09	9,38	5,15	8,86
14,0	13,9	7,81	10,22	7,00	10,08	6,31	9,73	5,34	9,18
14,5	14,4	8,08	10,58	7,25	10,44	6,54	10,08	5,53	9,51

Chronometergang.

b) Gegeben die Mittelpunktsentfernung.
(Rad mit 15 Zähnen.)

Mittelpunkts-entfernung von Unruh bis Gangrad	Hebung 40°		Hebung 40°			Hebung 50°		Hebung 60°	
	Rad-durchmesser	Rollen-durchmesser	Rad-durchmesser		Rollen-durchmesser	Rad-durchmesser	Rollen-durchmesser	Rad-durchmesser	Rollen-durchmesser
			Wirklicher	Gemessener					
1,00	1,368	0,762	1,386	1,372	0,692	1,432	0,646	1,522	0,581
5,0	6,84	3,81	6,93	6,86	3,46	7,16	3,23	7,61	2,90
5,5	7,52	4,19	7,62	7,55	3,81	7,88	3,55	8,37	3,19
6,0	8,21	4,57	8,32	8,23	4,15	8,59	3,88	9,13	3,49
6,2	8,48	4,72	8,59	8,51	4,29	8,88	4,00	9,44	3,60
6,4	8,75	4,87	8,87	8,78	4,43	9,16	4,13	9,74	3,72
6,6	9,03	5,03	9,15	9,05	4,57	9,45	4,26	10,04	3,83
6,8	9,30	5,18	9,42	9,33	4,70	9,74	4,39	10,35	3,95
7,0	9,58	5,33	9,70	9,60	4,84	10,02	4,52	10,65	4,07
7,2	9,85	5,49	9,98	9,88	4,98	10,31	4,65	10,96	4,18
7,4	10,12	5,64	10,26	10,15	5,12	10,59	4,78	11,26	4,30
7,6	10,40	5,79	10,53	10,43	5,26	10,88	4,91	11,57	4,41
7,8	10,67	5,94	10,81	10,70	5,40	11,17	5,04	11,87	4,53
8,0	10,94	6,10	11,09	10,98	5,53	11,45	5,17	12,17	4,65
8,2	11,21	6,25	11,36	11,25	5,67	11,74	5,30	12,48	4,76
8,4	11,49	6,40	11,64	11,52	5,81	12,03	5,43	12,78	4,88
8,6	11,76	6,55	11,92	11,80	5,95	12,31	5,55	13,09	5,00
8,8	12,04	6,70	12,20	12,07	6,09	12,60	5,68	13,39	5,11
9,0	12,31	6,86	12,47	12,35	6,22	12,89	5,81	13,70	5,23
9,2	12,58	7,01	12,75	12,62	6,37	13,17	5,94	14,00	5,34
9,4	12,86	7,16	13,03	12,90	6,50	13,46	6,07	14,30	5,46
9,6	13,13	7,31	13,30	13,17	6,64	13,75	6,20	14,61	5,58
9,8	13,40	7,47	13,58	13,44	6,78	14,03	6,33	14,91	5,69
10,0	13,68	7,62	13,86	13,72	6,92	14,32	6,46	15,22	5,81
10,2	13,95	7,77	14,14	13,99	7,06	14,60	6,59	15,52	5,92
10,4	14,23	7,92	14,41	14,27	7,20	14,89	6,72	15,83	6,04
10,6	14,50	8,08	14,69	14,54	7,33	15,17	6,85	16,13	6,16
10,8	14,77	8,23	14,97	14,82	7,47	15,46	6,98	16,43	6,27
11,0	15,04	8,38	15,24	15,09	7,61	15,75	7,11	16,74	6,39
11,2	15,32	8,53	15,52	15,37	7,76	16,03	7,23	17,05	6,50
11,4	15,59	8,68	15,80	15,64	7,88	16,32	7,36	17,35	6,62
11,6	15,87	8,84	16,08	15,91	8,03	16,61	7,49	17,65	6,74
11,8	16,14	8,99	16,35	16,19	8,16	16,90	7,62	17,96	6,85
12,0	16,42	9,14	16,63	16,46	8,30	17,18	7,75	18,26	6,97

Hemmung mit konstanter Kraft.

Winnerls*) Kugelgang, Fig. 63, ist ein Ankergang,
dessen Hebflächen teils am Gangrad, teils am Anker sich

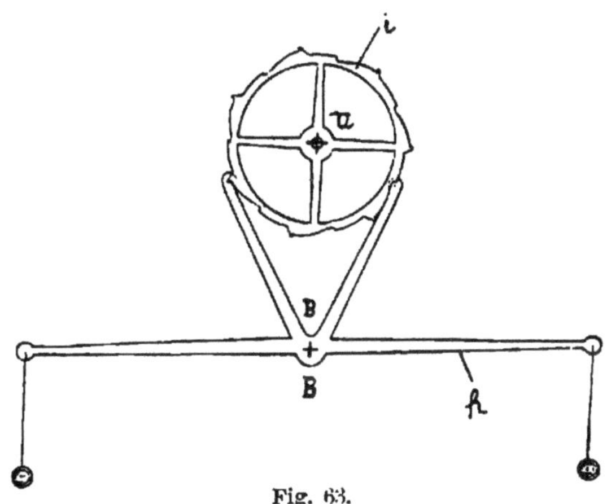

Fig. 63.

befinden und dessen Ankerarme, die kleine kugelförmige
Gewichtchen belasten, an dünnen Fäden aufgehängt sind.

Beide Ankerarme sind fest miteinander verbunden.
Sobald die Belastung. durch die Kugel aufhört, welche die

---

*) Josef Tadaeus Winnerl wurde 1756 in Mureck (Steiermark)
geboren — ist also ein geborener Österreicher — und starb 1829. 1799
ging er nach Paris, wo er bei Breguet arbeitete, nachdem er die ganze
Welt bereist hatte. Er schuf vorzügliche Marinechronometer, veröffentlichte
Arbeiten über: „La société deucouragement; auch politisch war er tätig.

mit dem Pendel verbundene Wage hebt, dreht sich der Anker durch das Übergewicht der zweiten Kugel nach der linken Seite. Die Auslösung erfolgt dabei und damit die Emporhebung der bei der vorigen Schwingung mit dem Pendel auf der Wage herabgesunkenen Kugel. Die rechts mit herabsinkende Kugel erteilt dem Pendel den Antrieb, worauf bei der Rückschwingung, wenn die Kugel den Arm verlassen, nun die linke Kugel gehoben wird, worauf genau dasselbe Spiel auf der anderen Seite erfolgt.

Man sieht, die Auslösung erfolgt hier nur mittelbar durch Schaffung des geringen Übergewichtes, also kraftschlüssig. Dies ist gewiß ein Nachteil. Bei dieser Hemmung ist die Hebungsarbeit, welche die Hemmung an der Kugel leistet, stets gleichbleibend, doch wird die Auslösung nicht stets an derselben Stelle erfolgen, so daß die Auslösungsarbeit selbst nicht konstant ist. Dieser Gang kann als mit gleichmäßiger Auslösung und Antrieb wirkend, also mit gleicher Betriebskraft resp. Arbeit wirkend daher nicht bezeichnet werden. Er ist aber sehr zart in seiner Ausführung, so daß die Unterschiede tatsächlich sehr klein sind. Die Uhren ergaben sehr günstige Resultate und taten lange Zeit Dienst. Der Begründer der Glashütter Uhrenindustrie, Adolf Lange, hat im Anfange der 40er Jahre bei Winnerl in Paris selbst eine Uhr ausgeführt, welche fast 50 Jahre als Normaluhr in der Langeschen Fabrik in Glashütte in Verwendung stand, worauf sie noch weitere 25 Jahre Dienst und erst in neuerer Zeit durch eine andere ersetzt wurde.

Die folgenden Hemmungen haben nicht mehr Anker, also Doppelsperrkegel, sondern zwei getrennte Sperrkegel, welche je einen Ruheteil und Hebflächenteil tragen. Solche sind:

Reids-Hemmung mit Feder,

welche gespannt, den Antrieb erteilt. Paul Garnier, ein ausgezeichneter Fachmann in Paris, hat in seinen Turmuhren diese verwendet.

Rüfferts Hemmung.

Bei dieser in Fig. 2 gezeichneten Hemmung ist der linke Hebel nur als Sperrhebel, der rechte als Antriebhebel tätig, so daß das Pendel nur für jede 2te Schwingung einen Antrieb erhält. Die Konstruktion ist der Zeichnung entsprechend und ähnlich wie beim Rollengange Seite 47, wo ja auch nur an der Eingangspalette Ruhe und an der Ausgangspalette die Hebung stattfindet.

Denisons Westminstergang.

Die monumentale Uhr der Westminsterabtei in London wurde von der Firma Dent daselbst nach den Entwürfen Denisons ausgeführt. Sie erhielt die Dreistifthemmung mit 6 Ruhearmen.

Trotzdem Denison reiche Mittel und Einfluß besaß, ging die Ausführung nicht ohne die üblichen Kränkungen ab und er beklagt sich in einem von ihm verfaßten Werke bitter darüber, daß für das eigentliche Uhrwerk nur 4000 Pfund Sterling, dagegen für Zifferblatt, Zeiger und Schlagglocken 6000 Pfund Sterling bewilligt wurde. Das mächtige Werk hat ein Gestell von 5 m Länge, die Zeiger waren in der ersten Ausführung gar nicht zu betreiben, weshalb sie Denison aus Kupferblech, das zu Hohlkörpern gebogen wurde, zusammenfügte. Das Werk besitzt ein Pendel, das 2 Sekunden Schwingungsdauer und einen Pendelkörper aus Blei mit 700 Pfund engl. Gewichtes hat. Infolge der außerordentlich wechselnden Widerstände, welche die großen

Zeiger bei Sturm, Eis und Schnee finden, gelangte ein sehr veränderlicher Antrieb auf die Hemmung, weshalb ein Gang mit konstanter Kraft — Denisons Schwerkrafthemmung — zur Verwendung kam.

Dieselbe war aus dem ruhenden Dreistiftgang hervorgegangen, bei dem gegenüber dem schon genannten Denisongang, 2 Ruheräder mit je 3 Ruhearmen zur Verwendung gelangten. Die beiden Ankerhebel tragen je ein Ruhestück und einen Hebteil.

Nachdem bei der Hebung der Antriebhebel weit genug aus seiner Ruhelage herausgedreht worden, legte sich ein Ruhearm auf den Ruheteil dieses Hebels.

Die Hebflächen stehen übereinander und fast um den Gangraddurchmesser von einander entfernt.

Die mittlere Entfernung der Hebflächen von der Drehungsachse wäre

für 1^0 Hebung $= 26{,}012 \times$ Stoßraddurchmesser,
„ $2^1/_2{}^0$ „ $= 17{,}193 \times$ „
„ 2^0 „ $= 12{,}763 \times$ „

Denison nahm als mittlere Eingriffsentfernung $25 \times$ Stoßradhalbmesser.

Die Drehungsachsen der Antriebshebel liegen der des Pendels ($^1/_3$ Federlänge von oben gerechnet) möglichst nahe. Die Hebel enthalten:

1. den Antriebteil,
2. den Ruheteil,
3. den Stift,

welcher sich zuerst bei der Auslösung dann beim Rückschwingen des Hebels gegen seine stabile Gleichgewichtslage an den Pendelstab legt.

Von dieser Hemmung bestehen 3 Hauptarten:

1. Der ältere Gang mit 3 Hebstiften und 3 Ruhearmen,

Edmund Denison, später Sir Ed. Beckett, seit 1886 Lord
Crimpthorpe, Dr. jur., Mitglied der Pairs-Kammer, lieferte die
Pläne zu zahlreichen Turmuhren für England und dessen Kolonien.
Er war 1812 geboren und starb 1905. Er war Begründer der
maschinenmäßigen Turmuhrenfabrikation in England, verfaßte
das 1903 in 8. Auflage erschienene Werk: „Watsch, Cloocks,
Bells" (Taschen-, Pendeluhren und Glocken), worin sehr viele
interessante Versuche aufgezeichnet sind und erfand den berühmten
Westminstergang. Trotzdem er als Rechtsanwalt außerordentlich
in Anspruch genommen war — (seine Praxis trug ihm jährlich
2 000 000 Mark) fand er Zeit, seine eminente Begabung für die
Mechanik dem Turmuhrbau in reichem Maße zu betätigen und
förderte als Präsident des Horologischen Instituts von England die
gewerblichen Interessen der Uhrmacherei im reichsten Maße.

2. der neuere mit 4 Hebstiften und 4 Ruhearmen, für Regulateure,

3. der für große Uhren bestimmte mit 3 Hebstiften und 6 Ruhearmen.

Der ältere Gang.*)

Bei diesem sind an einem fast dreieckigen Ankerkörper die Paletten, die Ruheteile und die Gabelstifte, welche sich an die Pendelstange anlegen, befestigt. Eine Aussparung dieses Ankerkörpers ist vorhanden, durch den die Gangradwelle geht.

Die Tätigkeit der Hemmung ist der des Westminsterganges ähnlich.

Länge der Ruhearme $= 6 \times$ Halbmesser des Hebstiftenkreises, womit der Druck der Spitze des ersteren nur $^1/_6$ des bei der Hebung erfolgenden Druckes ist. Die Entfernung der Drehungsachsen der Paletten und des Steigrades ergibt sich aus folgender Betrachtung:

Während die Drehung des Steigrades um 55^0 geschieht, wird die Palette um $1^0\ 30'$ bewegt.

Es folgen dann entsprechend die gegebenen Abmessungen, welche wir beim ruhenden Dreistiftengang fanden.

Drehungsachsenentfernung $= 34,386 \times$ Stoßradhalbmesser.

Bei Hebung $= 1^0$ wären sie $AB = 38,19 \times r$.

Der Erfinder gibt $AB = 36\ r$ an.

Die Dicke der Hebstiften ist

bei Turmuhren 3,2 mm,

bei astronomischen Uhren 1,6 mm

zu wählen.

---

* Ausführliches samt Zeichnung siehe Sir E. Beckett, Clooks and Watches and Bells, und Dietzschold „Die Turmuhren".

Die Ruheflächen werden um den halben Hebstiftenkreishalbmesser über der durch die Gangradachse gelegten horizontalen Ebene angebracht.

Zur Regulierung des Beginnes der Auslösung sind mehrere Anordnungen ausgeführt worden, die einfachste ist wohl die, wo in der Pendelstangenfassung seitlich Schrauben angebracht sind, welche mit ihrem Kopf den Antriebstift s treffend, die Auslösung hervorbringen.

Damit die Palettenarme nicht zu weit mit dem Pendel nach innen schwingen, sind Anschlagstifte i, i' angebracht.

Die Reibung ist in dieser Anordnung auf einen Weg nahezu gleich der doppelten Pfeilhöhe des 53^0 Bogens beschränkt, d. i. $2(1 - \cos 27\frac{1}{2}^0)\, r = 0,226\ r$, während die Stoßradspitze einen Weg $= 0,96\ r$ macht. Diese geringe Bewegung dürfte in Wirklichkeit noch kleiner sein.

Elastizität der Arme und Spiel der Zapfen in ihren Lagern tragen ja zur Verringerung bei. Man kann deshalb die Hebstiften ohne Öl wirken lassen, ja ein Ölgeben an den Hebstiften ist nachteilig für den Gang der Uhr.

Da der Druck der Spitze des Ruhearmes nicht groß genug ist, um bei kräftiger Wirkung des Räderwerkes ein Zuweithinausschleudern des Palettenarmes zu verhindern, muß eine Mäßigung der Geschwindigkeit des Gangrades erfolgen.

Hierzu dient der Windfang. Letzterer sitzt auf der Gangradwelle und wird bei astronomischen Uhren entsprechend dem Windfangflügel der Schlagwerke mitgenommen, wobei Spreitzfedern verwendet sind. Bei Turmuhren ist ein Sperrad auf die genannte Welle geschlagen, auf dem dann zwei Sperrfedern schleifen, deren Enden als Sperrkegeln in die Zahnlücken greifen.

Die Abmessungen der Flügel sind

Länge   Breite

für astronomische Uhren = 40 mm 18 mm,

für Turmuhren = 130 mm 32 mm.

Macht man die Flügel bedeutend größer, so wird das Räderwerk zu sehr gehemmt.

Die Entfernung der Drehungs-Mittelpunkte, Paletten-arm-Gangrad ist im Mittel

bei Regulatoren = 150 mm,

bei Turmuhren = 230 mm,

in der Westminsteruhr = 300 mm, da in letzerem Falle bereits ein sehr schweres langes Pendel vorhanden ist. Die Hebstifte wurden aus Messing hergestellt.

Der neuere Denisongang mit 3 Hebstiften und sechs Ruhearmen. Fig. 64.

Die Wirkung dieses Ganges ist vollständig der des älteren mit 3 Hebsteinen und 3 Ruhearmen entsprechend. Der Grund der Anordnung der neuen Konstruktion liegt aber darin, daß man die Länge der Ruhearme bedeutend größer, bis zum 12- bis 15fachen Hebstiftkreishalbmesser macht. Wäre der Öffnungswinkel für die Ruheflächen hier noch 180° wie beim älteren Gange, so bekämen die Hebel zu viel Drehungsmoment, denn ihre Masse würde zu weit hinausgebracht.

Würden aber die Ruheflächen nur über ½ Teilung (60° Öffnungswinkel) entfernt auf dem Zahnspitzenkreise sich befinden, so wäre wieder zu wenig Drehungsmoment vorhanden. Der Erfinder hielt sich an das Mittel und gab 120°. Würden nun 3 Ruhearme vorhanden sein, so stünden immer bei der einen Schwingung zwei vor den Ruheflächen und bei der anderen keine.

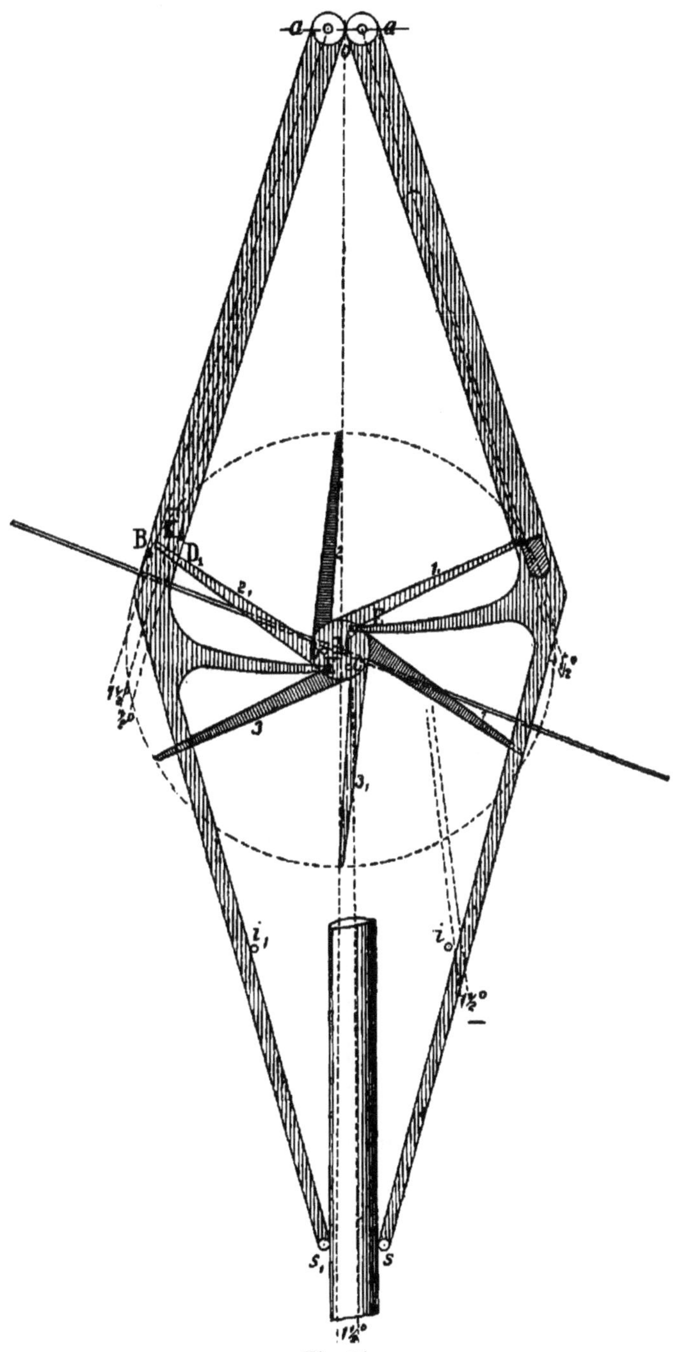

Fig. 64.

Sind sechs um 60° gegen einander verstellte Arme, ferner die Ruheflächen und die Arme so in zwei Ebenen angeordnet, daß stets nur ein Arm auffällt, der andere aber keine Fläche findet, so ist die Aufgabe gelöst. Man erreicht das praktisch, indem man zwei Ruheräder zu 3 Armen anordnet, in denen die Hebstifte — wie Laternentriebstäbe — befestigt sind. Die Ruheteile sind bei dem einen Hebel nach vorn, beim zweiten nach rückwärts gerichtet.

Die Konstruktion des Ganges.

Die Entfernung der Drehungsachse des Pendels und des Gangrades sei 230 mm. Dann ist der

$$\text{Hebstiftenkreishalbmesser} = \frac{230}{35} = 6{,}57,\ \text{rund } 6{,}5 \text{ mm}$$

und Länge der Ruhearme $= 12 \times 6{,}5 = 78$ mm.

Wir ziehen nun zunächst mit 6,5 mm und 68 mm als Halbmesser und um M den Ruhezapfen- und Hebstiftenkreis, zeichnen die $2\frac{1}{2}$ mm starken Hebstifte ein und zwar einen oben $27\frac{1}{2}°$ hinter, einen unten $27\frac{1}{2}°$ vor der Mittellinie OM und einen links auf der Horizontalen.

Die Hebfläche E berührt dann a, die Hebung ist hier beendet, der Ruhezahn 1 ist auf Ruhe gefallen, vor dem Hebstift e liegt eben die Hebfläche E', welche nun um $1\frac{1}{2}°$ seitlich bewegt werden soll. Um $\frac{1}{2}°$ ist also der linke Arm hereingesunken und müssen wir daher den Punkt, in welchem die Ruhespitze auffällt, von B_1 nach einem um $1\frac{1}{2}°$ auf den um A_1 mit $A'B'$ gezogenen Kreisbogen suchen. — $\frac{1}{2}°$ weiter nach innen liegt D_1, der Eckpunkt des Ruheteiles.

Wir haben hierzu nur die

$$\angle\ B_1\,A_1\,K_1 = 1\frac{1}{2}° \text{ und}$$
$$\angle\ K_1\,A_1\,D_1 = \frac{1}{2}°$$

an $A_1\,B_1$ zu zeichnen.

Um die Ruhekante D zu finden, ist an BA
$$\angle\, BAD = \tfrac{1}{2}^{0}$$
anzutragen und um A den Kreis mit BA als Halbmesser zu ziehen.

Die Antriebstifte s und s^1 sind in dieser Zeichnung besonders einfach angeordnet und durch Kröpfung des Hebels entstanden. Die Regulierung erfolgt dann durch Biegung der Antriebstifte. In welcher Entfernung von der Pendelachse dieselben an die Pendelstange treffen, ist von der Anordnung des Uhrwerkes abhängig; andererseits auch davon, daß die Arme weder gestreckt noch zusammengedrängt aussehen sollen.

Die Begrenzungsstifte für die Hebelbewegung i und i' dürfen auch hier nicht fehlen, während aber der Hebel links an i' anliegt, muß i dem Hebel rechts $1\tfrac{1}{2}^{0}$ Drehung gestatten. Endlich werde noch der Windfang eingezeichnet, dessen

$$\text{Flügellänge} = 130 \text{ mm,}$$
$$\text{Breite} = 32 \text{ mm sei.}$$

Die Ausführung der Gangteile soll eine möglichst leichte sein. Die Ruhearme von Stahlblech oder Rotguß werden entweder aufgeschraubt oder aufgenietet und mit Stahlstiften gegen Verdrehung gesichert. Die Hebstifte macht man von Stahl, seltener von Rotguß, die Palettenarme von Stahlblech so leicht als möglich, so daß fast ein quadratischer Querschnitt entsteht. Die Ruheteile sind aus glashartem Stahl oder Edelstein. Sind sie aus gehärtetem Stahl, so sind sie erst nach dem Einjustieren zu härten und dann aufzuschrauben oder aufzunieten. Die Palettenarmstifte, welche während der Auslösung und Palettenwirkung an dem Pendel anliegen, werden am besten zur Regulierung des Abfalles exzentrisch gemacht und mit Holz oder Horn umkleidet, vielfach auch aus Messing hergestellt.

Was die Güte der mit diesem Gange ausgeführten Turmuhren anlangt, so ist sie unbestritten. Als Beispiel diene
die Tatsache, daß die Westminsteruhr mehrere Monate hindurch nur eine wöchentliche Variation von 0,47″ aufwies.

Denison spricht sich gegen die zahlreichen
angeblichen Verbesserungen, welche nur erhebliche
Konstruktionsfehler hereinbringen, aus. So z. B. ordnete ein
Uhrmacher, um ja die Berührung während der Ruhe nur in
einer Linie erfolgen zu lassen, eine kreisförmig abgerundete
Ruhespitze an, was natürlich zur Folge hatte, daß die Ruhe-
armspitze, an der Rundung gleitend, den Palettenarm hob.

Hierher ist ferner namentlich das Bestreben vieler Uhrmacher zu rechnen, welche mit einem vielzahnigen Gangrad,
wie es z. B. beim Grahamgang verwendet ist, einen Schwer-
kraftgang, welcher dem Denisongange ähnelt, konstruieren
wollen.

Der hohe Wert der besprochenen Hemmung ist wohl
Grund genug, daß die Konstruktion desselben eine so aus-
führliche Behandlung in dieser Schrift gefunden hat.

Die Bemerkungen über Material und Leistung dieses
Ganges sind dem Werke des in England als Autorität auf
dem Gebiete des Turmuhrenbaues geschätzten Erfinders, des
früheren Präsidenten des Britischen Uhrmacherinstitutes, ent-
nommen, nach dessen Angaben die bekannte Firma: Friedrich
Dent in London, die Uhr der Westminsterabtei und viele
andere ausgeführt hat.

Eine Abänderung des Denisonganges, welche sich indes
auf die Hebungsteile beschränkt, sei noch kurz besprochen.

Anstatt der Stifte hat man hier und da auch die Spitzen
eines kleinen Hebrades verwendet.

Man ist noch weiter gegangen und läßt anstatt, daß die
Spitzen direkt den Hebel schieben, diese auf eine schiefe

Ebene wirken, ähnlich wie beim Grahamanker. Hierdurch entsteht der

Denisongang mit schrägen Hebflächen an den Hebeln.
Fig. 65.

Einen ungünstigen Einfluß auf die Gangergebnisse der Uhr hat die Verwendung von schrägen Hebflächen nicht, da die Hebung ja erfolgt, während das Pendel vom zweiten Hebel getrieben, zurückschwingt.

Das Pendel hat aber mit der größeren oder geringeren Reibung an den Hebflächen bei diesem Gange gar nichts zu tun.

Die Konstruktion ist ganz entsprechend der der Grahamhemmung, nur daß wir ein besonderes Ruhe- und Hebungsrad haben.

Zeichnen wir die Hemmung für eine sogenannte Dielenuhr, dann können wir annehmen:

Der Durchmesser des Stoßrades = 14 mm,

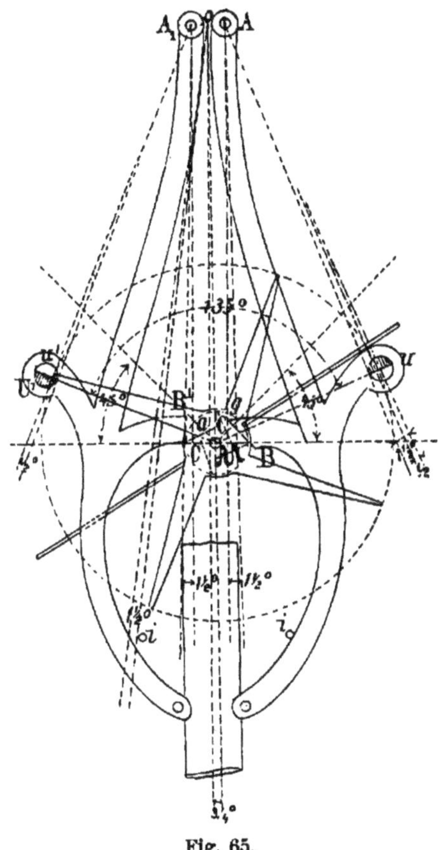

Fig. 65.

Ruheraddurchmesser = 6 $\times$ 14 = 84 mm.

Bei der Aufzeichnung eines vierschenkeligen Denisonganges mit Paletten nehmen wir:

1. Rechts solle die Hebung erfolgen. Die Stoßrad-zahnspitze liegt also um den Fall vor dem Anfang der Hebefläche.

2. Die Ruhezahnspitze wirke auf den Ruheteil aufliegend in der Richtung zum Hebeldrehungspunkte.

3. Wirkt der Stoßradzahn bei 5^0 Fall 20^0 vor und 20^0 hinter dem Palettenmittel.

Die Drehungsrichtung des Stoßradzahnes, vom Zifferblatt aus gesehen, ist von rechts nach links, denn ein Sekunden-spendel vorausgesetzt, macht das vierzahnige Stoßrad einen Umgang in 8 sec., mithin ist das sich in $1\,m$ einmal nach rechts drehende das vorhergehende.

Zunächst zeichnen wir nun die Zahnspitzenkreise für Ruhe und Stoßrad konzentrisch zu M auf. An die vertikale Mittellinie tragen wir symmetrisch $3 \times 45^0 = 135^0$ ab, also nach jeder Seite $\dfrac{135^0}{2} = 67{,}5^0$.

Wo die Schenkel den Ruhezahnspitzenkreis schneiden, sind die Punkte n und n', in denen die Zahnspitzen ruhen, ehe die Auslösung erfolgt.

Geschieht die Ruhe auf der Tangente, so liegen die Drehungspunkte der Schenkel auf den Berührenden, welche im Punkte n und n' an den Ruhespitzenkreis gezogen werden.

Nehmen wir nun an, die Drehungspunkte liegen voneinander um den Stoßradhalbmesser entfernt, $^1/_4$ Stoßraddurchmesser nach jeder Seite von der Mittellinie aus gerechnet.

Die Hebeldrehungspunkte sind A und A'. Sei der Hebungswinkel $= 1^1/_2{}^0$.

Die Konstruktion der Hebflächen ist entsprechend wie beim Ankergange. Bei 5^0 Fall wird die Palette während 40^0 Stoßraddrehung gehoben, demnach ist die

$$\text{Palettenbreite} = \frac{40}{45} \times \frac{1}{2}\, \text{Teilung} = \frac{40}{49} \cdot \frac{1}{2} \cdot \frac{14}{4} \cdot \frac{23}{7} = 4{,}89\,\text{mm}.$$

Wir tragen nun von den Schnittpunkten der Schenkel des Ankeröffnungswinkels mit dem Gangradzahnspitzenkreis nach beiden Seiten je die Hälfte der Palettenstärke ab.

Der Anfangspunkt B der Hebfläche liegt auf dem Gangradzahnspitzenkreis. In den oberen Schnittpunkt G gelangt der Endpunkt C des Hebzahnes erst nach der Drehung um den Hebungswinkel $1\frac{1}{2}^0$, wir ziehen also AB und zeichnen daran nach innen $1\frac{1}{2}^0$ an, schlagen dann mit Ac als Halbmesser um A einen Kreis, auf dem um $1\frac{1}{2}^0$ vor c nun g liegt, worauf wir die Hebfläche Bg ziehen.

Der Punkt des Ruhezylinders, auf dem die Zahnspitze sich auflegt, gelangt erst nach vollzogener Hebung nach u, liegt also jetzt, wo die letztere erst beginnen soll, $1\frac{1}{2}^0 - \frac{1}{2}^0 = 1^0$ nach innen. Wir tragen also von Au mit A als Scheitel $\angle 1^0$ an, schlagen um A mit Au als Halbmesser einen Kreisbogen und erhalten so Punkt U auf dem sich die Ruhezahnspitze auflegt, wenn die Hebung beendet ist.

Statt Ruhezylinder sind selbstverständlich auch anders geformte zweckentsprechende Teile verwendbar.

Die Konstruktion der Hebfläche und des Ruhezylinders am Ausgangshebel ist dem bisherigen vollständig entsprechend.

Eine Ruhezahnspitze liegt in u' an U'. Die Hebfläche ist bestimmt durch C', welcher eben von einem Stoßradzahn verlassen, sich noch auf dem Stoßradzahnspitzenkreis befindet. B_1 liegt zu Beginn der Hebung in c', ist aber um $1\frac{1}{2}^0$ zur Seite gedrängt. Wir tragen daher $1\frac{1}{2}^0$ nach außen an $A_1 c_1$ an, schlagen um A_1 mit $A_1 c_1$ einen Kreisbogen, so ist B_1 der Schnittpunkt des letzteren mit dem $1\frac{1}{2}^0$ Winkelschenkel. B_1 verbinden wir mit C_1 und haben damit die Hebfläche der Ausgangspalette. Über B und B_1 hinaus verlängern wir endlich die Hebflächen, damit die Stoßzähne sicher die Hebflächen treffen und nicht etwa auf „Ruhe" fallen, wodurch das Uhrwerk aufgehalten würde.

Die Breite der Ruhezylinder ist nach innen so zu bemessen, daß die Ruhe $\frac{1}{2}^0$ beträgt, weshalb wir an $A\,U$ und entsprechend an $A_1\,U_1$ nach innen je $\frac{1}{2}^0$ antragen und mit $A\,U$ um A, sowie mit $A_1\,U_1$ mit A_1 Kreisbögen ziehen, welche die Ruhekreise bilden.

Wie weit wir den Ruheteil nach außen verlängern, ist Sache der Annahme, ob in die Arme eingeschlagene Stifte oder angeschraubte Backen benutzt werden. In der Zeichnung sind Stifte gewählt.

Die Form der Arme mit denen die Paletten und Ruheteile verbunden sind, ist dadurch bestimmt, wie der Teil gebildet ist, welcher bei der Antriebsübertragung an die Pendelstange anlegt.

Wir müssen also auch die Pendelstange noch einzeichnen und diese Partie ausbilden.

In der gezeichneten Stellung des Ganges verläßt eben die Palettenstange den Hebel rechts und stößt links an den, dessen Auslösung nun erfolgen soll.

Die Mittellinie des Pendels ist nun $\dfrac{1\frac{1}{2}^0}{2} = \dfrac{3^0}{4}$ links gelangt.

Wir ziehen die Mittellinie und ist nun die Pendelstangenbreite $= 20$ mm, so zeichnen wir uns diese zunächst ein. Hierauf müssen wir annehmen, wo und mit welchem Teile der Hebel der Pendelstange den Antrieb erteilen soll. Jedenfalls unterhalb der Platine und des Zifferblattes.

Angenommen, es sei ein exzentrisch sitzender Stift verwendet, welcher durch Drehung die Größe des Abfalles etc. zu justieren gestattet. Die Stärke des Stiftes sei 2,5 mm.

Da aus theoretischen Gründen die Antriebwirkung des Pendels unmittelbar an die Auslösung schließen soll, so berühren in der Zeichnung beide Stifte zusammen die Stange. Als aber z. B. das Pendel noch nicht links schwang, berührte wohl der Stift des Hebels rechts die Stange, nicht aber der links, was bei einer Zeichnung des Ganges in einer anderen Lage zu beachten ist.

Die Abmessungen des Hebels richten sich nach der Schwere des Pendels und müssen, nachdem das Uhrwerk in Gang ist, verändert werden, da die Hebel leicht zu schwer sind. Es kommt sogar vor, daß man sie entlasten muß. Hiezu schraubt man auf jeden Hebel ein Klötzchen, in welches ein Drahtstück befestigt ist. Der Draht ist am Ende mit Gewinden versehen, auf welches ein kleines Gegengewicht hin und her geschraubt werden kann, bis man die richtige Stelle gefunden hat.

Das freischwingende Pendel von Joh. Mannhardt.*)

Der eigentliche Erfinder dieser Anordnung war Pfarrer Fellarer in Kreuzholzhausen bei Tachau, dessen Ausführungs-

*) Joh. Mannhardt wurde am 31. August 1798 in Bürstling in Bayern geboren. Fast ohne Schulbildung und nur mit dem Zimmermannswerkzeug seines Vaters vertraut, kam er zu Deisenräder in Gurund in die Lehre. Nach achtjähriger Lehrzeit verließ er dieselbe als Geselle (1821). Er hatte bereits damals die Idee zu seinem Uhrensystem im Kopfe ausgearbeitet. 1827 wandte er sich nach München, wo er Uhren-, seit 1844 auch Werkzeug- und andere Maschinen fabrizierte. Er bereiste zum Studium der verschiedenen Turmuhren Deutschland, Frankreich, England, Irland und Schottland. 1863 lieferte er die erste Uhr mit freischwingendem Pendel. Am 25. August 1878 verloren wir unseren Großmeister J. Mannhardt durch den Tod.

Grundgedanke aber ein etwas anderer war. Der geniale Mannhardt kleidete den Gedanken mechanisch in solcher Weise ein und um, daß man ihn nur schwer wiedererkennt. Es wäre von Interesse, wenn die Zeichnungen oder Skizzen von Fellarer wieder zustande gebracht werden könnten. Vielleicht geben diese Zeilen den Anlaß dazu.

Das freischwingende Pendel ist eigentlich nicht so frei wie es sein Name besagt, denn für jede zweite Schwingung wird ein auf seiner Pendelstange sitzendes Sperrad um eine Teilung weiter geschoben. Der Sperrkegel ist leicht drehbar auf einem im Gestell befestigten Stift (Fig. 66). Die Welle des Sperrades, welche Mannhardt zuerst, um eine recht sanfte Bewegung zu erzielen, von einer mit Rehhaut überzogenen Scheibe bremsen ließ, was sich des hygroskopischen

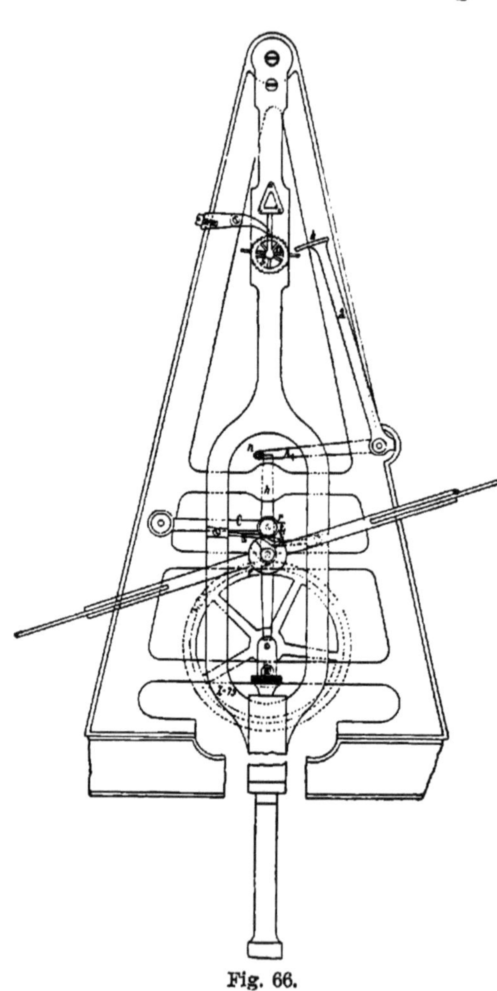

Fig. 66.

Verhaltens der Haut wegen nicht bewährte, trägt einen doppelten Hebel, der, wenn er senkrecht zum Pendelstabe steht, die Auslösung trifft, worauf die Hebung erfolgt.

Hierbei sinkt an seinem Ende ein eine Rolle tragender Hebel herab und erteilt, auf die schiefe Ebene herabgleitend, dem Pendel den Antrieb. Die schiefe Ebene ist am Pendelstabe befestigt; diese Anordnung entspricht vollständig Mannhardts Stiftengang einerseits und den konstanten Kraftgängen anderseits. Das Pendel erleidet eine beständige Beeinflussung bei der Weiterdrehung des Sperrades. Alle Minuten finden ein oder zwei Auslösungen statt, bei denen es je einen Stoß erhält. Dies beeinflußt gewiß die Gleichmäßigkeit der Schwingungen. Nun ist hier der in der Praxis so häufige Fall, daß die Anordnung ihre begeisterten Verehrer hat, die die Verläßlichkeit mit freischwingendem Pendel ausgestatteter Uhren nicht genug rühmen können, während andere das gerade Gegenteil behaupten.

Da man sich in den Kreisen der Fachleute sagte, daß das freischwingende Pendel gar keines sei, versuchte man außer dem Hauptpendel noch ein Nebenpendel anzuordnen, dem die Auslösung zufiel. Dies entsprach aber nicht. Es entstand nämlich die weitere schwierige Aufgabe, beide Pendel gleichmäßig untereinander übereinstimmend schwingen zu lassen, was nicht zu erreichen war. „Man hatte den Teufel mit Beelzebub ausgetrieben!" Auch vom theoretischen Standpunkte aus ist ein günstiger Erfolg nicht zu gewärtigen.

Der Hilfsaufzug.

Der Hilfsaufzug macht die Hemmung zum gesonderten Uhrwerk, das nur mittelbar mit dem übrigen Räderwerk in Verbindung steht.

Der Hilfsaufzug wirkt mit Feder oder Gewicht. Die Sperrung besorgt ein Hebelarm, wie bei Dent in London, Wagner in Paris, der sich auf die Hemmungswelle auflegt, und durch eine Ein- oder Abfeilung in derselben durchgelassen wird.

An der Auflagestelle wird die Hemmungsradwelle zur Stellscheibe. Siehe II. Band „Getriebelehre“.

In der Langeschen Uhr, der Fabrik in Glashütte, ist in dem Ruhestein der Chronometerhemmung ähnliche Sperrung angebracht. Fig. 67.

A. Lange wollte die Antriebwirkung auf die Gangradwelle gleichmäßiger gestalten, weshalb er die benützte Herrentaschenuhrfeder nur je um $\frac{1}{6}$ Umgang nachspannte. Ein Stift im Hemmungsrade — entsprechend dem Auslösarm des

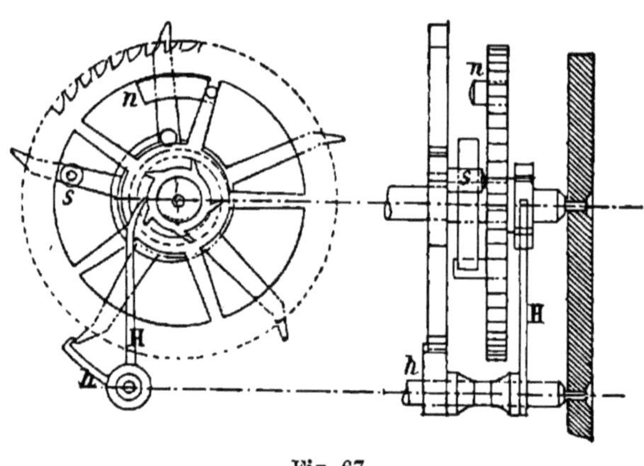

Fig. 67.

Chronometerganges — drängt den Ruheteil nach je $\frac{1}{6}$ Umdrehung weg und wenn das Räderwerk frei ist, erfolgt die Nachspannung.

Die Feder läuft daher nur je $\frac{1}{6}$ Umgang ab, die Antriebwirkung auf das Gangrad ist also ein wenig verschieden.

Ein Windfang sorgt dafür, daß die Bewegung der Nachspannung so langsam erfolgt, daß das Gangrad mit dem die Auslösung hervorbringenden Teile so viel weiter gedreht hat, daß der Ruheteil wieder zurücktreten und den nächsten

Sperrzahn auffangen kann, welche auf dem Rade der letzten Hauptträderwerkwelle sitzt.

Da der Auslösungswiderstand, den das Hemmungsrad überwindet, verschieden, so ist auch der Antrieb auf das Pendel nicht gleich, aber der Unterschied ist doch nicht so groß, wie ohne Hilfsaufzug.

Weil die Stellung in den Taschenuhren vielfach zum Stehenbleiben der Uhr Anlaß gibt (siehe Getriebelehre), beseitigen sie viele Uhrmacher.

Um ohne Stellung der Hemmung einen gleichmäßigen Antrieb zu geben, ordnete J. Grasset einen Hilfsaufzug mit Feder auf der Sekundenradwelle an, welche alle 4 Sekunden ausgelöst wird und die Feder nachspannt. Fig. 68 zeigt ihn.

Leute, die ihre Uhren richtig behandeln und sie regelmäßig abends (besser früh), aufziehen, benützen die Feder ihrer Uhr übrigens selbst nur in den Grenzen, in denen sie von der Stellung auf mechanischem Wege wirkend erhalten wird. In besseren Uhren darf aber die Stellung nicht fehlen, da sie auch eine Sicherung gegen das Überaufziehen der Uhr bildet.

Fig. 68 zeigt J. Grassets Anordnung*). Die Hilfsfeder i befindet sich auf dem Sekundenrade g. Das innere Ende derselben ist auf dem losen Triebe f befestigt, das äußere in einem Loche des Sekundenrades eingehakt. In dem Sekundenradkranz sind eine Anzahl 10—12 Löcher, um die Feder einzuhängen, und ihre Spannung regulieren zu können. Das Kleinbodenrad e greift in das Trieb des Zwischenrädchens g und dieses in das Trieb o, auf dessen Welle

---

*) Da diese Anordnung übrigens in einer Uhr mit Kompensationsunruh angebracht ist, darf die Stellung nicht fehlen. Solche Uhren müssen letztere haben.

eine Trommel *n* sitzt, die mit je zwei gegenüber liegenden Nasenpaaren *l* und *m* versehen ist. Je eine der vier Nasen legt sich an die Welle eines Triebes *k*, welche mit dem Sekundenrade in Eingriff steht.

Angenommen, das Sekundenrad habe 60 und das Trieb 8 Zähne, so müßte die Antriebfeder nach je 4 Sekunden

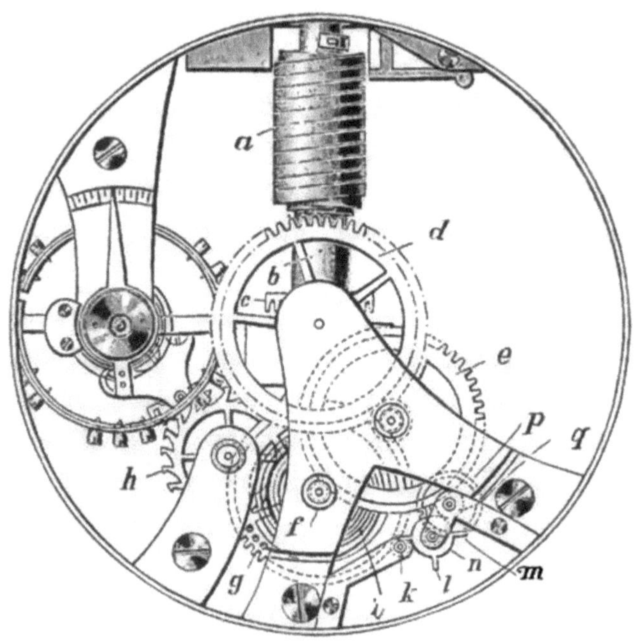

Fig. 68.

um $^1/_{15}$ Umgang nachgespannt werden, infolgedessen würde dann der Minutenzeiger in der Minute 15 kleine Sprünge machen.

S. Rieflers Hemmung für Präzisionspendeluhren.

In den Präzisionspendeluhren der Firma Clemens Riefler in München - Nesselwang (Bayern), welche außerordentlich günstige Gangergebnisse liefern, ist eine eigenartige, von

Dr. phil. Siegmund Riefler, geb. am 9. August 1847 in Mariarein b. Nesselwang in Bayern, studierte die Ingenieurwissenschaften. Die erste Sekundenuhr mit der neuen, nach ihm benannten Hemmung und dem Quecksilberkompensationspendel mit Mannesmannrohrstab lieferte er als Mitinhaber der Firma C. Riefler in Nesselwang 1891, und 1898 das erste und bisher unveränderte Nickelstahlpendel. 1897 wurde er von der Universität in München zum Ehrendoktor ernannt. Er baute seine Uhren mit stets zunehmend besseren Gangresultaten, welche das Staunen der Fachgelehrten erregten. Möge es ihm noch lange Jahre vergönnt sein, solche Erfolge zu erringen zu Ehre und Ruhm seines Vaterlandes und zum Lohn für sein rastloses Wirken.

Dr. S. Riefler in München angeordnete Hemmung verwendet, deren Beschreibung wir in Nachfolgendem beschreiben.

An der rückseitigen Werkplatine W ist ein kräftiger Metallträger $T\,T$ durch 4 Schrauben u und u festgeschraubt, in welchem sich die Lagersteine P und P befinden. Die

Fig. 69.

ebenen Oberflächen derselben, zwischen denen die Pendelaufhängung $F\,F_1$ hindurch geht, liegen in einer horizontalen Ebene.

Auf dieser Ebene liegt auch die Drehungsaxe $a\,a$ des Ankers $A\,A'$, die durch die Stahlschneiden $c\,c$ gebildet ist. Die Körnerspitzen der Schrauben $K\,K'$ geben der Drehung des Ankers die erforderliche Richtung. Fig. 70.

Die Pendelaufhängung $F\,F'$ mit der Pendelfeder $i\,i$ ist anf dem Ankerstück $A\,A'$ befestigt. Fig. 71.

Das Doppelgangrad besteht aus dem Hebungsrad H und dem Ruherade R. Bei dem ersteren sind schräge Flächen

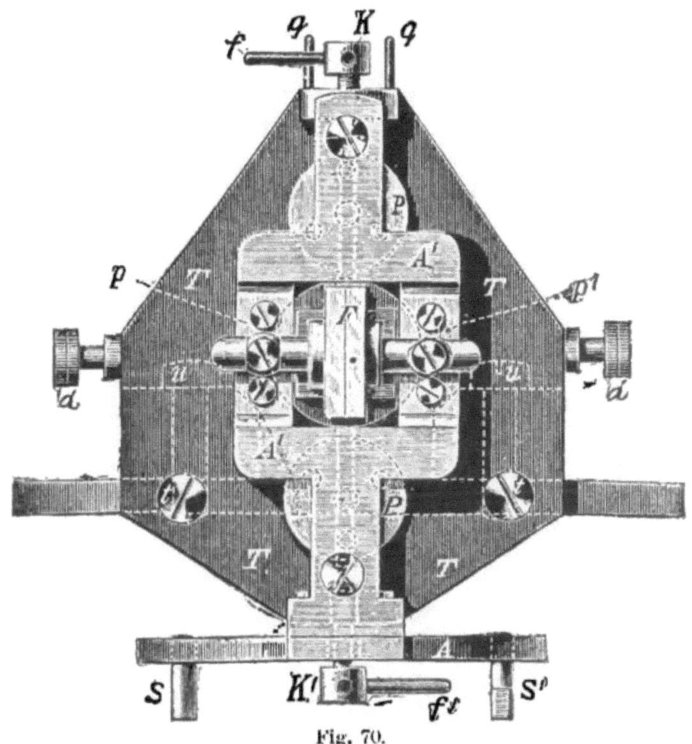

Fig. 70.

an den Zähnen $h\,h'$ und bewirken die Hebung, beim letzteren haben die Zähne radikale Flächen $r\,r'$ und bewirken die Ruhe.

Die Hebe- und zugleich Ruhepaletten S und S' des Ankers sind zylindrisch und am vorderen Ende bis zur

Hälfte abgeflacht. An der Abflachung erfolgt die Ruhe, an der kreiszylindrischen Fläche die Hebung. Fig. 71.

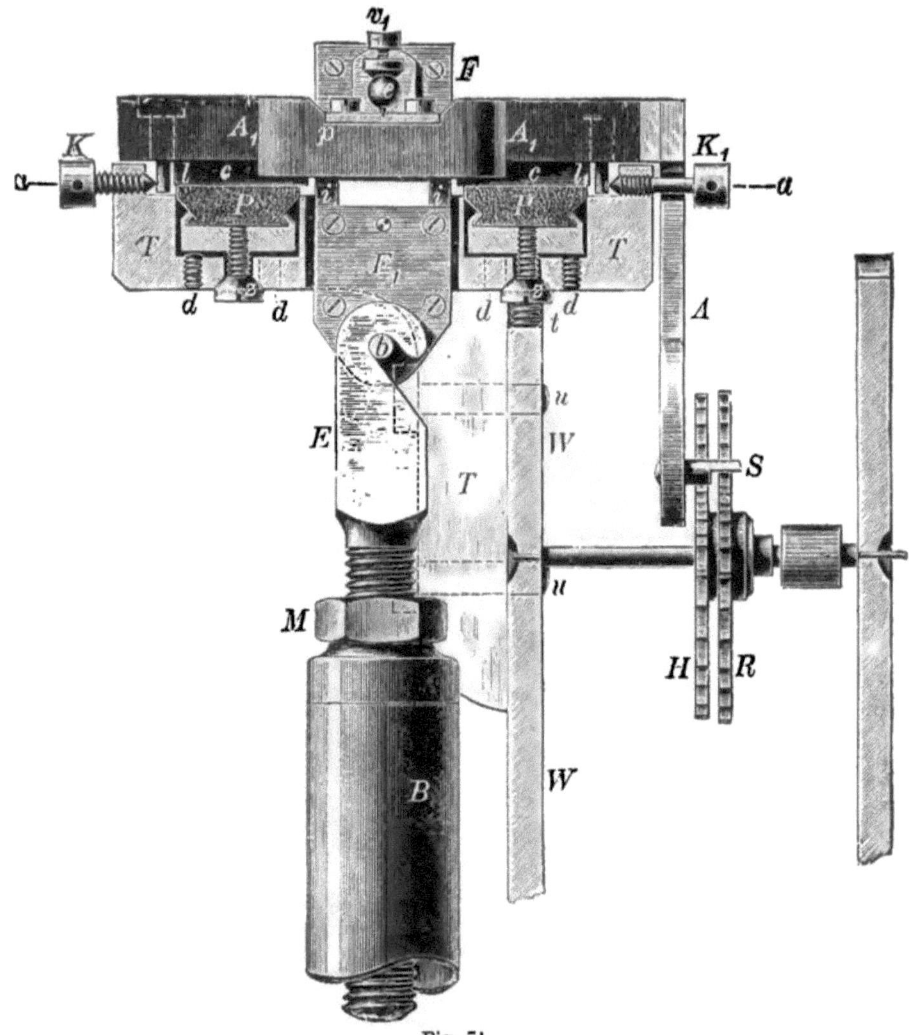

Fig. 71.

Das Spiel des Ganges ist folgendes: In Fig. 69 ist gerade das Pendel in der Ruhelage, der Zahn r des Ruherades ruht auf der ebenen Fläche der Palette S.

Die Auslösung beginnt. Infolge der Steifigkeit der Pendelfeder wird der Aufhängungsrahmen um seine Schneide gedreht, der Anker ausgehoben, Ruherad R und damit auch das Hebungsrad H frei und sobald dieses geschehen, beginnt die Hebung. Und zwar wo? — am anderen Arme des Ankers. Die Hebfläche drängt ihn in die Höhe, dreht das Gestell, spannt damit die Aufhängungsfeder und erteilt mit deren Hilfe den Antrieb. Ist derselbe beendet, so legt sich der Ruhezahn an die gerade Fläche des Ruhestiftes, Anker und Aufhängungsgestell bleiben, während Überschwungswinkel durchstrichen und Rückschwingung des Pendels solange in Ruhe, bis die Spannung der Aufhängungsfeder groß genug ist, um den Auslösungswiderstand zu

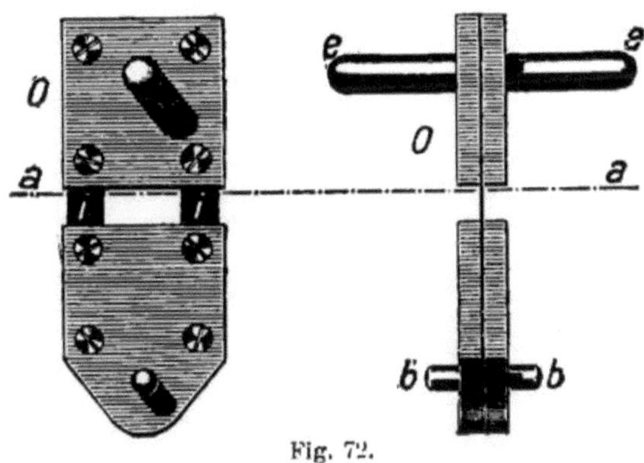

Fig. 72.

überwinden, worauf die neue Auslösung beginnt und damit das Spiel in entgegengesetzter Richtung von neuem sich wiederholt. S. Riefler gibt der Pendelfeder 11/100 mm Stärke, 4,2 mm für die Breite je einer Lamelle, und 4 mm für die Länge. Die Feder hat dann gerade die richtige Stärke, eine zu starke oder zu schwache Feder wird ein Versagen der Hemmung herbeiführen.

L. Strassers Hemmung für Präzisionspendeluhren.

In den von der Firma Strasser & Rohde in Glashütte in Sachsen ausgeführten Präzisionspendeluhren, findet sich

die von Professor L. Strasser angeordnete Hemmung. Da
die Normaluhren auch dieser Firma vorzügliches leisten,
so darf die Besprechung der in ihnen verwendeten, eigen-
artigen, schön durchdachten Hemmung in diesem Buche nicht
fehlen. Fig. 73 zeigt dieselbe.

Die kleine Ankergabel *a* führt nach aufwärts und trägt
eine Welle *b*. Auf dieser Welle sitzt, symmetrisch zur
Gabel, ein Rahmen *g*, der ohne Seitenluft drehbar ist.

Das andere Ende des Rahmens trägt wieder eine Welle *c*,
durch deren Mitte ein schlanker Spitzkörner *d* geht. Auf

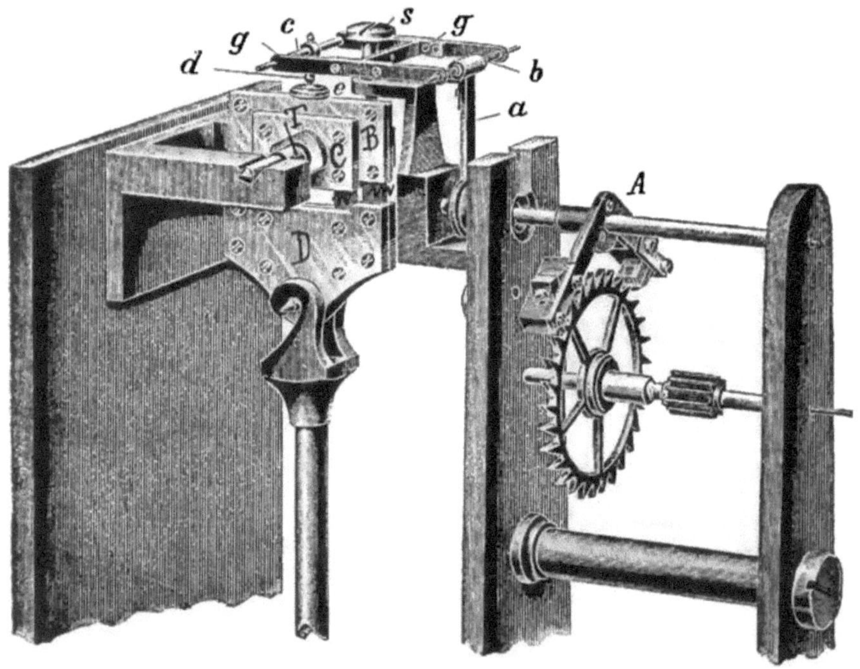

Fig. 73.

dem oberen Ende der Pendelfeder sitzt ein Saphir-Lochstein *e*
auf welchem die Spitze des Körners *d* ruht. Die Lage des
Spitzkörners *d* in dem Loche des Steines *c* ist durch eine
starke Feder die auf *d* drückt, gesichert. Dadurch ist *a b c d*
und *g* so fest mit einander verbunden, als wenn sie von

Ludwig Strasser, geb. 1853 in Würzburg, kam, nachdem er die 6klassige Volksschule daselbst besucht, 12 Jahre alt, zu dem ausgezeichneten Uhrmacher Sebastian Geist daselbst in die Lehre, wo er Gelegenheit hatte, auch im Bau der elektrischen Uhren usw. sich auszubilden, da Geist als einer der ersten Uhrmacher in dieser Richtung Versuche machte. 1875 wandte er sich nach Glashütte, wo er sich bei Moritz Grossmann 2 Jahre mit außergewöhnlichen Arbeiten beschäftigte. Gemeinsam mit Gustav Rohde gründete er daselbst eine Werkstätte zur Erzeugung feiner Uhren, mechanischer Apparate, konstruierte Rechenmaschinen usw. 1878 wurde er theoretischer Lehrer der Uhrmacherschule in Glashütte, die er seit 1880 als Direktor leitet. Seine 1902 erfolgte Ernennung zum Professor wurde ihm zu Teil, weil er sowohl als Lehrer, wie auch als Konstrukteur wissenschaftlicher Apparate Hervorragendes leistet und wünschen ihm vom ganzen Herzen, daß er noch lange seine Kräfte in den Dienst unseres Gewerbes stellen könne.

einem Stücke wären. Durch die mittlere Backe *C* geht der Tragzapfen *T*. Da die beiden Federstreifen *n*, die durch die Zacke *C* gehen, das ganze Gewicht des Pendels tragen, so wird diese Feder auch Tragfeder genannt. Der Antrieb des Pendels geschieht durch Spannung der Federklingen *m*, die durch die obere Backe *B* gehen. Durch die Fassung *D* gehen alle 4 Federstreifen.

Die Wirkung dieser Hemmung ist ähnlich der des Grahamganges. Die Konstruktion wird auch genau so ausgeführt.

Die Ruhe ist hier am Ende der Hebung angeordnet. Der leichteren Ausführung wegen, sind je 2 Klauen, die eine für Hebung, die andere für Ruhe, die sich unmittelbar aneinander schließen.*)

Um den Antrieb auf den Regulator gleichmäßig zu machen, ging man nach Vorstehendem auf 3 Wegen vor.

1. Durch den Hilfsaufzug, bei dem der gleichmäßige Antrieb vor die Hemmung gelegt wurde,

2. bei den Hemmungen mit konstanter Kraft, wo ein oder zwei Glieder der Hemmungsgetriebe ihn selbst hervorbringen; hier liegt er in der Hemmung,

3. von dieser gespannten Hilfsfeder, wo eine hinter der Hemmung ihn erteilt.

Daß diese Hilfsfeder bei Riefler die Aufhängungsfeder selber ist, ändert nichts an der Tatsache. Die Aufhängungsfeder muß dann so gewählt werden, daß sie auch als Hilfsfeder entspricht.

Die Hemmung und der Regulator.

Nachdem wir die Hemmungen nach Konstruktion und Wirkung besprochen, sei es kurz gestattet, die Beziehung des Regulators zur Hemmung zu berühren.

---

*) Dasselbe findet sich übrigens auch in Raidts, Rüffert und anderen Hemmungen.

Führt man Pendel oder Unruh langsam hin und her, nur je so weit, daß das Gangrad weitergehen kann, so bewegt sich der Regulator bei den rückführenden Hemmungen um den Hebungswinkel, bei den ruhenden und freien aber um Ruhe und Hebungswinkel. Der Ruhewinkel ist nur ein Sicherungswinkel, welcher vorhanden sein muß, weil die Neigung der Hebefläche eine so geringe ist, daß die Gangradzahnspitze sich gegen sie stemmen würde und eine Beschädigung einträte.

Die Hebung der rückführenden Hemmungen wird in der Zeit vollzogen, wo der Regulator seine Mittellage durcheilt und kann als gegen diese gleichmäßig verteilt angenommen werden.

Bei den ruhenden Hemmungen erfolgt die Hebung derart, daß die Mittellage etwa im Augenblicke durchstrichen wird, wo die Hälfte von Ruhe- und Hebungswinkel durchlaufen ist und die Hebung liegt hier etwas mehr hinter der Mittellinie. Dieser kleinste Bewegungswinkel des Regulators genügt jedoch nicht, den Gang der Uhr dauernd zu sichern. Wollte man das Gewicht so bemessen, daß das Pendel nur um diesen Winkel sich bewegte, so würde z. B., wenn infolge eines geringen Radzahnformfehlers, der Antrieb etwas kleiner würde, das Pendel sich nicht einmal um diesen Winkel bewegen. Wir brauchen also einen Mehr- oder Überschwungswinkel. Er ist zur Sicherung des dauernden Ganges der Uhr notwendig und dient dazu, die Mehrantriebsarbeit des Regulators aufnehmen lassen zu können. Wir beobachten deshalb bei Federzuguhren, daß, wenn sie ganz aufgezogen, Pendel oder Unruh größere Schwingungen machen, als bei nahezu abgelaufener Feder. Bei Hipps Pendel mit elektrischem Antrieb erhält dieses nur so oft einen Impuls, als der Schwingungswinkel auf sein kleinstes, bei ihm zulässiges Maß herabgegangen ist. Selbstverständlich muß er auch dann noch einen Überschwungswinkel einschließen. Dieser ist auch hier also zur Sicherung der dauernden Gangwirkung unbedingt erforderlich.

Jede der verschiedenen Hemmungsarten zeigt ein anderes Verhalten während des Überschwungwinkels:

a) Die ruhenden Hemmungen. Das Gangrad steht still, seine Zahnspitze schleift aber während des Überschwungswinkels auf der konzentrisch fortgesetzten Ruhefläche. Hierher gehört der wichtige, für Präzisionsuhren bewährte Grahamgang. Derselbe wirkt in Verbindung mit schweren Pendeln vorzüglich. Wächst der Mehrwinkel, so schleift die Gangradzahnspitze auf der Ruhefläche, bei zunehmender Regulatorschwingung entsteht also ein Reibungsarbeitsverlust, der mit dem Verdicken des Öles noch wächst. Bei großen Regulatorschwingungen, wie in Unruhuhren, ist der große, durch die Verdickung des Öles sich noch verstärkende Reibungsarbeitsverlust eine Hauptursache, daß Uhren mit diesen Hemmungen sich schlecht regulieren lassen. Beim Duplexgange liegen die Verhältnisse dadurch bedeutend günstiger, daß die Ruherolle verhältnismäßig kleinen Durchmesser hat. Uhren mit kurzen Pendeln sollten, wie bemerkt, gar nicht mit dem ruhenden Ankergang ausgeführt werden, da sie einen zu großen Mehrwinkel erhalten müssen und die Bewegung der Ruhefläche gegen die Gangradzahnspitze bei dicker werdendem Öl ein immer zunehmendes Nachgehen der Uhr hervorbringt.

b) Die freien Hemmungen. Während des Überschwungswinkels steht das Gangrad und Anker still. Der Regulator schwingt in dieser Zeit ohne Verbindung mit der Hemmung, also frei. Hierher gehören: freier Ankergang, der

Chronometergang mit der Feder und der mit der Wippe. Ihre Leistung ist sehr günstig. Die Unruh kann sehr große Schwingungen machen. Für Auslösung und Hebung entfallen 36⁰, ja manchmal 30⁰ der Unruhschwingung bei einer mittleren Gesamtdrehung von 540⁰, so daß etwa 500⁰ Überschwungwinkel zu rechnen ist.

Die freie Bewegung des Regulators ist hier auf ein sehr hohes Maß gebracht. Nur für etwa $^1/_{15}$—$^1/_{18}$ der Bewegung besteht eine Verbindung zwischen Unruh und Hemmung. Trotz des ungleichen Antriebes, den die Feder der tragbaren Uhren ausübt, ist doch das Gangergebnis außerordentlich günstig. Man hat auch für Penduluhren versucht, freie Hemmungen anzuordnen, aber der Überschwungwinkel ist verhältnismäßig zu gering. Denison glaubt auch beobachtet zu haben, daß das teilweise frei schwingende Pendel sogar einen Nachteil hat. Er warnt bei Besprechung der Westminsteruhr sogar, das Pendel frei schwingen zu lassen, was er beim Westminstergang ja dadurch hätte erreichen können, daß er zwischen Antriebendung und darauf folgender Auslösung auf der anderen Seite einen Teil der Pendelschwingung frei erfolgen, das Pendel 1⁰ frei schwingen lassen könnte. Er will beobachtet haben, daß dies ungünstig sei. Die Hemmungen von Strasser und Riefler verhalten sich, was die Ruhe des Gangrades gegen den Anker während des Überschwunges anlangt, wie freie Hemmungen (werden daher auch als solche bezeichnet). Aber die Hilfsfeder der Strasserschen Anordnung, die Aufhängungsfeder des Pendels bei der Rieflerschen, setzen während des Überschwunges der Weiterbewegung des Pendels einen Widerstand entgegen, ähnlich wie bei den rückführenden Hemmungen. Die Widerstandsarbeit, welche die Feder hierbei leistet, wird jedoch fast vollständig dem Regulator bei der Rückschwingung wiedergegeben.

Kombinierte oder Zwischenanordnungen der Hemmungen.

Im Vorstehenden ist eine stattliche Reihe von bewährten Hemmungen besprochen, die sich in ihrer Entwicklung klar und folgerichtig aneinander reihen, keine Lücke, kein sprunghaftes Weitergehen ist zu bemerken. Wie die Perlen einer Kette schließt sich eine an die andere.

Die Einteilung der Hemmungen in solche mit unmittelbaren und mittelbaren Antriebe hat sich hoffentlich als richtig erwiesen. Es ist mit ihr freilich nur bezüglich des Antriebes, welche die Hemmung dem Regulator erteilt, eine Ordnung erfolgt, während noch andere Gesichtspunkte bei der Einteilung hätten maßgebend sein können, aber die Antriebserteilung ist die wichtigste der Aufgaben, welche die Hemmung zu lösen hat, so daß man von ihr aus die Einordnung vornehmen mußte, umsomehr als ja mit Rücksicht auf sie die Entwicklung im Wesentlichen erfolgte.

Es ist nun der Versuch gemacht worden, eine Anzahl von Hemmungen zu schaffen, welche die Vorteile der Hemmungen mit direktem und indirektem Antriebe vereinigen. Untersuchen wir nun einige solcher Mittelglieder verschiedener Hemmungen.

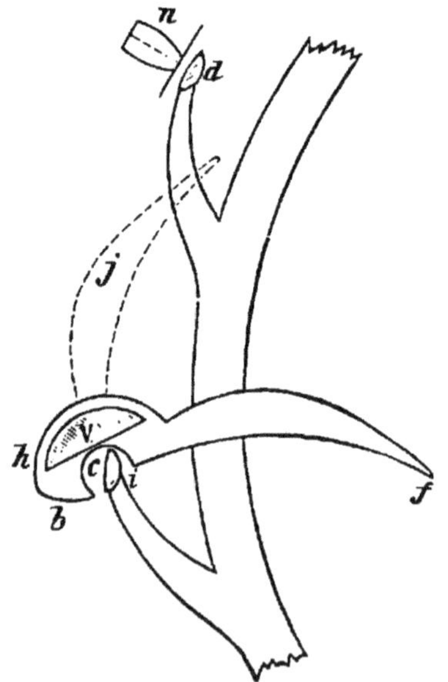

Fig. 74.

Ein Beispiel ist hier der Virgilgang Fig. 74, die Kommahemmung; welche Hoffnungen wurden nicht an sie geknüpft. Sie vereinte auch alles was des Uhrmachers Herz und Kunstfertigkeit erfreuen konnte. Bekanntlich ist sie die Verbindung von Zylinder- und Ankerhemmung. Sie sollte deshalb Zylinder-Ankerhemmung heißen.

Der Zylinder diente aber nur als Ruherolle (Stellscheibe s. Getriebelehre), auf der einmal außen, einmal innen die Ruhe erfolgte.

Die Hebfläche befand sich nicht mehr am Hemmungsrad, wie beim Zylindergang, sondern an dem kommaförmigen Hebungsteile des Zylinders.

Die großen Vorzüge dieser Hemmung waren:

1. war sie eine ruhende, die Rückbewegung des Räderwerkes entfiel,
2. erfolgte die Hebung mit ausgehender Reibung,
3. in gleichem Maße, wie das Hemmungsrad fortschreitet (Hebfläche gleicher Übersetzung).

Und doch kein Bleiben dieser schönen Erfindung?

Mit großen Hoffnungen wurde sie begrüßt, aber wie wir sehen werden, sind alle solche Lösungen, welche Vorteile mehrerer Arten verbinden wollen, stets ohne Erfolge, da sie auch Nachteile mit herüber nehmen.

Eine zweite Anordnung ist die von S. Smith in London, in den Jahren 1800—1820 ausgeführte Ankerhemmung mit Spindelgangrad. Dieselbe besitzt Hautefeullesche Anordnung, bei der die Unruhe auf einem Triebe sich befindet und von dem Rechen, der mit dem Anker verbunden ist, hin- und hergeführt wird. Nachweislich stellte der Erfinder nur zwei solcher Uhren her.

Fig. 75, etwa in 6facher Vergrößerung, zeigt uns die Seitenansicht und Fig. 76 den Grundriß des Ganges. Das Spindelgangrad besitzt fünf lange, dünne, etwas nach vorwärts geneigte Zähne, welche abwechselnd auf die Ruheflächen d des Ankers A auffallen. Bei der Rückschwingung der Unruh gleitet der Zahn auf die schräge Hebfläche *a*. In Fig. 75 ist soeben der Zahn 1 an die untere Ruhefläche *c* des Ankers *A* auf Ruhe gefallen. In Fig. 75 sieht es aus, als ob die Ruhe sehr groß wäre. Dies erscheint uns aber nur infolge der schrägen Stellung des Eingangsarmes des

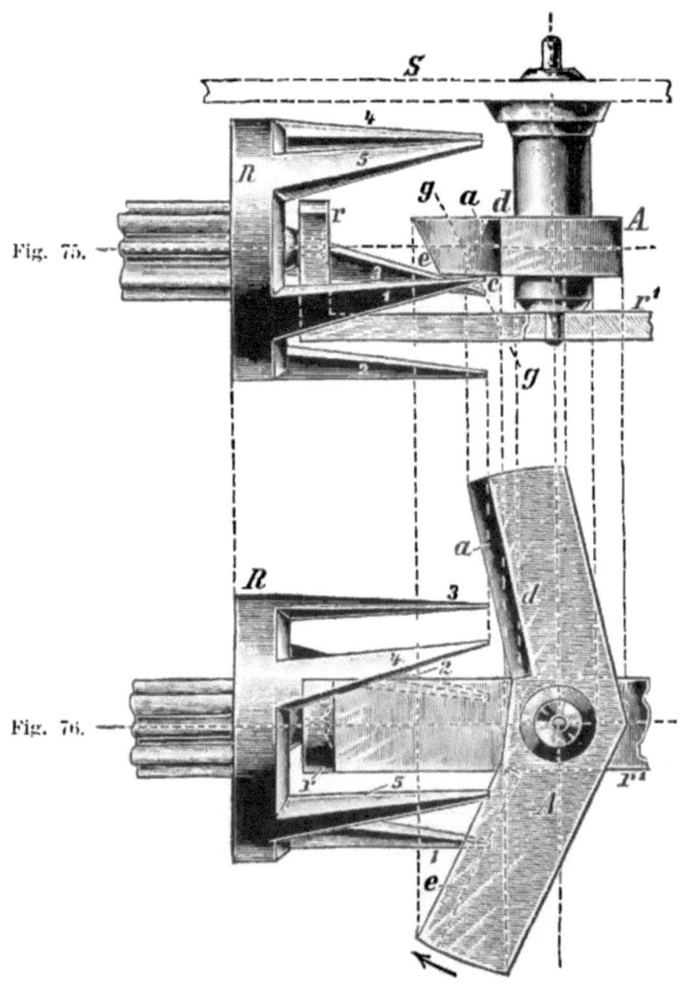

Ankers. Fig. 76 zeigt uns, daß die Ruhe nicht gar so groß ist, daß also der Zahn nur ganz wenig über die gestrichelt angedeutete Hebfläche *e* hinausragt. Nachdem nun der Radzahn 1 auf Ruhe gefallen ist, dreht sich der Anker in der Pfeilrichtung weiter, worauf dann der Radzahn längs der Ruhefläche *c* gleitet. Bei der Rückschwingung des Ankers kommt der Radzahn auf die schräge Hebfläche *c*, Fig. 75 und erteilt damit dem Anker einen Antrieb nach links.

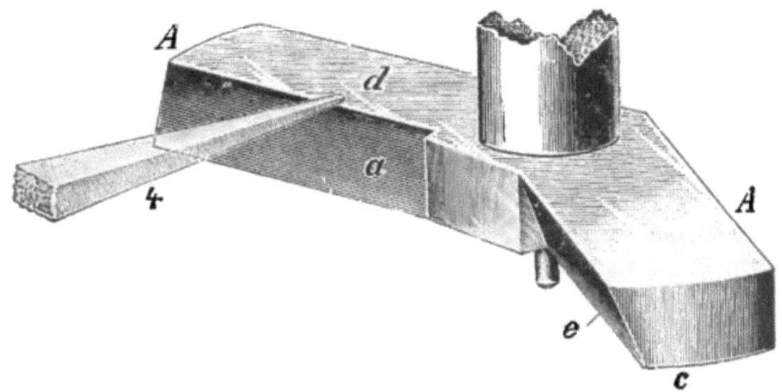

Fig. 77.

Nachdem nun Zahn 1 abgefallen, legt sich der Zahn 4 auf die Ruhefläche und bleibt daselbst während des Restes der Schwingung liegen. Fig. 77 zeigt uns den Zahn 4 soeben aufgefallen.

Zylindergang mit Gabeleingriff. Fig. 78 und Fig. 79.

Die Verwendung des Zylinders mit Gabeleingriff hat wohl den Zweck, die Reibung am Zylinderumfange während des Überschwungswinkels zu beseitigen und eine billig herzustellende freie Hemmung zu schaffen. Die Hemmung stellt aber einen Ankergang über $1\frac{1}{2}$ Teilung ohne Zugwirkung dar, wodurch sie für tragbare Uhren der freien Ankerhemmung gegenüber minderwertig wird.

Fig. 78.

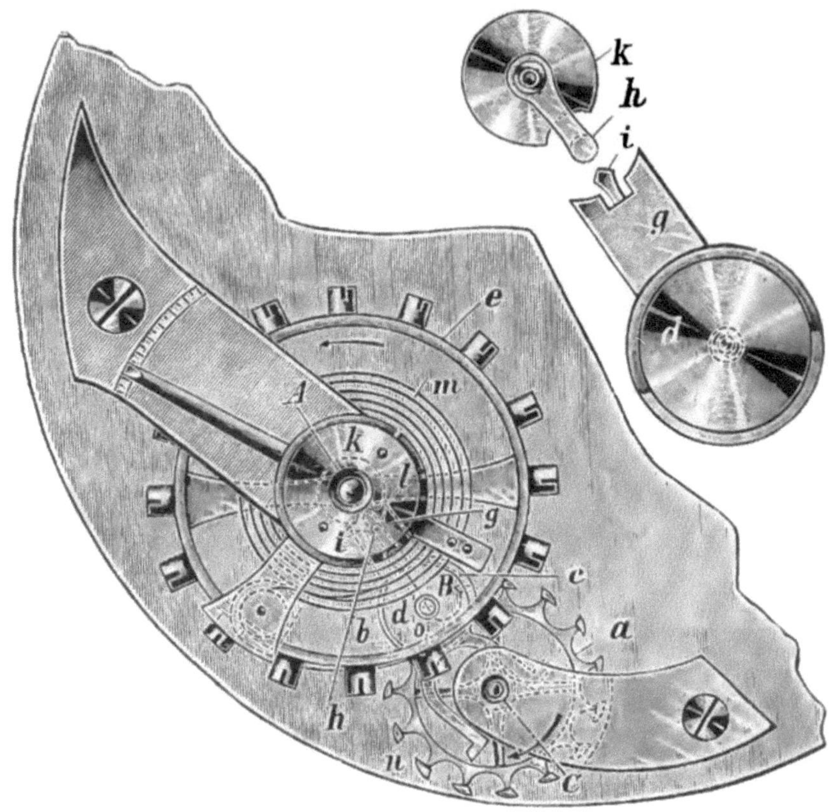

Fig. 79.

Anker-Duplexgang. Fig. 80.

Die Ruherolle auf der Unruhwelle entfällt, letztere erhält ihren Antrieb durch die Gabel am Hebstein. Alle Sicherungsteile, wie beim freien Ankergang, sind hier angewendet, ein Anker erhält vom Stoßrade den Antrieb, die Unruh macht vier Schwingungen in der Sekunde. Das Ruherad hat Doppelspitze, so daß „springende Sekunde“ angebracht ist. Alles andere ist leicht aus der Zeichnung ersichtlich.

Fig. 80.

Die Tourbillonanordnung.

Um eine sich regelmäßig ändernde Lage der Hemmung einschließlich der Unruh zu erzielen, wurde die Tourbillonanordnung konstruiert. Gangrad und Unruh sind an einem leichten drehbaren Gestell gelagert, das sich um das Sekundenrad, d. h. 1 Mal in der Minute dreht. Die Erfindung hat in vielen Konkurrenzprüfungen für Chronometer ihren Wert dargetan und scheint sich mehr und mehr Bahn zu brechen. Der Tourbillon ist keine besondere Hemmungsart, vielmehr eine eigenartige Anordnung des Anker- oder Chronometerganges. Andere, z. B. Zylinder- oder Duplexgang, zu verwenden, hätte keinen Sinn, wie man später erkennen wird.

Den Tourbillon erfand A. L. Brequet.*) Die Engländer nennen diese Anordnung „Carusell“, zu deutsch Rundlauf, die Franzosen „Tourbillon“ — Wirbelwind — eine nicht eben klare Bezeichnung —, wir sind aber solche nicht passende Benennungen gewöhnt! Heißt doch z. B. der Unruhkloben „coq“, d. h. Hahn, der Staubdeckel im Gehäuse „Cuvette“ — Waschfäßchen — u. s. w.

Die Ursache der Konstruktion war der Wunsch, die Hemmung so zu lagern, daß die Feinstellung, Reglage der Uhr erleichtert werde. Man hat nur nötig, in drei Lagen zu regulieren, statt in sechs, weil die vier Lagen des Hängens nur eine Regulierung erfordern.

In einer Minute durchschreitet die Hemmung im Gestell vier Lagen, Bügel oben, rechts, unten und links. Die Grundlage jeder Regulierung bildet, daß die Hemmungsteile — vor allem die Unruh — genau ausbalanciert sind, d. h. die Schwerpunkte genau in die Drehungsachsen fallen.

---

*) Abraham Louis Brequet, geb. 1747 im Kanton Neuchatêl (Schweiz). Seine Eltern waren Franzosen. Er ging nach Paris, 1792 nach London, 1806 zurück nach Paris, wo er am 17. Novbr. 1823 starb.

Er wandte als erster die aufgebogene Spirale an, die auch nach ihm „Brequetspirale“ genannt wird.

Seinem schöpferischen Geiste verdanken wir ferner den bimetallischen Thermometer, eine Hemmung mit konstanter Kraft, eine elektrische Penduluhr, die Tourbillon-Anordnung, die Zylinder-Hemmung mit Stahlrad, deren Hebflächen das Öl halten, Verbesserung der Perpetuale (schon Louis XVI. besaß eine solche), Pendel- und Taschenuhr mit doppelter Unruh, eine Repetieruhr, ähnlich der von Leroy, Tonfedern in Repetieruhren, ferner Vervollkommnung der Chronometer- und Ankerhemmung. Er führte vorzügliche Taschen- und Marinechronometer aus; letztere zum Teil schon mit Kugellagerung in der Hemmung und Glasspiralen versehen.

Das Tourbillongestell muß daher samt den Hemmungsteilen zuerst gut ausbalanciert sein. Es ist notwendig, daß die Zapfen genau kreiszylindrisch sind, genau in die Zapfenlöcher mit höchstens $^1/_{10}$ Luft ihrer Stärke passen. Dies bedeutet bei $^1/_{10}$ mm Zapfenstärke nur $^1/_{100}$ mm Spielraum zwischen Zapfen und innerer Lochwand. Die meisten Unruhwagen — kleine Gestelle mit gleichlaufenden Schneiden — sind nicht empfindlich genug, um für diese Feinstellung noch erkennen zu lassen, wann der Schwerpunkt außer der Achse liegt. Sehr schwach unrunde Zapfen — man denke, die nur $^1/_{10}$ mm stark sind — müssen auf ihr Rundlaufen geprüft werden, denn ein schwaches Unrundlaufen bringt schon Gangabweichungen hervor.

Künstler für so feine Arbeiten kann man nicht heranbilden, sie müssen dazu geboren und erzogen sein.

Nicht allein um das Rundlaufen der Zapfen und Wellen handelt es sich hier, aber auch darum, daß die bei Wärmeeinfluß sich stark veränderte Lage der beiden Unruhreifenhälften sich bei jeder Temperatur derart einstellen, daß der gemeinsame Schwerpunkt in der Unruhachse bleibt. Kleine Fehler an den beiden zusammengeschmolzenen Metallstreifen, verschiedene Dicke des Materials u. s. w. können leicht Unruhen für genau regulierende Uhren ungeeignet machen.

Der Tourbillon stellt ein Umlaufräderwerk dar. Seine Hauptelementenpaare sind: Sekundenrad | Gangtrieb und Gangrad | Anker; Gabel | Unruhhebstein oder bei Chronometergang Gangrad | Impulshebel. Der Führer des Umlaufwerkes ist das Tourbillongestell, das auf einem Putzen der Sekundenradswelle festsitzt, während das Sekundenrad selbst, am Gestell befestigt, still steht. (Siehe Bd. II: „Getriebelehre".)

Der Tourbillon ist also ein Umlaufräderwerk, aber kein Differentialwerk, wie ein von mir hochgeschätzter, leider schon verstorbener, ausgezeichneter Uhrmacher in der „Deutschen Uhrmacherzeitung", 1904, No. 4, angibt.

Fig. 81 und 82 zeigen uns das Gestell mit den Gangteilen. Beide Abbildungen sind etwa zweifacher Vergrößerung. Auf der Sekundenradstriebwelle sitzt ein Putzen, auf dem das Gestell festgeschraubt ist. Das Sekundentrieb endet in diesen Putzen; der zweite Zapfen befindet sich am Tourbillongestell

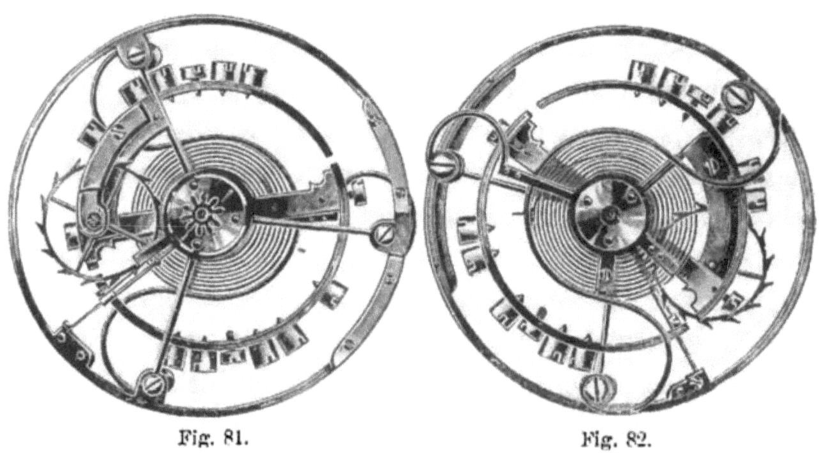

Fig. 81.   Fig. 82.

selbst, und lagert in Loch- und Deckstein. Den Boden des Gestelles bildet der Gestellkloben. Jeder Schenkel ist am anderen Ende verbreitert und dient zur Befestigung einer Schraube.

Ein Schenkel ist in der Ebene der Platte klobenartig verlängert. Auf diesen Ansatz werden zwei Kloben geschraubt, in denen sich Loch und Deckstein für Lagerung der Zapfen befinden, zwischen denen das Gangrad und Trieb läuft.

Der Ansatz am äußeren Ringe dient als Stützpunkt für den Fuß der Gangfeder. Das Ende des Gestelles bildet eine lyraförmige Brücke, von der 3 schmale Stege nach dem Mittelteile führen. In einem derselben, dem stärkeren, wird das Spiralklötzchen festgeschraubt.

Die Unruh, deren Axe mit der des Gestelles und des Sekundentriebes zusammenfällt, bewegt sich zwischen Boden und Deckel des Gestelles.

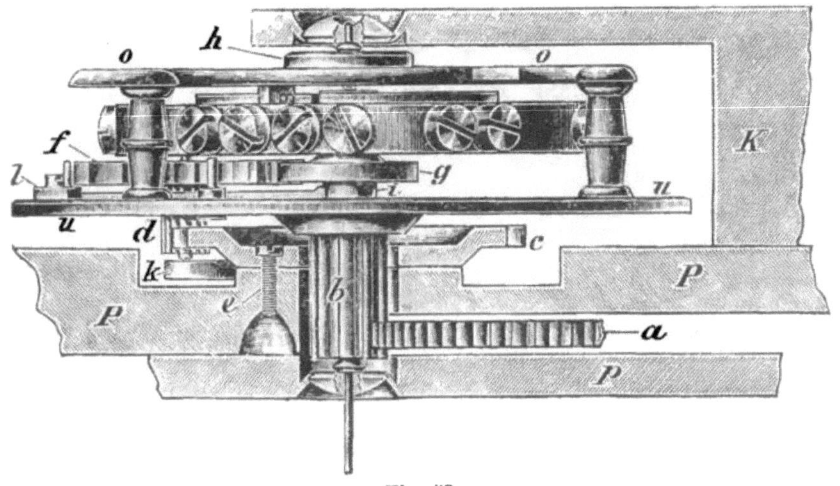

Fig. 83.

Fig. 83 zeigt uns die etwa fünffach vergrößerte Seitenansicht.

P ist die Unterplatine der Uhr; p der unter dem Zifferblatt liegende Sekundenradskloben. Bei a sehen wir das Kleinbodenrad, und b das Sekundentrieb mit dem darauf sitzenden Gestell. Das Sekundenrad c, das mit drei Schrauben auf der Werkplatte P befestigt ist, greift in das Gangtrieb d. k ist der untere, vorstehende Gangradskloben. Die

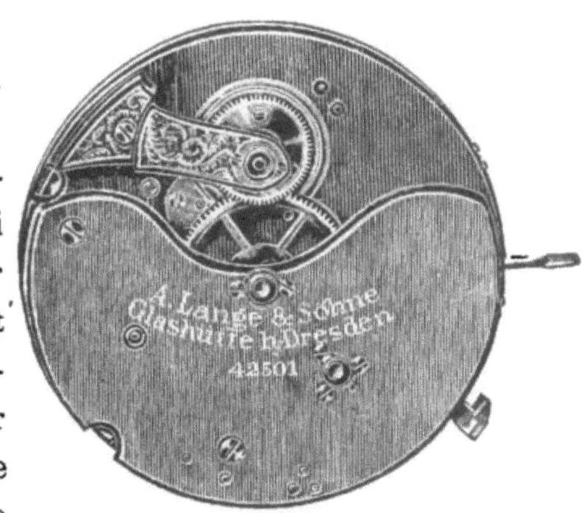

Fig. 84.

auf dem Sekundentriebe sitzende Platte hält den Unterteil u

des Gestelles, auf dem die Pfeiler sitzen und den oberen Teil o des Gestelles tragen. Auf diesem ist die Scheibe h mit dem oberen Sekundenradszapfen befestigt. g ist die Impulsscheibe, i Auslösscheibe, f Gangrad und l Gangfeder, die in dem Gestell befestigt sind.

In Fig. 84 sehen wir eine Tourbillon-Uhr mit herausgenommenen Gestell, der Firma A. Lange & Söhne in Glashütte i. S.

Schlußwort.

Wir sind am Ende der Betrachtungen angelangt, welche die Behandlung der Hemmungen erheischt.

Die Hemmung war von je für die Uhrmacherei das Arbeitsfeld, welches die größten Anforderungen an den Uhrmacher stellte. Seine Bearbeitung hat außerordentliche Erfolge gezeitigt, auf welche das Gewerbe stolz sein darf. Gerade in der Hemmung hat die herrliche Klein- und Feinkunst des Uhrmachergewerbes das Höchste geleistet, was die Technik hervorbringen konnte. Die Uhrmacherei ist ja nur ein Zweig derselben, welcher zu allen Zeiten schöne Blüten getrieben. Daß man bei solchen Leistungen auch die Männer nennt, denen wir sie verdanken, ist wohl nur die Erfüllung einer heiligen Pflicht.

Die Großmeister der Uhrmacherkunst, deren Bildnisse nebst kurzen Lebenslauf hier in diesem Bande sich finden, zeichneten sich durch rastlosen Fleiße und gediegenes Wissen aus. Das Herz auf dem rechten Fleck, die Hand geübt, der Verstand geschärft, welterfahren, haben sie die Anerkennung der Besten ihrer Zeit verdient und genossen.

Auch bilden sie einen Beweis, daß nur, wenn Kunstfertigkeit und Verständnis mit Begeisterung für die Sache vereinigt sind, wahrhaft Bedeutendes geschaffen werden kann.

Den jungen Lesern dieses Buches lege ich aber wärmstens ans Herz, sich ein Beispiel an den Großmeistern ihrer Kunst zu nehmen, rastlos vorwärts zu streben, denn:

„Wer rastet, der rostet" —

und sich stets aufwärts zu ringen.

Der jüngere Fachgenosse hat das Recht, das Erbe seiner Vorgänger anzutreten, das unter schweren Mühen, Enttäuschungen und viel Entsagung geschaffen worden. Er hat aber auch die Pflicht, es zu erhalten und nach besten Kräften zu mehren und einst, wenn er dem Gesetze der Natur seinen Tribut zahlend das Werkzeug aus den müden Händen legt, es dem nach ihm Kommenden nicht nur unversehrt zu übergeben, sondern es vermehrt und um seinen Arbeitsteil verbessert und weiterentwickelt zu überlassen, damit auch sie ihre Pflicht erfüllen wie er!

Dazu gehört aber eiserner Fleiß in der Erwerbung von Kenntnissen und Fertigkeiten, welche der Betrieb des Gewerbes erfordert.

„Was du ererbt von deinen Vätern hast,
Erwirb es, um es zu besitzen!"